北语对外汉语精版教材

中 国 文 化

China's Cultural Heritage

韩 鉴 堂 编著

北京语言大学出版社
BEIJING LANGUAGE AND CULTURE
UNIVERSITY PRESS

图书在版编目（CIP）数据

中国文化/韩鉴堂编著.
—北京：北京语言大学出版社，2011 重印
ISBN 978－7－5619－0727－6

Ⅰ. 中…
Ⅱ. 韩…
Ⅲ. 对外汉语教学－教材
Ⅳ. H195.4

中国版本图书馆 CIP 数据核字（1999）第 09611 号

书　　　名：中国文化
责任印制：姜正周

出版发行：**北京语言大学出版社**
社　　　址：北京市海淀区学院路 15 号　邮政编码 100083
网　　　址：www.blcup.com
电　　　话：发行部　82303648 /3591 /3650
　　　　　　编辑部　82303647 /3592
　　　　　　读者服务部　82303653 /3908
　　　　　　网上订购电话　82303668
　　　　　　客户服务信箱　service@blcup.net
印　　　刷：北京外文印刷厂
经　　　销：全国新华书店

版　　　次：1999 年 8 月第 1 版　2011 年 9 月第 14 次印刷
开　　　本：787 毫米×1092 毫米　1 /16　印张：17.5　彩页：1
字　　　数：320 千字
书　　　号：ISBN 978－7－5619－0727－6 / G·9935
定　　　价：36.00 元

▲ 兵马俑（秦）

▲ 故宫（明、清）

龙门石窟卢舍那大佛（唐）

▼ 庐山高图（明·沈周）

▼ 舞蹈纹彩陶盆（新石器时代）

目　录

CONTENTS

序

我国对外汉语教学事业自80年代以来有了显著的发展,这不仅表现在来华学习汉语的留学生人数大增和国别的广泛上,而且体现在我国从事对外汉语教学工作的广大教师对这一学科有了更为深刻的认识,因而在学科理论建设、基础理论研究、课程结构设计、教材编写及教学方法、手段等方面都取得了前所未有的成绩。回顾六七十年代的对外汉语教学,当时主要是对发展中国家的留学生进行入系学习专业前的基础汉语教育,而且只着重于让留学生尽快掌握最基本的汉语技能。自80年代后期至今出现了明显的变化。来自发达国家的留学生已占大多数,留学生的总数也陡然上升。由于中国实行改革开放政策,这些留学生几乎都是出于对中国社会、政经、文化抱有浓厚兴趣而来学习汉语的。显然,他们是把汉语作为工具而学的,是为了运用所掌握的汉语更加深入地了解中国、了解中国人的文化。为了适应这种新的发展趋势,我们深感中国的对外汉语教学必须突破长久以来仅限于基础汉语教学的格局,要拓宽专业范围,加强有关中国文化方面的教学。这对于培养高级汉语翻译人才和研究中国文化的学者来说,当然是必要的,就是对于基础汉语学习阶段的外国留学生来说,也是有益的。现在越来越多的教师已经认识到,语言只是不同国家、民族之间交往的工具,在语言背后充满了丰富的文化内涵,因此外国留学生要学好汉语,就应该同时了解中国人的民族心理和文化心态,否则他们只能是生硬地模仿一些汉语句型,而难以熟练地运用。当然文化方面的教学要与学生的汉语水平相适应。当前许多教师正在这方面进行探索和努力。

可喜的是,韩鉴堂同志在这方面已经取得了成绩。他在基础汉语教学中开设了以文化为主的专门课程,把文化知识的传授与汉语的学习、训练比较和谐地结合起来,使外国学生既学到许多文化知识,同时也提高了汉语的运用能力,因此受到留学生们的欢迎。他还在教学中采用幻灯、录像等多种教学手段,使得教学生动活泼。特别是他巧妙地运用自己的绘画技艺,通过大量图画进行讲解,使得教学别开生面,取得了极好的效果。他在勤勤恳恳的教学中,摸索出许多可贵的经验,这些都已融入他所编撰的这部教材中,值得我们学习和借鉴。在这部教材即将问世之际,我向他表示祝贺!

我相信他今后在自己献身的事业中一定会取得更大成绩。

许树安

北京语言文化大学

说　明

一、本书是大体对应中国《汉语水平等级标准和等级大纲》〔试行〕三级的文化教材,适合二年级外国留学生使用。一年级第二学期亦可视情况试用。

本书共设31课,含29个文化专题,以每课每周上课4～6学时计,可使用一学年。本书为知识文化范畴的教材,以掌握中国文化知识为主要教学目的,同时亦可辅助汉语言教学。本书注重知识的科学性,文字通俗,图文并茂。书中附插图二百余幅,以增强学习者的直观感受和学习兴趣。

二、本书由课文、注释(有英文)、资料、提示、词汇(有汉语拼音和英文)、练习题六部分组成。"课文"由教师讲授;"资料"供留学生课外阅读或由教师有选择地辅导教学;"提示"为每一专题的文化思考、内容提要或内容补充,文字有一定难度,仅作教师教学和汉语水平较高的留学生学习的参考;"练习题"少而精,为留学生应掌握的知识。

本书所列出的生词为《标准和等级大纲》规定的三级阶段(二年级)所应学会的丙级词。由于文化教材的特殊性,生词百分之百地圈定在某一级词汇范围内是不现实的,因而本书列出的生词量比丙级词略有超出,这里特作说明。

三、使用本书,除教师口授外,最好能配合录像、幻灯、图片、实物,以及参观、讨论等教学手段和方式。

四、本书的编写工作是在国家对外汉语教学领导小组办公室的关心指导下和天津师大中国语言文化中心的支持下进行的。作者在编写中参阅了很多书刊,插图除作者自绘外,亦从书刊中选用了少量图片。中国历史博物馆副研究员齐吉祥先生阅读了初稿,在历史文化知识方面给予过具体指导,还热情地为本书提供了部分图片资料;北京语言文化大学的许树安教授一直关心本书的编写,并在百忙中为本书写了序言;天津师大副教授汪寿顺先生在语言文字方面给了本书以精心的指正;天津师大副教授李家荣先生为本书作了英文翻译。这里谨向上述同志及有关刊物、作者一并表示诚挚的谢意。最后,还要感谢所有关心和帮助过我的朋友们。谢谢大家!

作　者

一　中国地理概观

在世界东方,有一个历史悠久、文化灿烂的文明古国——中国。

中国在亚洲大陆东南部,东南面临太平洋,是一个有着辽阔国土、多种地形、众多河湖、秀丽风光的国家。

辽阔的国土

中国的陆地面积大约有960万平方公里,差不多和欧洲一样大,居世界第三位。从中国最北端的漠河到最南端的曾母暗沙,有5500多公里,当北方进入万里雪飘的寒冬季节时,南方的海岛上还是赤日炎炎的盛夏景象;从最东端的黑龙江与乌苏里江汇合处到最西端的帕米尔高原,有5000多公里,时差4个小时,当东海渔民迎着朝阳出海捕鱼时,帕米尔高原的牧民还在深夜中睡觉呢。

冬季寒冷的黑龙江省　　　　　　　　　冬季温暖的海南省

中国的大海非常辽阔,渤海、黄海、东海、南海连成一片,环绕在中国大陆的东南。

在这片辽阔的土地上,有32个省、自治区和直辖市,居住着12.2亿[①]勤劳勇敢的中国各族人民。

1

多样的地形

打开中国地图,会看到很多高原、山脉、盆地、平原、沙漠、江河和湖泊,而且还会发现,中国地形是西高东低,就像一座阶梯,由西向东,级级降低。

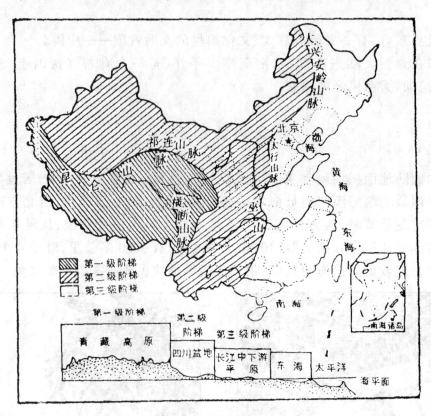

中国地形阶梯分布示意图

第一阶梯是中国西南部的青藏高原。青藏高原是世界上最高的地方,平均高度 4500 米,被称作"世界屋脊"。8848 米高的世界最高峰珠穆朗玛峰就在青藏高原上。高原上矗立着很多高大的雪山,它们是许多大河的源头。高原上还有很多湖泊和盆地。

在高 1000～2000 米的第二阶梯上,分布着内蒙古高原、黄土高原和云贵高原。内蒙古高原平坦宽广,野草茂盛,是中国最大的牧区。"天苍苍,野茫茫,风吹草低见牛羊"[②]的诗句,形象地描绘了内蒙古高原的风光。黄土高原上覆盖着厚厚的黄土,奔腾的黄河从中间流过。云贵高原上奔流着许多大江大河,著名的黄果树瀑布就在这座高原上。青藏高原、内蒙古高原、黄土高原和云贵高原,被称作中国的四大高原。

在这级阶梯上还有塔里木盆地、准噶尔盆地和四川盆地,这三个盆地加上第一阶梯上的柴达木盆地,被称作中国的四大盆地。中国最大的沙漠——塔克拉玛干沙漠在塔里木盆地中。

珠穆朗玛峰

黄果树瀑布

第三阶梯高度降到 1000 米以下,从北向南分布着三大平原——东北平原、华北平原、长江中下游平原。这三大平原是中国重要的农业区。在平原边缘有很多低山。东南沿海一带是人口最集中的地方,也是经济比较发达的地区。

壮丽的山河

中国是个多山的国家,在中国大地上矗立着几千座大大小小的山脉,山地面积占全国总面积的三分之二以上。喜马拉雅山、昆仑山、天山、秦岭、大兴安岭、太行山、祁连山、横断山,是中国著名的大山脉。

中国有很多大江大河,水利资源居世界第一位。中国的大多数江河由西向东流入海洋。长江是中国的第一大河,长 6300 公里,长度居世界第三位。长江水量很大,江水冬天也不结冰,可以四季航行大船,人们称长江是"黄金水道"。长江的三峡,山高峡窄,水流很急,是世界闻名的大峡谷。现在,这里正进行三峡水利工程③建设。第二条大河——黄河,长 5400 公里,黄色的河水滚滚向东流入大海。长江和黄河是中华

长江三峡

民族的摇篮。

中国著名的大河还有黑龙江、雅鲁藏布江、淮河等。新疆的塔里木河是中国最大的内流河(不流入海洋),流过干旱的沙漠,被称为"生命之河"。

湖泊是中国大地上的明珠。中国的湖泊很多,面积在100平方公里以上的大湖就有130多个,大湖主要集中在长江中下游地区和青藏高原上。长江南面的鄱阳湖是最大的淡水湖,青藏高原上的青海湖是最大的咸水湖。

秀丽的风光

黄山

中国的山河绚丽多娇。壮丽的北国风光、秀丽的江南景色、雄伟的世界屋脊、广阔的西北沙漠,都给人带来强烈的美的感受。

中国有五大名山,人称"五岳"。它们是东岳泰山、西岳华山、北岳恒山、南岳衡山、中岳嵩山。在古代,皇帝常去五岳祭天祭地祭祖,所以五岳留存着很多文化古迹。五岳的景色很美,而且特点不同,如"泰山天下雄"、"华山天下险"、"衡山天下秀"等等。

被称为"天下第一奇山"的黄山,以怪石、云海、奇松、温泉组成了千变万化的天然美景。"五岳归来不看山,黄山归来不看岳"④,是对黄山的高度评价。

桂林漓江山水

4

"桂林山水甲天下"。桂林山青、水秀、洞奇、石美,如果坐船沿漓江游览,就好像到了仙境之中。

　　此外,杭州的西湖、台湾的日月潭、湖南的武陵源、云南西双版纳的热带风光,都是著名的游览风景区。中国有这么多的美丽景色,再加上众多历史文化古迹和现代建设成果的装点,就更加壮丽了。中国欢迎世界各国朋友来参观旅游。

注　释

① 〔12.2亿〕 见《1997年中国人口统计年鉴》,中国统计出版社。

"1,220 million"——See *China Census Almanac* 1997, China Statistics Press.

② 〔天苍苍,野茫茫,风吹草低见牛羊〕 中国古代民歌《敕勒歌》中的诗句。(详见175页)

"天苍苍,野茫茫,风吹草低见牛羊"——lines from "敕勒歌", an ancient Chinese folk song. These lines roughly mean "Vast is the sky, boundless the wilds, grazing cattle are revealed as the grass bend down in the wind". (For details, see p.175)

③ 〔三峡水利工程〕 位于长江中游湖北省三斗坪。由拦河大坝、泄洪建筑物、水电站、通航建筑物等组成。现正在建设中。

"The Three Gorges Water Conservancy Project"——The site for the project is located at Sandouping of Hubei Province in the middle reaches of the Yangtze River. The project will consist of a large dam across the river, a flood-discharge system, a hydroelectric power station and navigation facilities. The project is now under construction.

④ 〔五岳归来不看山,黄山归来不看岳〕 明代旅行家徐霞客赞美黄山的话语。

"Back from Wu Yue (the Five Mountains), you no longer want to see other mountains. Back from Mount Huangshan, you no longer want to see Wu Yue again." These are lines in praise of Mount Huangshan by Xu Xiake, a noted tourist of the Ming Dynasty.

资　料

黄　河

　　黄河是中国的第二条大河。黄河发源于青海省巴颜喀拉山的北坡,经青海、四川、甘肃、宁夏、内蒙古、山西、陕西、河南、山东9个省、自治区,流入渤海,全长5464公里。从地图上看,黄河就像一条黄色的巨龙飞腾在中国的北方。

　　大家都知道黄河的水是黄色的。其实,在黄河上游,河水是很清澈的,黄河水变黄,是在中游。中游地区是著名的黄土高原,奔腾的河水把大量的黄土冲刷到河里,加上夏天暴雨的冲刷,河水就变成黄色的泥流了。黄河是世界上含沙量最大的一条大河,平均每立方米的河水含37公斤泥沙。过去流传的"一碗水,半碗泥"的说法,形象地反映了黄河含沙量之大。黄河每年要把大量泥沙带到下游,其中有4亿吨泥沙沉积在河底,时间一长,下游的河道就

5

成为高出两岸平地的"地上河"。过去,凶猛的黄河水常常冲破堤岸,造成水灾。1949年以前的2000年间,黄河决口泛滥1500多次,形成了"三年两次决口"的局面。中华人民共和国成立以后,中国人民进行了大规模的治理、开发黄河的工作:在下游加固黄河大堤,引水灌田;在上游造林种草,实现水土保持;在上中游建立大型水利枢纽和中小型水电站。今天,多灾多难的黄河已经发生了巨大的变化,但是,治理黄河的工作仍然是很艰巨的。

黄河是中华民族的摇篮。滚滚东流的黄河带来了土地肥沃的平原、水草丰美的牧场,很适合人类的农业和牧业生产。中华民族的祖先很早就在黄河流域生活了,陕西省蓝田县在80万年前就出现了原始人的足迹,西安半坡村遗址是6000多年前的母系氏族的村落,中国人的祖先黄帝生活和活动的地区也在黄河流域。古代,在大多数时间里,黄河流域是中国政治、经济和文化的中心,许多朝代的都城,如安阳、长安(西安)、洛阳、咸阳、开封都在黄河的身旁,这些地方有数不清的名胜古迹。几千年来,勤劳勇敢的中国人民,在黄河流域创造了灿烂的历史和文化,今天,这种创造仍然在继续之中。

中国十大风景名胜

1985年《中国旅游报》举办了中国十大风景名胜评比活动,中选的十大风景名胜是:

1. 万里长城
2. 桂林山水
3. 杭州西湖
4. 北京故宫
5. 苏州园林
6. 安徽黄山
7. 长江三峡
8. 台湾日月潭
9. 承德避暑山庄
10. 秦陵兵马俑

除了这十大风景名胜以外,还有十一处风景名胜得票也很高,它们是:

1. 江苏无锡太湖
2. 北京颐和园
3. 山东泰山
4. 四川峨眉山
5. 江西庐山
6. 贵州黄果树瀑布
7. 甘肃敦煌莫高窟
8. 新疆天山天池
9. 西藏拉萨布达拉宫
10. 广西肇庆七星岩
11. 陕西华山

列入世界自然和文化遗产
名录的中国风景名胜区

目前,中国已有12个著名风景名胜区先后被联合国教科文组织列入世界自然和文化遗产名录。

著名文化遗产是长城、故宫、天坛、颐和园、敦煌石窟、秦始皇陵、周口店北京猿人遗址;自然遗产是武陵源、九寨沟;黄龙;文化和自然混合遗产是泰山、黄山。

提　示

● 中国是一个历史悠久的文明古国,具有极其灿烂的传统文化。然而,一切文化的产生和发展都离不开自然地理环境,中国自然地理环境是中国文化存在的基础。中华民族繁衍生息的这块沃土,北面是蒙古高原,西方是沙漠和青藏高原,东边是大海。巨大的自然屏障,使中国文化难以与其他文化频繁地交流,中国文化是在相对隔离的状态下自发地产生和发展起来的。因此,中国文化独立性很强,自成体系,在坚持和保留本民族文化传统方面,中国人比其他许多民族要坚强。这也正是在世界各古代文明中,中华民族是惟一未曾中断过文化传统的古老民族的原因之一。当然,相对封闭的地理环境,并没有使中华民族成为自甘封闭的民族,近两千年的东西方交流史实(如西汉丝绸之路的开通、唐朝与世界众多国家的交往等)已经作出历史的回答。

● 中国著名的风景名胜在经历了千百年的发展过程后,往往具有了特有的含义和风格,它既显示着自然景观美,又渗透着人文景观美,二者如此巧妙地结合为一体,这是中国著名风景名胜具有巨大感染力的原因所在。单一地仅从自然界景观的角度欣赏中国风景名胜,往往是一种不完全的欣赏。

词　汇

一、生词　New Words and Expressions

1. 概观	(名)	gàiguān	background information
2. 灿烂	(形)	cànlàn	splendid
3. 文明	(名)	wénmíng	civilization
4. 面临	(动)	miànlín	face
5. 辽阔	(形)	liáokuò	vast, extensive
6. 端	(名)	duān	end
7. 赤日炎炎		chìrì yányán	very hot in the flaming sun
8. 盛夏	(名)	shèngxià	midsummer
9. 景象	(名)	jǐngxiàng	scene, sight
10. 汇合	(动)	huìhé	unite, join
11. 朝阳	(名)	zhāoyáng	rising sun, morning sun
12. 直辖市	(名)	zhíxiáshì	municipality directly under the Central Government
13. 阶梯	(名)	jiētī	a flight of stairs
14. 屋脊	(名)	wūjǐ	roof
15. 矗立	(动)	chùlì	stand upright
16. 茂盛	(形)	màoshèng	lush
17. 描绘	(动)	miáohuì	portray, describe
18. 覆盖	(动)	fùgài	cover, be covered with
19. 奔腾	(动)	bēnténg	turbulent

20. 瀑布	（名）	pùbù	waterfall，cataract
21. 边缘	（名）	biānyuán	edge
22. 资源	（名）	zīyuán	resources
23. 峡谷	（名）	xiágǔ	gorge
24. 摇篮	（名）	yáolán	origin，cradle
25. 绚丽多娇		xuànlì duō jiāo	gorgeous，magnificent
26. 壮丽	（形）	zhuànglì	magnificent
27. 感受	（动）	gǎnshòu	impression，feeling
28. 岳	（名）	yuè	mountain
29. 祭	（动）	jì	offer a sacrifice to
30. 留存	（动）	liúcún	be extant
31. 天然	（形）	tiānrán	natural
32. 评价	（名、动）	píngjià	praise，evaluate
33. 装点	（动）	zhuāngdiǎn	decorate

二、专名　Proper Names

1. 太平洋	Tàipíngyáng	the Pacific Ocean
2. 漠河	Mòhé	name of a place
3. 曾母暗沙	Zēngmǔ'ànshā	Zengmu Reef
4. 黑龙江	Hēilóng Jiāng	the Heilongjiang River
5. 乌苏里江	Wūsūlǐ Jiāng	the Wusuli River
6. 帕米尔高原	Pàmǐ'ěr Gāoyuán	the Pamirs
7. 青藏高原	Qīngzàng Gāoyuán	the Qinghai-Tibetan Plateau
8. 珠穆朗玛峰	Zhūmùlǎngmǎ Fēng	Mount Qomolangma
9. 内蒙古高原	Nèiměnggǔ Gāoyuán	the Inner-Mongolian Plateau
10. 云贵高原	Yúnguì Gāoyuán	the Yunnan-Guizhou Plateau
11. 塔里木盆地	Tǎlǐmù Péndì	the Tarim Basin
12. 准噶尔盆地	Zhǔngá'ěr Péndì	the Junggar Basin
13. 柴达木盆地	Cháidámù Péndì	the Qaidam Basin
14. 塔克拉玛干沙漠	Tǎkèlāmǎgān Shāmò	the Taklamakan Desert
15. 昆仑山	Kūnlún Shān	the Kunlun Mountains
16. 秦岭	Qín Lǐng	the Qinling Mountains
17. 太行山	Tàiháng Shān	the Taihang Mountains
18. 祁连山	Qílián Shān	the Qilian Mountains
19. 横断山	Héngduàn Shān	the Hengduan Mountains
20. 雅鲁藏布江	Yǎlǔzàngbù Jiāng	the Yalu Zangbu River
21. 淮河	Huái Hé	the Huai River
22. 新疆	Xīnjiāng	name of an autonomous region in the northwest of China
23. 鄱阳湖	Póyáng Hú	the Poyang Lake

24. 泰山	Tài Shān	Taishan Mountain
25. 恒山	Héng Shān	Hengshan Mountain
26. 衡山	Héng Shān	Hengshan Mountain
27. 嵩山	Sōng Shān	Songshan Mountain
28. 漓江	Lí Jiāng	the Lijiang River
29. 台湾	Táiwān	Taiwan Province
30. 日月潭	Rìyuètán	name of a place
31. 湖南	Húnán	Hunan Province
32. 武陵源	Wǔlíngyuán	name of a place
33. 云南	Yúnnán	Yunnan Province
34. 西双版纳	Xīshuāngbǎnnà	name of a place

练习题

一、填空

1. 中国在_____的东南部,面积有_____平方公里。
2. 中国的四大高原是_____、_____、_____和_____。
3. 中国的四大盆地是_____、_____、_____和_____。
4. 中国的三大平原是_____、_____和_____。
5. 著名的"五岳"指_____、_____、_____、_____和_____。

二、选择正确答案

1. 中国最长的河是哪条?
   A. 黄河　　　　　　　　　B. 塔里木河
   C. 长江　　　　　　　　　D. 黑龙江
   答(　　)

2. 中国重要的农业区在哪儿?
   A. 四大盆地　　　　　　　B. 四大高原
   C. 三大平原　　　　　　　D. "五岳"
   答(　　)

3. 下列说法哪一种是错误的?
   A. 第一阶梯的青藏高原是世界上最高的地方。
   B. 长江和黄河是中华民族的摇篮。
   C. "五岳归来不看山,黄山归来不看岳"是对五岳的高度评价。
   D. "五岳"留存着很多文化古迹。

三、回答问题

1. 中国地形分布的主要特点是什么?请对照中国地形图作简单说明。
2. 中国风景区很多,你最喜欢哪一处?为什么?

9

二　中国古代神话

神话是关于神仙或神化的古代英雄的传说。神话产生在人类的童年时代。远古时期①，人们很想认识自然、改造自然，但是由于当时的物质条件很差，人们的认识能力又很低，所以只能靠想像、靠神奇的形象对自然界和社会生活作出一种天真的解释，并用来表达自己美好的愿望，这样，神话就产生了。世界上很多民族都有神话传说，像古代希腊神话、古代印度神话都是很有名的。

中国古代神话源远流长。在文字产生以前，很多神话就广泛地在人们口头上流传，神话的作者就是广大的劳动人民。

中国古代没有专门记载神话的书籍，远古时期的神话只是零散地写在一些古书中，这些古书主要有《山海经》②、《淮南子》③、《楚辞》④等。中国古代神话是很丰富的，神话中的形象，大多是舍己为人、追求幸福、自强不息的远古英雄。

下面，我们讲四个最著名的远古神话故事。

西汉帛画描绘了古代神话故事

大禹治水

夸父逐日

10

盘 古 开 天

这是一段动人的故事。说的是在很久很久以前,我们所生活的这个宇宙一团漆黑,分不清哪是天,哪是地。有个叫盘古的人在里面睡了18000年。有一天,他突然醒了,睁开眼,眼前黑得什么也看不见。黑暗中,盘古摸到了一把大斧子,朝眼前的黑暗猛力劈去,只听见山崩地裂的一声巨响,漆黑的一团破裂了,轻的东西慢慢上升变成了天,重的东西慢慢下降变成了地。盘古怕天地重新合上,就头顶天脚踏地,站在天与地之间用身体支撑着。天,每天增高一丈,地,每天加厚一丈,盘古也随着长高一丈。这样又过了18000年,天与地的构造已经稳固了,盘古太累了,就倒在地上死去了。传说,盘古死后,他的身体的各个部分变化成万物。他的骨头变成高山,肌肉变成田地,血液变成河流,汗毛变成草木,左眼变成太阳,右眼变成月亮,他的头发和胡子变成了天上数不清的星星。

盘古开天

这个神话使我们了解了远古时期人们对宇宙起源的认识。在中国人民的心目中,盘古是开天辟地的英雄,是他创造了我们这个丰富而美丽的世界。

女娲造人

女 娲 造 人

女娲是一位"人首蛇身"的女神。她曾经用五色石修补过有裂洞的天,又杀死过猛兽,制服过洪水。

古书中还记载着她创造人类的故事。

盘古开天辟地以后,世界上还没有人类。女娲感到十分孤独,她多想让这个沉寂的世界充满欢乐呀。一天,她在小河边洗脸时,仿照自己的样子用泥土做了一个小泥人,她刚把这个小泥人放到地上,小泥人就活了,欢蹦乱跳地叫着:"妈妈!妈妈!"女娲高兴极了,就又做了许多,并给他们起了个名字叫"人"。然而,用手做泥人的工作太累了,于是,她就把一条大绳子放在泥水中,然后提起来一甩,哈,那些甩落的泥点都变成了人。据说,富贵的人是用黄泥做成的,贫贱的人是用绳子甩出来的。

女娲造人的故事,是远古中国人对人类起源的认识,也是原始社会母系氏族⑤生活的一种反映。

羿 射 九 日

尧帝⑥时期,天上有十个太阳,最初,它们一个一个地在天上值班,后来,它们一起出来值班了,这样一来,庄稼被烧焦了,草木全死了。这时,猛兽和大鸟也一起出来伤害人民。老百姓可没有活路了。于是,尧就派神箭手羿去解除人民的痛苦,羿先杀死了猛兽和大鸟,然后搭好了弓箭,向天上的一个个太阳射去。随着"嗖嗖"的射箭声,天上的一团团火球爆裂了,一会儿的功夫,九个太阳被射下来,天气顿时凉爽了,老百姓欢腾起来。这时,尧忽然想到太阳对人类还是有用的,可不能全射下来,就赶快派人悄悄地把羿箭袋里的最后一支箭抽走了。这样,天空中就留下了一个太阳,这就是今天我们见到的那个太阳。

羿射九日的神话表现了羿和自然斗争的巨大成就,反映了古代人民战胜自然灾害的强烈愿望和勇气。

羿射九日

精卫填海

精 卫 填 海

有一次,太阳神炎帝⑦的小女儿女娃在东海游泳,突然海上起了风浪,女娃不幸被淹死了。她的灵魂变成了一只小鸟，名字叫"精卫"。精卫的样子很像乌鸦，花花的脑袋，白白的嘴巴，红红的脚爪，看起来非常漂亮。精卫住在北方的一座山上。她痛恨无情的东海夺去了她的生命，就天天从西山衔来树枝和石头投进海里，决心把东海填平。据说直到今天，这只可爱的小鸟还在不停地填海呢。

这个悲壮的故事，赞扬了精卫自强不息的品格，表现了古代人民敢于向大自然挑战的斗争精神。

中国古代神话是远古人民同自然斗争、同社会斗争的反映，集中体现了中华民族自强不息的民族精神。中国古代神话是中国古代文化的宝库，它展示了中国古代文明的开端，对中国人的思想以及文学、艺术、语言等都有深远的影响。

注 释

① 〔远古时期〕 指距今 4000 年以前的原始社会时期。

"Remote Antiquity"——the period of primitive society 4000 years ago.

② 〔《山海经》〕 书名。中国古代地理名著。最初为口头传说，大约在战国时记录成文字，共 18 卷。内容丰富，有很多远古神话传说。

"山海经"——a famous geographical work of ancient China. It has been handed down orally until the Warring States Period when it was committed to paper. The present version is in eighteen volumes, rich in content, including a large number of ancient myths.

③ 〔《淮南子》〕 书名。西汉淮南王刘安及其门客编写。其中保存了不少神话故事。

"淮南子"——a book compiled by Prince Liu An of Huainan and his hangers-on in the Western Han Dynasty. A large number of fairy tales are included in the book.

④ 〔《楚辞》〕 诗集名。战国时楚国屈原和其他诗人的诗作合辑而成的一部诗集。

"楚辞"——a collection of poems by Qu Yuan and other poets of the State of Chu in the Warring States Period.

⑤ 〔母系氏族〕 以母亲的血缘关系结成的原始社会基本单位。在氏族中，女人权力最大。母系氏族社会在中国经历了约 10 万年，直到距今 5 千年前才被父系氏族社会所代替。

"matriarchy"——a basic form of primitive social organization in which the mother was recognized as the head of the family or tribe, descent being traced through the mother. Matriarchy had existed for about one hundred thousand years in China until five thousand years ago when it was replaced by patriarchy.

⑥ 〔尧帝〕 传说中远古帝王名。又称唐尧。传说他命令大禹的父亲治理洪水，为民造福。

"Emperor Yao"——a legendary monarch in ancient China, also known as Tang Yao. The legend says that he ordered Yu's father to control the flood for the benefit of the people.

⑦ 〔炎帝〕 传说中远古帝王名。又称神农氏。传说他创造了农具，教人民从事农业。他与黄帝并称"炎黄"，一同被称为中华民族的祖先。

"Emperor Yan"——a legendary monarch in ancient China, also called Shen Nong Shi (miraculous farmer). The legend says that he invented farm tools with which he taught people to do farm work. He and another legendary monarch Emperor Huang are collectively known as Yan-Huang, traditionally considered to be the ancestors of the Chinese nation.

资料

古代神话原文

下面是课文中的四则古代神话的原文,是用古代汉语写成的。古代汉语文字十分简练,而表达的内容却是很丰富的。请试读。

盘 古 开 天

天地混沌如鸡子,盘古生其中。万八千岁,天地开辟,阳清为天,阴浊为地。盘古在其中,一日九变,神于天,圣于地。天日高一丈,地日厚一丈,盘古日长一丈。如此万八千岁,天数极高,地数极深,盘古极长。后乃有三皇。

(《太平御览》)

女 娲 造 人

俗说天地开辟,未有人民。女娲抟黄土做人。剧务,力不暇拱,乃引绳絙于泥中,举以为人。故富贵者,黄土人也;贫贱凡庸者,絙人也。

(《太平御览》)

羿 射 九 日

逮至尧之时,十日并出,焦禾稼,杀草木,而民无所食。猰貐、凿齿、九婴、大风、封豨、修蛇,皆为民害。尧乃使羿诛凿齿于畴华之野,杀九婴于凶水之上,缴大风于青丘之泽,上射十日,而下杀猰貐,断修蛇于洞庭,擒封豨于桑林。万民皆喜,置尧以为天子。于是天下广狭、险易、远近,始有道里。

(《淮南子·本经训》)

精 卫 填 海

发鸠之山,其上多柘木。有鸟焉,其状如乌,文首,白喙,赤足,名曰"精卫",其鸣自詨。是炎帝之少女,名曰女娃。女娃游于东海,溺而不返,故为精卫,常衔西山之木石,以堙于东海。

(《山海经·北山经》)

四则著名古代神话

女 娲 补 天

　　远古的时候,在天四面的尽头,用来支撑天的四根柱子忽然断了,这可坏事了。天有了裂洞,天空不能完全覆盖地面,地上的九州也分裂了,大地也不能全部承载万物。这时,地面上烧起了熊熊的大火,奔流着滔滔的洪水,凶猛的野兽和大鸟也出来残害老百姓。

　　为了恢复原来那个安宁的世界,创造人类的女娲决心把天补上。女娲炼制了五色石头,一块一块地把天补好了。接着,她斩断大龟的脚把天支撑起来。她没有休息,又杀死了兴风作浪的黑龙和那些残害人民的野兽、大鸟。最后,她又把芦苇烧成灰,堆积起来堵塞洪水。

　　女娲完成了种种艰巨的工作,使天下得到了安宁,老百姓得到了新生。

(《淮南子·览冥训》)

神农尝百草

　　远古的时候,人们吃野草,喝生水,采树上的野果,吃地上爬行的小虫子,所以常常生病、中毒、受伤。于是,神农氏开始教人民播种五谷。他观察各种土地,让干湿肥瘠高低不同的土地,长出了不同的农作物。他还冒着生命危险亲口尝试百草的滋味和泉水的甜与苦,使人民懂得应该用什么,不应该用什么。然而,神农氏在尝试百草和泉水时经常中毒,据说,他曾经在一天之中遇到七十种植物的毒害。

(《淮南子·修务训》)

夸 父 逐 日

　　夸父长得非常高大,他住在一座大山之中。夸父看到每天太阳从西边落下去,就产生了追上太阳的念头。有一天,他真的追起太阳来了。当他在禺谷这个地方追上太阳时,又累又渴,于是,他一口气喝干了黄河和渭河的水,又向北边去喝大泽的水。但是,他还没到大泽就渴死在地上。他那只遗弃的手杖,立即变成一片桃林。

(《山海经·大荒北经》)

嫦 娥 奔 月

　　射日英雄羿去昆仑山见到了西王母,西王母赏给羿一种仙药,吃了能长生不老。羿高高兴兴地把药带回家中,没想到,羿的妻子嫦娥把药偷吃了。嫦娥吃了药,感到身体轻飘飘的,接着就不由自主地向上升起,向天空飞去。嫦娥飞呀,飞呀,一直飞到月亮上,就在广寒宫里住下了。广寒宫清凄冷寂,嫦娥感到非常寂寞,又不禁怀念起人间的生活。

(《淮南子·览冥训》)

●中国古代神话具有浓厚的中华民族特色。中国古代神话以"人"为本位,它不像古印度、古希腊神话那样"神气"十足,而是充满人间生活气息。神话中的英雄,如女娲、大禹、黄帝、炎帝都不是纯粹的神,他们还是中国人的祖先。神话中的神和英雄都是爱人类的,具有为人类献身的精神,盘古、女娲、羿、大禹都不惜自我牺牲为人民造福。中国古代神话充满自强不息的宏大气魄,自强不息正是中华民族的基本精神。盘古开天、夸父逐日、精卫填海、大禹治水等很多神话故事都体现了这种精神。以世界各国流传的洪水神话为例,在世界一些国家的洪水神话中,更多的是强调上帝的神威和人们的幸运,如圣经故事《诺亚方舟》中的主角就是在神的暗示下,建造方舟而逃脱洪水。中国神话《大禹治水》则描述了大禹和他父亲用生命和毅力与洪水斗争,并最终赢得了胜利。

●中国古代神话是中国文化的根,它对中国的哲学、文学、艺术、语言等有着直接而深远的影响。探求中华民族的奥秘,可以先读一读中国古代神话。

词 汇

一、生词　New Words and Expressions

1. 神话	(名)	shénhuà	mythology, fairy tale
2. 神仙	(名)	shénxiān	celestial being, immortal
3. 神化	(动)	shénhuà	deify
4. 传说	(名)	chuánshuō	legend
5. 改造	(动)	gǎizào	remake, change
6. 神奇	(形)	shénqí	mystical
7. 自然界	(名)	zìránjiè	nature
8. 源远流长		yuán yuǎn liú cháng	of ancient origin and long development
9. 记载	(动)	jìzǎi	record
10. 零散	(形)	língsǎn	scattered
11. 舍己为人		shě jǐ wèi rén	sacrifice oneself for others
12. 自强不息		zì qiáng bù xī	make unceasing efforts to improve oneself
13. 宇宙	(名)	yǔzhòu	universe
14. 漆黑	(形)	qīhēi	pitch-dark
15. 劈	(动)	pī	strike, chop
16. 山崩地裂		shān bēng dì liè	landslide
17. 破裂	(动)	pòliè	split apart
18. 支撑	(动)	zhīchēng	prop
19. 稳固	(形)	wěngù	stable, firm

16

20. 开天辟地		kāi tiān pì dì	creation of the world
21. 猛兽	（名）	měngshòu	beasts of prey
22. 制服	（动）	zhìfú	bring...under control
23. 孤独	（形）	gūdú	solitary
24. 沉寂	（形）	chénjì	quiet, still
25. 仿照	（动）	fǎngzhào	model on
26. 欢蹦乱跳		huān bèng luàn tiào	joyously
27. 甩	（动）	shuǎi	swing
28. 富贵	（形）	fùguì	rich, wealthy
29. 贫贱	（形）	pínjiàn	poor
30. 起源	（名、动）	qǐyuán	origin, originate
31. 庄稼	（名）	zhuāngjia	crops
32. 焦	（形）	jiāo	withered, burnt
33. 解除	（动）	jiěchú	relieve, get rid of
34. 爆裂	（动）	bàoliè	break into pieces
35. 顿时	（副）	dùnshí	immediately
36. 凉爽	（形）	liángshuǎng	cool
37. 填	（动）	tián	fill up
38. 灵魂	（名）	línghún	soul
39. 痛恨	（动）	tònghèn	hate
40. 衔	（动）	xián	carry in the bill（of a bird）
41. 悲壮	（形）	bēizhuàng	tragic and stirring
42. 品格	（名）	pǐngé	character
43. 挑战	（动）	tiǎozhàn	challenge
44. 体现	（动）	tǐxiàn	show, reflect
45. 开端	（名）	kāiduān	beginning

二、专名 **Proper Names**

1. 希腊	Xīlà	Greece
2. 印度	Yìndù	India
3.《山海经》	《Shānhǎijīng》	name of a book
4.《淮南子》	《Huáinánzǐ》	name of a book
5. 盘古	Pángǔ	Pangu, creator of the universe in Chinese mythology
6. 女娲	Nǚwā	Nüwa, creator of human beings in Chinese mythology
7. 羿	Yì	Yi, a hero in Chinese mythology
8. 尧	Yáo	Yao, a legendary monarch in ancient China
9. 精卫	Jīngwèi	name of a little bird in Chinese mythology

练习题

一、填空

1. 中国古代神话产生在_____时期,神话的作者是_____。

2. 在中国人的心目中,盘古是_____的英雄,是他创造了_____。

3. 女娲造人的故事,说明了远古人民对_____的认识,也是_____生活的反映。

4. 羿射九日的故事,反映了古代中国人_____的强烈愿望和勇气。

5. 精卫填海的故事,赞扬了精卫_____的品格,表现了古代劳动人民_____的斗争精神。

二、回答问题

1. 中国古代神话有什么意义?

2. 朗读课文中的四个神话故事,试讲述其中的一个故事。

三 汉 字

汉字是记录汉语的文字。汉字对发展中华民族的优秀文化起了重大作用。

汉字是世界上最古老的文字之一。世界上原先存在过古苏美尔文字①和古埃及文字②,但已先后消亡了,汉字却留存下来。汉字以象形字为基础,形、音、义结合于一体,成为一种独特的方块形的表意体系的文字。

汉字的起源

远古时期,中国人曾经用结绳来记事,不过结绳还不是文字。后来又流传着仓颉③造字的说法,说黄帝④的史官仓颉抬头看到天上星星排列的形状,低头

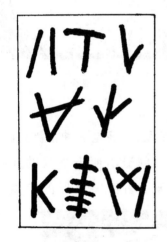

半坡陶器刻画符号

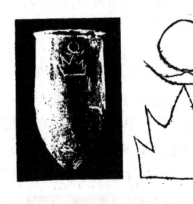

大汶口陶器刻画符号

看到印在地上的鸟兽的足迹,受到启发,造出了象形的汉字。今天看来,这种说法很难叫人相信。因为一种文字的产生要经过很长时间的发展过程,由一个人造出来是不可能的事。正确的说法应该是:汉字是汉族劳动人民在长期劳动生活中集体创造的。

汉字起源于图画。

考古工作者在西安半坡村和临潼姜寨出土的陶器上发现了很多刻画符号,这些符号是6000年前原始社会仰韶文化时期⑤刻画的。4000多年前,生活在山东泰安地区的人,也在陶器上刻画了一些符号(见上图大汶口陶器上的一种刻画符号),专家们认为这是"旦"字。请看,太阳越过高山穿过云层向上升起,告

19

诉人们早晨来临了。专家们认为陶器刻画符号可能是汉字的起源⑥。

现在发现的最早最成熟的汉字是3000多年前商代的甲骨文。甲骨文是刻在龟甲和兽骨上的文字。甲骨文很像图画。我们在出土的15万片甲骨上，共发现4600多个不重复的汉字，并辨认出1700多个字。甲骨文已组成词组和简单的句式，并为我们提供了大量商代的情况。

甲骨文（商代）

汉字的演变

从甲骨文发展到我们今天使用的汉字，经过了很长时间的演变过程。

商代的甲骨文是一种很像图画的文字。

商代和西周时，还有一种青铜器上的金文（钟鼎文）。金文也像图画。

秦始皇⑦统一中国以后，统一了文字，这种字叫小篆，小篆是一种很漂亮的字体。

写小篆很费时间，于是秦代人把小篆作了改进，创造出便于书写的新字体隶书。到了汉代，汉隶成为主要通行字体。隶书打破了古汉字象形的特点。为楷

青铜器和金文（商代）

20

书的出现作了准备。

楷书出现在汉代晚期,是在隶书的基础上形成的。楷书一出现,方块形的汉字就定型了。楷书一直使用到今天,成为通用时间最长的标准字体。

此外,隶书通行时有一种连笔快写字体,叫草书;楷书出现以后也出现了一种快写字体叫行书。

汉字起源于图画,三千年来,经历了甲骨文、金文、小篆、隶书、楷书的演变过程,在形体上逐渐由图画变为笔画,由象形变为象征,由复杂变为简单。

汉字大约有六万多个,常用字有三千个左右。

印刷体	甲骨文	金文	小篆	隶书	楷书	草书	行书
虎							
象							
鹿							
鸟							

汉字字形演变图例

汉字的造字方法

汉字的造字方法主要有四种:象形、指事、会意和形声。[8]

象形字是一种描画事物形状的字。"日"字像太阳,"月"字像月亮,"山"字像山峰,"鹿"字就像一只奔跑的小鹿……

指事字是一种用符号表示意义的字。例如"刃"字,是在刀口处加一点,表示这个地方是刀的刃。"一"、"二"、"三"表示简单的数,"本"、"末"分别表示树的根部及梢部的位置……汉字中指事字很少。

象形字和指事字是单独的形体,不能再分成两个字,所以叫"独体字"。

会意字是由两个或几个字组成一个字,表示一种新的意义的字。例如"休"字,由"人"和"木"两个字组成,即人靠着树,表示休息。"明"字由"日"和"月"两

21

象形字	日	月	山	子	木	水	刀	人	目	鹿
指事字	刃	一	二	三	上	下	本	末	亦	立
会意字	休	林	森	明	采	牧	鸣	弄	家	尘

汉字造字法示例

个字组成，表示光明。"林"和"森"由两个"木"和三个"木"组成，表示有很多树木。"采"字上面是"爪"字，下边是"木"字，表示用手在树上采果子……会意字是合体字。

象形字、指事字、会意字都没有表音成分，它们都属于表意文字。

形声字是用一个表示意义的形旁和一个表示读音的声旁组成的字。例如古代有一种乐器叫"yú"，用竹子做的，于是就用"竹"作形旁，用"于"作声旁，造出一个形声字"竽"字来。形声字也是一种合体字。

形声字打破了单纯表意的造字方法，可以大量造字，汉字的90%以上是形声字。

汉字起源于图画

形声字的形旁和声旁有下边六种组合方式(见下页)：

汉字是世界上现存最古老的文字。全世界至少有12亿人在使用它。现在，汉字还存在难读、难写、难记的问题，进一步简化汉字⑨将是汉字改革的重要任务。目前，汉字已被成功地输入电脑，展示了汉字的广阔前景，可以相信，汉字会继续生存下去，继续为人类文明作出贡献。

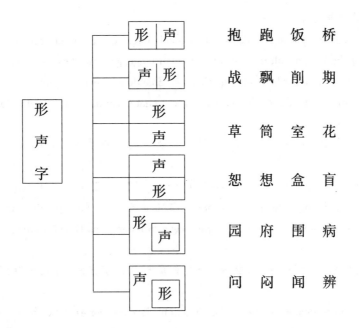

抱 跑 饭 桥

战 飘 削 期

草 筒 室 花

恕 想 盒 盲

园 府 围 病

问 闷 闻 辨

注 释

① 〔古苏美尔文字〕 公元前 3000 年在两河流域形成的文字,最初由苏美尔人创造。字刻在泥板上,笔画一头粗一头细,又称楔形文字。

"ancient Sumerian characters"——cuneiform characters created by Sumerians in the Tigis-Euphrates Valley about 3000 B.C. The wedge-shaped characters were inscribed on clay tablets.

② 〔古埃及文字〕 5000 年前古埃及的一种象形文字。文字主要写在纸草上。

"ancient Egyptian characters"——hieroglyphs used by the ancient Egyptians over 5000 years ago, written mainly on papyrus.

③ 〔仓颉〕 远古传说中的人物。相传他是黄帝的史官,长着四只眼,善于观察事物。

"Cangjie"——an ancient legendary figure believed to possess miraculous power of observation with his four eyes. He is said to be a historiographer of Emperor Huang.

④ 〔黄帝〕 远古传说中人物。又称轩辕氏。相传他曾统一黄河流域。他与炎帝一起被称为中华民族的祖先。

"Emperor Huang"——an ancient legendary figure, also called Xuanyuan Shi. It is said that he unified the Yellow River Valley. He and Emperor Yan are collectively known as the ancestors of the Chinese nation.

⑤ 〔仰韶文化〕 中国新石器时代的早期文化,属于母系氏族公社阶段。仰韶文化分布广泛,其中半坡氏族比较典型。

"the Yangshao Culture"——a matriarchal culture of the early Neolithic Age, widely distributed in ancient China, as represented by the Banpo Culture.

⑥ 目前中国多数文字学专家认为,仰韶文化的陶器(如半坡陶器)刻画符号还不是文字,而山东泰安等地区的属于大汶口文化的陶器刻画符号,可能是中国的原始文字。按上述观点,

汉字已有 4500 多年的历史了。

At present, most Chinese philologists think that symbols engraved on the pottery of the Yangshao Culture (e.g. pottery of the Banpo Culture) are not a written language. But those engraved on the pottery of the Dawenkou Culture, unearthed near Ju County, Shandong Province may be considered the earliest written language in China. Under this view, Chinese characters may have existed for more than 4500 years.

⑦〔秦始皇〕（公元前 259～公元前 210 年）姓嬴名政。他在公元前 221 年统一中国,建立了中国历史上第一个封建的中央集权的国家——秦。秦始皇是中国的第一个皇帝。

"Qin Shihuang"——the First Emperor of the Qin Dynasty (259—210 B.C.). His family name was Ying, and given name Zheng. He unified China in 221 B.C. and founded the first centralized feudal state in the history of China——the Qin Empire. Qin Shihuang was China's first(*shi*) emperor (*huang*).

⑧ 古代有"六书"的说法,前四书象形、指事、会意和形声是造字方法,后两书转注和假借属于用字方法。

In ancient times Chinese characters were classified into "six categories"(六书). The first four categories——pictographic, self-explanatory, associate compound and pictophonetic characters——indicate the methods of forming the characters; while the last two categories——mutual explanatory characters and characters adopted to represent homophones——refer to the usage of characters.

⑨〔简化汉字〕 即减少笔画和精简字数。中国自 1956 年起先后公布了四批简化字,现简化字共有 2238 个。

"simplified Chinese characters"——The simplification of Chinese characters is aimed at reducing the number of strokes and eliminating variants. Since 1956, a total of 2238 simplified characters have been published in four separate groups in China.

资　料

甲骨文是怎样发现的

甲骨文是商代和周代人在龟甲和兽骨上刻的文字,是作占卜用的。目前出土的甲骨已有 15 万片,发现了 4600 个汉字。甲骨文的发现比较晚,说起来还有一段故事呢。

清朝末年,河南安阳小屯村的农民在翻耕土地的时候不断地翻出一些骨片,农民以为这些骨片是治病的"龙骨"(一种中药),于是很多农民都去地里翻找骨片,然后低价卖给中药店。

几十年后,到了 1899 年,清政府北京国子监(当时的大学)祭酒(校长)王懿荣因生病吃中药,在买来的中药中发现了几片骨片,仔细一看,上面还刻着符号。王懿荣是个很有学问的人,平时喜欢收集文物,还懂书法,他认为这些骨片不是什么"龙骨",而是不寻常的东西。他马上又去药店买回来一些"龙骨",并了解到这些"龙骨"是从河南、陕西等地运来的。经过认真的研究,王懿荣确认骨片上的刻画符号是秦代以前的古老文字,骨片是龟甲和牛胛骨、鹿头骨等,他还给这种文字起了个名字叫"龟版文字"。甲骨文就这样被发现了。王懿荣先后收集了 1000 多块甲骨片,可惜的是,他还没有研究完这些甲骨文就去世了。

王懿荣死后,很多学者继续收集研究甲骨文。有一个名叫刘鹗的人收集了 5000 多片甲骨,他把甲骨文印在一本名叫《铁云藏龟》的书中,这是第一次向人们介绍甲骨文。现代,有一位学者对甲骨文作了深入的研究和考证,取得了极大的成就,他就是郭沫若先生。

甲骨文的发现,是一个重大的发现。甲骨文为汉字研究和商周历史研究提供了珍贵的实物资料。现在,新的甲骨还在不断地发现,这项研究工作仍在进行之中。

象形字欣赏

古代中国人以人本身、动物和自然界中的事物为描绘对象,造出了很多象形字。下面,我们来欣赏一些古老的象形字吧。

描绘人本身的象形字									
人	目	面	眉	口	心	女	耳	齿	手	子

描绘动物的象形字									
鸟	鱼	马	牛	羊	象	鹿	燕	犬	龙	龟

描绘自然界事物的象形字									
雨	云	土	生	舟	车	贝	瓜	鼎	壶	果

有趣的会意字

1. 看:手放在眼的上方,遮住阳光远望。
2. 见:画出人体,突出人的眼睛,表示看见了什么东西。
3. 令:上面是发令人的口,下面弯曲的身体表示接受命令的人。
4. 寒:一个人在屋子里,地上有冰,人钻在草中,使人想到寒气逼人。
5. 冠:"冠"就是帽子。一只手正把帽子(冖)往人的头上戴。
6. 孕:人的肚子很大,里边有个小孩儿。
7. 孙:子的旁边有丝,表示子孙连续不绝。

1	看	2	见	3	令	4	寒
5	冠	6	孕	7	孙	8	焚
9	莫	10	灾	11	安	12	宿
13	昏	14	宾	15	保	16	祭

8. 焚：下面的火把上面的树林烧着了。

9. 莫：这是最早的"暮"字。太阳落在草丛中，表示太阳落山了，天快要黑了。

10. 灾：屋里着火了。

11. 安：女人在屋里，使人联想到安全舒适。

12. 宿：在一间屋子里，有人在草席上睡觉。

13. 昏：太阳落下去了，位置比人还低，表示黄昏时刻。

14. 宾：一个人走进屋里，表示客人到了。

15. 保：一个大人手抱着婴儿，本义是养育、抚养，引申为保护、保佑等义。

16. 祭：一只手拿着肉，放在祭台上进行拜祭。

提 示

●汉字是汉语的书写符号。汉字起源于图画，形体由写实的象形图画，变成由笔画组成的符号，并具有了象征意义。从造字方法上看，中国人造字往往"近取诸身，远取诸物"，即多以人的整体、分体部位，以及动作、语言为描绘对象，或以自然界实物为描绘对象而大量造字，所描绘的这人或物多为客观存在的实体。这种造字方法，体现了汉族实用理性思维方式和具象思维特征。

在象形、指事、会意、形声这四种造字法中，象形字是最基本的，或者说汉字是以象形字为基础的文字。

●汉字是形、音、义结合于一体的文字，从本质上看，属于表意文字体系。这是因为象形、指事、会意三种字体本身不带表音成分，形声字的声旁实际上也是表意汉字临时充当标音符号而已，此外形声字还有表意的形旁。

●从甲骨文到现行汉字，汉字的发展趋势是：形体由图画到笔画、由象形到象征、由复杂到简单。简化一直是汉字发展的主流。在汉字发展历史上曾有过几次大的简化。现在中国大陆通行的简化字，只是又一次大的简化，而这种简化实际上是对长期以来民间手写简化字的一次大的总结整理和规范化。

词 汇

一、生词 **New Words and Expressions**

1. 消亡　　　　　（动）　　　　　xiāowáng　　　　　die out

26

2. 独特	（形）	dútè	unique
3. 体系	（名）	tǐxì	system
4. 结绳		jié shéng	keep records by tying knots
5. 排列	（动）	páiliè	arrangement
6. 考古	（名、动）	kǎogǔ	archaeology
7. 刻画	（动）	kèhuà	cut, engrave
8. 符号	（名）	fúhào	symbol
9. 来临	（动）	láilín	come
10. 龟甲	（名）	guījiǎ	tortoise-shell
11. 兽骨	（名）	shòugǔ	animal bone
12. 重复	（动）	chóngfù	repeat, reiterate
13. 辨认	（动）	biànrèn	identify
14. 句式	（名）	jùshì	sentence pattern
15. 演变	（动）	yǎnbiàn	evolve
16. 鼎	（名）	dǐng	an ancient cooking vessel with two loop handles and three or four legs
17. 篆	（名）	zhuàn	a style of Chinese calligraphy
18. 通用	（动）	tōngyòng	in common use
19. 笔画	（名）	bǐhuà	strokes of Chinese characters
20. 象征	（动、名）	xiàngzhēng	symbolize, stand for
21. 刃	（名）	rèn	the edge of a knife
22. 单独	（形）	dāndú	indivisible
23. 鸣	（动）	míng	chirp, sing
24. 竽	（名）	yú	an ancient wind instrument
25. 简化	（动）	jiǎnhuà	simplify
26. 恕	（动）	shù	forgive, pardon
27. 筒	（名）	tǒng	a section of thick bamboo
28. 盲	（形）	máng	blind
29. 闷	（形）	mèn	bored, depressed, in low spirits

二、专名　Proper Names

1. 苏美尔	Sūměi'ěr	Sumer
2. 埃及	Āijí	Egypt
3. 仓颉	Cāngjié	name of a person
4. 西安	Xī'ān	name of a place
5. 临潼	Líntóng	name of a place
6. 姜寨	Jiāngzhài	name of a place
7. 仰韶文化	Yǎngsháo Wénhuà	the Yangshao Culture
8. 山东	Shāndōng	Shandong Province

9. 泰安	Tài'ān	name of a place
10. 商代	Shāngdài	the Shang Dynasty
11. 秦始皇	Qínshǐhuáng	the first emperor of the Qin Dynasty
12. 秦代	Qíndài	the Qin Dynasty
13. 汉代	Hàndài	the Han Dynasty

练习题

一、填空

1. 汉字是世界上最古老的文字之一。汉字以_____为基础,_____、_____、_____结合于一体,成为一种独特的方块形的_____文字。

2. 汉字起源于_____,三千年来经历了_____、_____、_____、_____的演变过程,在形体上逐渐由图画变为_____,由象形变为_____,由复杂变为_____。

3. 汉字的造字方法有_____、_____、_____和_____四种,其中_____字打破了单纯表意的造字方法,可以大量造字。

二、选择正确答案

下面哪种说法是错误的?

A. 甲骨文是目前发现最早的最成熟的汉字。

B. 甲骨文之前有一种陶器刻画符号。

C. 隶书是通用时间最长的标准字体。

D. 形声字有表意成分。

答(　　)

三、回答问题

传说汉字是黄帝的史官仓颉创造的,这种说法对吗?为什么?

四、指出下列各字的造字方法:

人(　　)　　本(　　)　　鱼(　　)　　水(　　)

刃(　　)　　手(　　)　　瓜(　　)　　鲤(　　)

园(　　)　　胸(　　)　　问(　　)　　梨(　　)

鸣(　　)　　看(　　)　　情(　　)　　犁(　　)

采(　　)　　趴(　　)　　灾(　　)　　鸽(　　)

鸟(　　)　　女(　　)　　上(　　)　　月(　　)

尘(　　)　　燃(　　)　　从(　　)　　湖(　　)

四 中国少数民族

中国是一个统一的多民族的国家。在中国美丽富饶的土地上,居住着56个民族12.2亿人。^①中华民族是中国各民族的总称。各族人民世世代代共同劳动、共同创造了中国的悠久历史和灿烂文化。现代中国是一个和睦友爱的民族大家庭。

人 口 状 况

在56个民族中,汉族人口最多,有10.4亿,约占全国总人口的91.96%(大陆人口)。

其他55个民族就是少数民族了,共有9120万,约占全国总人口的8.04%(大陆人口)。各少数民族人口数量相差很大,人口超过100万的有壮、满、回、苗、维吾尔等18个民族,人口在100万以下10万人以上的有佤、纳西等15个民族,人口在10万以下1万人以上的有塔吉克、鄂温克等15个民族,人口在1万人以下的有鄂伦春、珞巴等7个民族。人口最多的民族是壮族,有1548万人;人口最少的是珞巴族,只有2312人。

春米的佤族妇女

少数民族人口虽然少,但分布地区却占全国总面积的63.8%,主要分布在西北、西南、东北等地。云南省居住着彝、苗、傣等21个民族,是少数民族最多的省份。在少数民族集中居住的地区,也分布着大量汉族。

中华人民共和国成立以后,国家实行了民族平等、团结、互助的政策,在少数民族聚居的地区实行民族区域自治。现在,中国共有5个自治区:内蒙古自治区、西藏自治区、新疆维吾尔自治区、广西壮族自治区和宁夏回族自治区。此外,还有一些自治州和自治县(旗)。

丰富多彩的文化

几千年来，少数民族创造了丰富而灿烂的文化。少数民族文化是中国文化的重要组成部分。

傣族　　　　　藏族　　　　鄂伦春族　　　苗族

少数民族的语言很丰富，除了回、满民族使用汉语外，其他民族都有自己民族的语言，语言总数达到 60 多种。1949 年以前只有 21 个少数民族有自己的文字，中华人民共和国成立后，国家帮助壮、布依、纳西等十几个民族制订了以拉丁字母为基础的文字。

少数民族的文学成就很高，引人注目的是史诗和叙事诗。公元 13 世纪陆续创作而成的《格萨尔王传》②是世界上最长的一部英雄史诗，它通过对英雄格萨尔事迹的描述反映了藏族的古代历史、社会生活和风俗。《玛纳斯》③是柯尔克孜族人民值得骄傲的一部英雄史诗。著名的长篇叙事诗有公元 11 世纪的维吾尔族作品《福乐智慧》④以及傣族的《召树屯》⑤、彝族的《阿诗玛》⑥等。

阿凡提

少数民族的历史文学著作，以蒙古族的《蒙古秘史》⑦成就最高。

维吾尔民间文学中，有一个叫阿凡提的人物，关于他的笑话和故事流传很广，很受各族人民的喜爱。

被称为世界文学珍品的《红楼梦》⑧，它的作者曹雪芹⑨是满族人。现代著名作家老舍⑩也是满族人,他的《骆驼祥子》⑪、《茶馆》⑫等作品,在世界上都很有名。

中国少数民族是能歌善舞的民族。在少数民族的生活中是离不开歌舞的。

少数民族的男女老少都爱唱歌,他们唱的山歌、情歌、祝福歌、故事歌具有浓厚的民族特色。一些少数民族很喜欢对歌,歌手们用歌声一问一答,显示各自的编歌和唱歌本领。传说壮族的刘三姐⑬是一位唱歌和编歌的能手,壮族人民称她为"歌仙"。

西南一些少数民族喜欢打铜鼓

少数民族的舞蹈最有民族特点。维吾尔族人的新疆舞蹈跳得很美,他们喜欢打着手鼓在优美的音乐声中载歌载舞。傣族的孔雀舞、苗族的芦笙舞、朝鲜族的顶水舞、黎族的竹竿舞、藏族的热巴舞,都是很有代表性的少数民族舞蹈。这些舞蹈有的优美抒情,有的热情奔放,给人们一种美的艺术享受。

少数民族的工艺美术水平也很高。少数民族身上穿的五颜六色的衣服、头上戴的各种各样的帽子、身上挂的精致漂亮的装饰物,显示了他们的艺术才能。其中,壮族的"壮锦"、苗族和瑶族的"蜡染",都是优秀的传统工艺,艺术价值极高。

传 统 节 日

少数民族的节日多彩多姿,丰富的节日活动集中地反映了少数民族的风俗和生活情趣。

"泼水节"(农历四月中旬)是傣族新年。节日里,人们相互泼水,表示洗净身上一年的污尘,祝福新的一年幸福平安。

"火把节"(农历六月二十四日起一至三天)是彝族、白族等民族的传统节日。节日之夜,人们在村边地头举着火把游行,欢快地唱歌跳舞,表示消灾降福。

"古尔邦节"(伊斯兰教历十二月十日)是信奉伊斯兰教各族人民的节日。节日那天,人们去清真寺做礼拜,还要在清真寺前的广场上举行盛大的歌舞活动。

那达慕大会上的
蒙古族摔跤手

民族大家庭

藏族的"新年"（藏历一月一日），蒙古族的"那达慕大会"（夏、秋两季），苗族、侗族、布依族的"牛王节"（春耕时节）都是很有民族特色的传统节日。

中国少数民族的节日有几百个。参加少数民族的节日，是了解少数民族文化生活最好的机会。

注 释

① 这是 1997 年的数据。本文下面的人口数字均根据 1990 年中国人口普查结果。

This is the population based on China's census in 1997. The rest of the statistics of population in this lesson are based on China's census in 1990.

② 〔《格萨尔王传》〕 藏族英雄史诗。有 150 万诗行，近 1000 万字，被称为世界上最长的史诗。作品记叙了以格萨尔为首的英雄人物同人民一起与凶恶势力进行斗争的事迹。

"格萨尔王传"——a Tibetan epic of 10 million words in 1.5 million lines, known as the longest epic in the world. It describes the daring feats performed by the heroes and people headed by Gesa'er in the struggle against evil forces.

③ 〔《玛纳斯》〕 新疆柯尔克孜族人民世代传唱的一部英雄史诗。共分八部，记叙了玛纳斯家族八代英雄的业绩。

"玛纳斯"——an epic in eight parts, handed down from generation to generation among the people of the Khalkhas nationality in Xinjiang. It tells of the heroic deeds of eight generations of the Manasi family.

④ 〔《福乐智慧》〕 维吾尔族长篇叙事诗。作者为维吾尔诗人尤素甫。全诗共 12000 诗行，表达了诗人对宗教及治理国家等方面的思想。

"福乐智慧"——a long narrative poem of the Uygur nationality, written by the Uygur poet Yousu-fu. The poet expressed his ideas about religion and the administration of the country in 12,000 lines.

⑤ 〔《召树屯》〕 傣族民间叙事长诗。作品歌颂了王子召树屯与孔雀公主忠贞的爱情，表达了傣族人民厌恶战争的情绪和追求美好生活的愿望。

"召树屯"——a long narrative poem of the Dai nationality, which praises the faithful love between Prince Zhaoshutun and Princess Peacock. The poem expresses the Dai people's hatred for war and aspiration for a happy life.

⑥ 〔《阿诗玛》〕 彝族民间叙事长诗。作品叙述了勤劳勇敢的姑娘阿诗玛追求自由幸福，同阿黑哥哥一起同封建统治者进行斗争的故事。

"阿诗玛"——a long narrative poem of the Yi nationality, which tells the story of Ashima, a hardworking and courageous girl, who, in pursuit of freedom and happiness, fights against the feudal rulers together with Brother Ahei.

⑦ 〔《蒙古秘史》〕 蒙古族用蒙文写成的历史文学巨著。全书近 30 万字，13 世纪写成。

"蒙古秘史"——a great literary work on the history of Mongolia in 300 thousand words, written by the Mongols in the Mongolian language. The work was completed in the 13th century.

⑧ 〔《红楼梦》〕 清代长篇小说。(详见 188 页)

"红楼梦"——a novel of the Qing Dynasty. (For details, see p.188)

⑨ 〔曹雪芹〕 (约公元 1715 ~ 1764)名霑，雪芹是他的号。清代著名小说家。(详见 190 页)

"Cao Xueqin" (approx. 1715—1764)——another name for Cao Zhan, a celebrated novelist of the Qing Dynasty. (For details, see p.190)

⑩ 〔老舍〕 (公元 1899 ~ 1966 年)原名舒庆春，字舍予。满族人。现代小说家、戏剧家。

"Lao She" (1899—1966)——pen name of Shu Qingchun, alias Sheyu, a modern Chinese novelist and playwright of the Manchu nationality.

⑪ 〔《骆驼祥子》〕 长篇小说。小说发表于 1936 年。作品叙述了人力车夫祥子在旧中国的悲惨遭遇，揭露了旧中国的社会黑暗和罪恶。

"骆驼祥子"——a novel published in 1936. It exposes the evils of the dark days in old China through the vivid description of the tragic experience of the rickshawman Xiangzi.

⑫ 〔《茶馆》〕 话剧。作品以茶馆为时代窗口，通过七十多个进出茶馆的不同人物，反映了清末以来半个世纪的社会变迁。

"茶馆"——a drama set in a teahouse, a place frequented by over seventy people from different walks of life, whose lives and experiences are narrated to reflect the social changes in the fifty years around the end of the Qing Dynasty.

⑬ 〔刘三姐〕 中国南方民间口头传说中的人物，是一位有出色歌才的壮族农村姑娘，聪明美丽，与人赛歌，可以连唱几天不止。　　(33)

"刘三姐"——a female character described in a ballad of south China. She is a clever and beautiful country girl of the Zhuang nationality and an outstanding singer, who can sing for several days running in a singing competition.

有趣的族名

中国 55 个少数民族的族名是很有趣的,这些族名一般都包含着一定的意义和社会文化内容。

柯尔克孜族,"柯尔克孜"是 40 个姑娘的意思。柯尔克孜族民间传说,他们的民族起源于 40 个姑娘。

哈萨克族,"哈萨克"是白鹅的意思。传说有一只白鹅变成一位美丽的姑娘,并和一位牧民结了婚,生育了后代,成为哈萨克人的始祖。

拉祜族,在拉祜语里称"虎"为"拉",称在火边烤肉为"祜","拉祜"就是用火烤虎肉,反映了拉祜族最早是一个靠打猎为生的民族。

生活在东北深山密林中的鄂伦春族,族名的意思是使用驯鹿的人。

达斡尔族,族名的意思是耕作的人,反映出这是一个以农业为主的民族。

侗族的族名和他们的居住地多山洞有关。维吾尔族的"维吾尔"有团结和联合的意思。傣族的族名意思是自由。怒族因居住在怒江流域而得名。独龙族因居住在独龙河谷而得名。

少数民族最多的省份

中国少数民族分布地区广泛,少数民族最多的省份是云南省。

在云南省聚居的少数民族有 21 个。这 21 个少数民族是:傣族、彝族、回族、藏族、苗族、壮族、瑶族、白族、哈尼族、傈僳族、佤族、拉祜族、纳西族、景颇族、布朗族、阿昌族、普米族、怒族、德昂族、独龙族、基诺族等。

傣族泼水节

泼水节是傣族的年节,在农历四月十三日到十五日之间。

泼水节起源于一个美丽的传说。相传很早很早以前,大地由一个凶恶的火魔统治着,他给人民带来巨大的灾难。火魔有 7 个美丽善良的女儿,她们决心为人民除害。她们得到神的帮助,知道只有用火魔头上的一根头发,才能杀死火魔。七姑娘虽然年龄小,可是最勇敢,她趁火魔睡觉的时候,拔下了这根头发,勒住了火魔的脖子,火魔的头掉下来了。可是,落到地上的脑袋滚到哪里,火就烧到哪里。7 位姑娘只好轮流把火魔的脑袋抱在怀里。当一个姑娘紧紧抱着火魔的脑袋时,其他姑娘就向她身上泼水,这样能降温,不会烧坏身体,同时又能冲洗掉身上的脏东西。就这样,她们抱了很长时间,火魔的脑袋终于变成了尘土。从此,泼水就成了纪念这 7 位勇敢的姑娘和互相净身洗尘的祝福仪式了。

泼水是傣族年节的主要喜庆活动。人们互相泼水,表示洗去身上一年的污尘,祝福新的一年吉祥平安。泼水有文泼和武泼两种。文泼主要是对尊敬的老人和客人,用树枝或花束

34

挑起水花,洒在对方的身上;武泼就随便了,用盆,用瓢,用桶都可以,年轻人互相追赶,劈头盖脸地泼,被泼的人身上的水越多,说明受到的祝福越多,被泼的人也越高兴。

孔雀在傣族人民心中是吉祥的象征。泼水节,傣族人民要跳孔雀舞,用来表达美好的愿望。此外,还有一种"丢包"的游戏。未婚男女青年分别站成一排,面对着,用一个装满棉子的小布包向自己爱慕的对象掷去。飞来飞去的布包表达着青年人纯洁的爱情。

提 示

●中国是一个统一的多民族的国家,中华民族是中国各民族的总称。中华民族的这种统一性与不可分割性是经过历史上多次的民族大迁徙、大融合后形成的。

民族大融合是广泛的、多层次的,表现在经济、文化各个方面,而这种民族间的交流又是相互的。一方面是汉族先进的生产技术和文化帮助了少数民族;另一方面,少数民族的生产技术和文化也不断被汉族所吸收。所以说,中国灿烂的文化是中国各民族共同创造的。例如举世闻名的万里长城、秦兵马俑、敦煌艺术、故宫建筑的创造者并非只有汉族,而是各民族的集合体。各民族之间几千年来的密切交往和联系,是中国民族关系的主流。

●少数民族的文化有着悠久的传统和丰富的内容,保持着鲜明浓郁的民族特点,是中国文化中的一份宝贵财富。

词 汇

一、生词　New Words and Expressions

1. 富饶	(形)	fùráo	fertile
2. 总称	(名)	zǒngchēng	collective name
3. 和睦	(形)	hémù	harmonious
4. 相差	(动)	xiāngchà	differ
5. 聚居	(动)	jùjū	inhabit a region (as an ethnic group)
6. 区域	(名)	qūyù	region
7. 总数	(名)	zǒngshù	total , total number
8. 能歌善舞		néng gē shàn wǔ	be good at singing and dancing
9. 祝福	(动)	zhùfú	blessing
10. 浓厚	(形)	nónghòu	strong , distinctive
11. 特色	(名)	tèsè	feature
12. 显示	(动)	xiǎnshì	show
13. 舞蹈	(名)	wǔdǎo	dance
14. 载歌载舞		zài gē zài wǔ	singing and dancing happily
15. 孔雀	(名)	kǒngquè	peacock
16. 芦笙	(名)	lúshēng	a wind instrument

17. 奔放	（形）	bēnfàng	bold and unrestrained
18. 精致	（形）	jīngzhì	fine, delicate
19. 装饰物	（名）	zhuāngshìwù	ornament
20. 锦	（名）	jǐn	brocade
21. 蜡染	（名）	làrǎn	wax printing
22. 多彩多姿		duō cǎi duō zī	varied and colourful
23. 情趣	（名）	qíngqù	interest, taste
24. 污尘	（名）	wūchén	dirt, dust
25. 消灾降福		xiāo zāi jiàng fú	showing signs of good fortune
26. 信奉	（动）	xìnfèng	believe in
27. 礼拜	（动）	lǐbài	religious service
28. 盛大	（形）	shèngdà	grand, magnificent

二、专名　Proper Names

1. 壮族	Zhuàngzú	the Zhuang nationality
2. 满族	Mǎnzú	the Manchu nationality
3. 维吾尔族	Wéiwú'ěrzú	the Uygur nationality
4. 佤族	Wǎzú	the Wa nationality
5. 塔吉克族	Tǎjíkèzú	the Tajik nationality
6. 鄂伦春族	Èlúnchūnzú	the Olunchun nationality
7. 珞巴族	Luòbāzú	the Loba nationality
8. 彝族	Yízú	the Yi nationality
9. 苗族	Miáozú	the Miao nationality
10. 傣族	Dǎizú	the Dai nationality
11. 布依族	Bùyīzú	the Puyi nationality
12. 纳西族	Nàxīzú	the Naxi nationality
13. 蒙古族	Měnggǔzú	the Mongol nationality
14. 阿凡提	Āfántí	a character in a folktale
15. 老舍	Lǎo Shě	name of a person
16. 刘三姐	Liú Sānjiě	a female character in a folktale
17. 朝鲜族	Cháoxiǎnzú	the Korean nationality
18. 黎族	Lízú	the Li nationality
19. 藏族	Zàngzú	the Tibetan nationality
20. 瑶族	Yáozú	the Yao nationality
21. 伊斯兰教	Yīsīlánjiào	Islam, Islamism
22. 侗族	Dòngzú	the Dong nationality
23. 白族	Báizú	the Bai nationality

练习题

一、填空

1. 中国共有_____个民族，人口最多的民族是_____族，其他_____个民族是少数民族。在中国，民族最多的省份是_____省，共有_____个少数民族。

2. 在民族问题上，中国政府实行的是_____的政策，在少数民族聚居的地区实行_____。中国共有_____个自治区，还有一些_____和_____。

二、确认正确答案并连线

1. 《格萨尔王传》   维吾尔族

   《福乐智慧》   藏族

   《蒙古秘史》   彝族

   《玛纳斯》   蒙古族

   《阿诗玛》   柯尔克孜族

2. 泼水节   信奉伊斯兰教的民族

   火把节   傣族

   那达慕大会   彝族

   古尔邦节   蒙古族

三、回答问题

为什么说中国历史和文化是汉族和少数民族共同创造的？试举例说明。

五　中国人的姓氏和名字

在中国，人们初次见面，彼此往往要问："您贵姓?""您的名字怎样称呼?"找人、打电话、寄信、考试答卷，更是离不开人的姓氏和名字。姓氏和名字是识别人的重要标志，是人们交往的必要工具。

中国姓氏的起源

这里说的姓氏①就是现在通常所说的"姓"。姓是有共同血缘关系的家庭的

"姓"起源于母系氏族社会

称号。姓起源于原始社会母系氏族社会，那时候，人们都以母亲为中心，同一个母亲的后代形成一个集团，叫母系氏族。婚姻只在不同的母系氏族之间进行，氏族内部是不能通婚的。为了区别婚姻和家族，就逐渐把姓作为一个家族的称号了。在母系氏族里，子女都取母亲的姓，并且同姓不能结婚。姬、姞、姒、姜、熊，都是当时主要的姓，这些姓的字体多有"女"字旁，"姓"字本身也有"女"旁，这些都说明姓是起源于母系氏族社会的。

中国有多少姓氏

说起姓氏来，中国人马上会想到《百家姓》，《百家姓》是宋代人写的关于姓氏的书，里面共有 494 个姓。最近有人把中国古今姓氏收集到一起，姓氏已超过 8000 多个，目前汉族使用的姓氏大概有 3000 个左右。

中国的姓氏分为单姓和复姓两种，其中单姓多，复姓少，如《百家姓》里的单姓有 434 个，而复姓只有 60 个。俗话说"张王李赵遍地刘（流）"，意思是张、王、李、赵、刘这五个姓是中国最多的单姓，其中姓张的最多。不过，最新的统计结果告诉我们，现在中国人姓李的最多了，新的排列是李、王、张、刘、陈。姓氏中由两个或两个以上的字组成的复姓是很少的，最常见的复姓是诸葛、欧阳、司马、端木、公孙等。

按照传统习惯，中国人一般姓父亲的姓，只有少数人姓母亲的姓。女子结婚后，仍然用原来的姓，不用改姓。

姓氏的主要来源

现在汉族人的姓氏大部分可以从古代找到"源头"。姓氏的来源主要有以下几种：

以母亲的名字为姓。这是母系氏族取姓的主要来源。如传说中的炎帝的母亲名叫女登，她的后代就姓女。

以图腾②崇拜物为姓。如姜姓这个字是由"羊"和"女"组成，羊可能是姜姓母系氏族的图腾。龙、马、猪、山、云、风等姓氏，都是不同氏族的图腾崇拜物。

以封地③为姓氏。如西周时有个叫造父的人，被周穆王④封到赵城，造父的后代就姓赵。

以居地特征为姓氏。据说黄帝姓姬，是因为他住在姬水岸边。有些人姓东郭、西门、池、柳，是因为他们住在城的东边、城的西门、池边和柳旁。

以官职和职业为姓氏。如西汉史学家司马迁⑤复姓司马，司马是古代掌管军事的大官。有人姓巫，他的祖先可能以巫事为职业；有人姓陶，他的祖先可能是制作陶器的。

司马迁

以少数民族姓名的译音为姓氏。如单于（Chányú）、长孙（Zhǎngsūn）、尉迟（Yùchí）等。

中国有一句俗话，说"同姓人五百年前是一家"，于是，同姓的人相遇常常亲切地说:"我们是一家子。"有人把《百家姓》中的前四姓"赵钱孙李"作了研究,结果四姓的源头都是黄帝,据说大部分汉族姓氏的源头都在黄帝和炎帝那里。这真是一个有趣的文化现象。

中国人的名字及其特点

名字是代表一个人的符号。早在原始氏族社会时期,中国人的祖先为了便于识别和交往,就开始使用名字了。

中国人的名字是很有特点的。

取名示例

就汉族来讲,名字都在姓的后面,与姓结合后统称姓名。名字有一个字的单名,也有两个字的双名,如李×、欧阳×,李××、欧阳××。其中双名多,单名少。现在取单名的越来越多,因而重名的现象也很严重。

中国人的名字往往有一定的含义。如福、富、财、贵等,是希望发财致富;康、寿、健、松等,是希望健康长寿;栋、杰、俊、才等,是希望成为有用的人才;忠、德、仁、孝等,是希望具有某种美德。再如名字"京生",说明这个人是在北京出生的;"震生",说明这个人出生时发生过地震;"国庆",说明这个人是 10 月 1 日出生的,那天正是中国的国庆节。

中国人取名很注意男女性别的区别。男人多用雄壮的字,用来表现男子的阳刚之气,如鹏、虎、雷、海、山等;女人多用美丽的字,用来表现女子的阴柔之美,如花、丽、凤、英、芳等。

中国人取名一般不用与长辈名字相同的字,甚至同音的字也不用,这是表示对长辈尊重的传统习惯。

中国人除了有大名以外,很多人小时候还有小名(乳名),如小牛、小胖子、小二子等。现在,父母

好喝酒的欧阳修自号"醉翁"

40

更喜欢在孩子的单名前面加一个"小"字来作小名。如张立,小名叫小立;王芳,小名叫小芳。

古代有地位和名望的人除了有名,还有"字"⑥和"号"⑦,现在有字和号的人不多了,中国人一般有一个名字就够了。不过,有些作家和艺术家还有笔名和艺名。如作家鲁迅⑧,他原来的姓名是周树人,"鲁迅"是他写文章时用的笔名。

注　释

① 〔姓氏〕 战国以前姓与氏有区别。氏是由姓分化出来的,表示人的贵贱和地位高低。战国以后姓与氏合为一体。

"xingshi"——Before the Warring States Period xing(姓), family name, was different from shi(氏), a symbol showing the social position of a family. Shi was derived from xing. After the Warring States Period xing and shi merged into xingshi, meaning family name.

② 〔图腾〕 英文写作 totem。指原始社会人们认为和本氏族有血缘关系的某种动物或自然物,并作为本氏族的标志。图腾崇拜是世界上的一种普遍现象。

"totem"——an animal or a natural object which primitive people considered as being related by blood to a given family or clan and took as its symbol. Worship of totem was a universal practice throughout the world.

③ 〔封地〕 古代帝王赏给诸侯的土地。

"封地"(fengdi)——a manor granted to a noble by a feudal monarch.

④ 〔周穆王〕 名姬满,西周国王。

"Emperor Zhoumu"——a monarch of the Western Zhou Dynasty. His name was Ji Man.

⑤ 〔司马迁〕 西汉著名史学家、文学家。中国古代通史《史记》的作者。

"Sima Qian"——a famous historian and writer of the Western Han Dynasty, author of "史记", a book on the general history of ancient China.

⑥ 〔字〕 根据人名中的字义,另外取的别名。

"zi"——an alternative name, the characters of which are more or less similar in meaning to those used in the given name.

⑦ 〔号〕 名和字之外的又一种别名,多表示人的某种信念和志趣。

"hao"——another name in addition to the given name and zi. The characters used in a hao usually express one's belief and interest.

⑧ 〔鲁迅〕 (公元 1881～1936 年)原名周树人,浙江绍兴人。著名文学家、思想家、革命家。从事教育和文学创作达 30 多年。留有《鲁迅全集》20 卷和《鲁迅日记》等。

"Lu Xun"(1881—1936)——pen name of Zhou Shuren, a famous writer, thinker and revolutionist, born in Shaoxing, Zhejiang Province. He spent more than thirty years in teaching and writing. He is known for his twenty volumes of "鲁迅全集", "鲁迅日记" and other works.

中国姓李的最多

汉族使用的姓氏约有 3000 个

新华社北京 1987 年 5 月 2 日电(记者张继民)"张王李赵遍地刘",人们在谈论我国姓氏的时候,往往凭印象这么说。如今,中国科学院遗传研究所研究员杜若甫、助理研究员袁义达经过对我国姓氏人数比例的详细研究,提出了更为准确的结论。

这项有趣的研究结果,是两位科研人员根据国家统计局提供的 1982 年全国人口千分之零点五随机抽样资料(57 万余人),以及 1970 年台湾省出版的《台湾地区人口之姓氏分布》一书进行统计,再经过计算机处理获得的。研究表明,全国汉族姓氏中以李姓最多,约占汉族人口的 7.9%,其次为王姓和张姓,分别约占 7.4% 和 7.1%。

他们的研究发现,占汉族人口 1% 以上的大姓共有 19 个。除李、王、张三大姓外,还有刘、陈、杨、赵、黄、周、吴、徐、孙、胡、朱、高、林、何、郭、马。姓这 19 个大姓的加起来约占汉族人口的 55.6%,也就是说,全国大约有一半以上的人口使用这些姓氏。

我国最常见的 100 个汉族姓氏都有哪些呢?研究表明,按人数多少依次排列情况是:李、王、张、刘、陈、杨、赵、黄、周、吴、徐、孙、胡、朱、高、林、何、郭、马、罗、梁、宋、郑、谢、韩、唐、冯、于、董、肖、程、曹、袁、邓、许、傅、沈、曾、彭、吕、苏、卢、蒋、蔡、贾、丁、魏、薛、叶、阎、余、潘、杜、戴、夏、钟、汪、田、任、姜、范、方、石、姚、谭、廖、邹、熊、金、陆、郝、孔、白、崔、康、毛、邱、秦、江、史、顾、侯、邵、孟、龙、万、段、雷、钱、汤、尹、黎、易、常、武、乔、贺、赖、龚、文。姓这 100 个姓氏的人,总计约占汉族人口的 87%。

研究还发现,汉族姓氏分布有着明显地区差异。李、王、张、刘等大姓在北方人中常见,而陈、赵、黄、林、吴等大姓在南方人中所占比例较高。研究人员依据这一特点,正在探索我国各地人群的血缘关系与相对迁移率。

杜若甫对记者说,他们目前还没有摸清汉族人口正在使用的姓氏到底有多少,从 1982 年全国人口普查随机抽样中仅获得了 1066 个,这是不完全的。他估计汉族目前使用的姓氏大概有 3000 个左右。他还透露,他们正着手编纂一部《中华姓氏大辞典》,收集到的中国古今姓氏已超过 8000 多个。

提 示

●中国人的姓氏和名字是一种非常复杂的文化现象,有着丰富深刻的文化内涵。

从姓氏的产生和演变来看,姓氏是氏族血缘关系的产物,又是封建宗法社会种种现象的反映。中国人的姓氏很多能追溯到黄帝炎帝那里,还有民间流传的"同姓人五百年前是一家"的说法,都体现了中国人的姓氏在文化观念中的同源性。同源性具有一种向心凝聚力,它是一个民族生命力的表现。

●中国人的命名是人的文化素养、心理状态的综合反映。中国人的名字都具有某种含义,从中可以看到社会的、历史的、伦理的、宗教的种种现象和气息。其中,以美德、以美好事物、以对未来的美好向往命名,应该是中国人命名的主流。

词　汇

一、生词　New Words and Expressions

1.	姓氏	（名）	xìngshì	family name
2.	彼此	（名）	bǐcǐ	each other
3.	称呼	（名）	chēnghu	call, address
4.	标志	（名）	biāozhì	symbol
5.	交往	（动）	jiāowǎng	contact
6.	通常	（逼）	tōngcháng	usually
7.	血缘	（名）	xuèyuán	relationship by blood, consanguinity
8.	通婚	（动）	tōnghūn	marry
9.	家族	（名）	jiāzú	clan, family
10.	称号	（名）	chēnghào	form of address
11.	姬	（名）	Jī	a family name
12.	姞	（名）	Jí	a family name
13.	姒	（名）	Sì	a family name
14.	姜	（名）	Jiāng	a family name
15.	熊	（名）	Xióng	a family name
16.	收集	（动）	shōují	collect
17.	统计	（动）	tǒngjì	statistics
18.	诸葛	（名）	Zhūgě	a family name
19.	图腾	（名）	túténg	totem
20.	崇拜	（动）	chóngbài	worship
21.	封地	（名）	fēngdì	manor
22.	封	（动）	fēng	grant
23.	特征	（名）	tèzhēng	characteristic
24.	官职	（名）	guānzhí	official post
25.	掌管	（动）	zhǎngguǎn	be in charge of
26.	巫事	（名）	wūshì	witchcraft
27.	译音	（名）	yìyīn	transliteration
28.	相遇	（动）	xiāngyù	meet, come across
29.	含义	（名）	hányì	implication
30.	发财致富		fā cái zhì fù	become rich
31.	寿	（名）	shòu	longevity
32.	孝	（动、名）	xiào	filial piety
33.	美德	（名）	měidé	virtue

34. 长辈	（名）	zhǎngbèi	elder member of a family
35. 尊重	（动）	zūnzhòng	respect
36. 名望	（名）	míngwàng	good reputation，renown

二、专名　Proper Names

1. 宋代	Sòngdài	the Song Dynasty
2. 炎帝	Yándì	Emperor Yan
3. 造父	Zàofù	name of a person
4. 周穆王	Zhōu Mùwáng	Emperor Zhoumu
5. 赵城	Zhàochéng	name of a place
6. 姬水	Jīshuǐ	name of a place
7. 西汉	Xī Hàn	the Western Han Dynasty
8. 司马迁	Sīmǎ Qiān	name of a person
9. 鲁迅	Lǔ Xùn	name of a person
10. 周树人	Zhōu Shùrén	name of a person

练习题

一、填空

1. 姓是_____的家族的称号,起源于_____社会。

2. 中国的姓氏有_____姓和_____姓两种,其中_____姓最多。

3. 名字是_____的符号。汉族人的名字分_____和_____两种,姓和名字的排列顺序是_____在前_____在后。

二、选择正确答案

下面哪几种说法是错误的?

A. 现在中国人姓张的最多。

B. 现在中国人姓李的最多。

C. 中国人的名字往往有一定的含义。

D. 中国人喜欢用与长辈名字相同的字作名字。

答（　　）

三、回答问题

中国人的名字有什么特点? 请举例说明。

六　中国的农业

中国是世界东方的一个农业大国,中华民族在历史上是一个吃苦耐劳的农耕民族。[①]几千年来,中国各族人民世世代代在土地上耕作收获,形成了精耕细作的优良传统,造就了早熟和发达的农业文化。中国农业成就是对中国文明的最大贡献。

早熟和发达的中国农业

早期的农业

中国有两条大河,一条叫长江,一条叫黄河,滚滚东流的河水为中国东部铺上了一层肥沃的土壤,中国最初的农业生产就是从这里开始的。

7000年前,中国人的祖先已经在长江流域种植水稻了,浙江河姆渡遗址出土了一堆稻谷,这大概是世界上最早的人工栽培稻。在黄河流域的半坡遗址发现了很多粟(小米)粒,考古工作者认为,6000年前生活在黄河流域的人们已经把小米作为食物了。

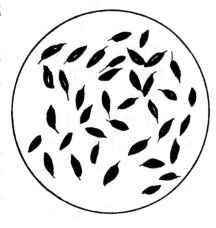

河姆渡遗址出土的稻谷

原始社会的农业采用的是"火耕"方法,人们用石斧砍倒树木,放火焚烧,再用尖木棒、骨耜松土、播种,然后等待收获。收获时,用石刀、蚌镰把穗子割下来。

商周时期,人们在用石农具、木农具的同时,还用上了青铜农具。这一时期,粮食作物的种类增多了。甲骨文中就有"麦"字,说明中国人种植小麦至少有3000年的历史。那时候,小米、大豆、小麦、稻米、黄米、高粱、芝麻已经成为人们的重要食物。商周时期基本上具备了后世的主要粮食作物。

精耕细作的农业

精耕细作是中国农业的主要特点,这个特点体现在农具使用、耕作方法、田间管理、作物栽培等各个方面。

铁农具出现在春秋战国时期,铁比木石和青铜坚硬,这就给精耕细作的农业带来了方便。铁锄、铁铲、铁犁、铁镰在战国时期已经广泛使用。那时候,很多农民在使用牛耕方法。

汉代发明了比较先进的铁犁和播种的耧车,还发明了二牛一人的耕作方

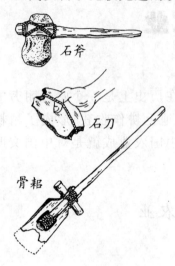

原始农业工具

用骨耜翻地

法。三国时期发明了人工灌溉工具——翻车。唐代制造出更加先进的曲辕犁和新的灌溉工具——水转筒车。宋代有了可以坐着进行水稻插秧的"秧马"。

中国农民很善于用地,他们根据不同的土壤,种植不同的庄稼,如北方旱田多,就种植小米、小麦、高粱、黄米;南方泥田多,就种植水稻。再如,高旱的田,就把庄稼种在垄沟里;低湿的田,就把庄稼种在垄台上。干硬的土地必须先耕,湿软的土地可以后耕。他们还采用耕耙、施肥、灌田等多种方法改良土壤。

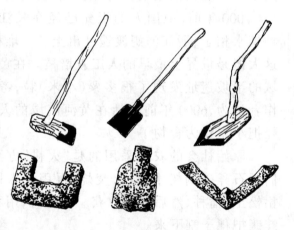

战国时期的铁农具

农民们非常注意养地,他们让土地轮流休息,目的是恢复地力。例如西汉时期发明的"代田法",第一年把庄稼种在垄沟里,第二年又把垄台开成种庄稼的垄沟,每年换一次种植位置,轮流使用土地。

此外,适时耕地、播种,及时除草、灭虫、收割,农民都是很有经验的。

为了扩大水浇地面积,预防水灾和旱灾,中国古代很重视兴修水利。战国时修建的都江堰、郑国渠②、秦代的灵渠③、汉代的白渠④,都是著名的水利工程。

在作物栽培方面,古代已有一年一熟、一年两熟、两年三熟等多种形式,这种一年内在同一块田地种植作物一次以上的形式叫"复种"。因气候和自然条件的不同,北方复种少,南方复种多。

中国古代农业除了有丰富的粮食作物外,还有丰富的麻、桑、茶、蔬菜、果类等作物。

翻车(三国时期)　　　　　　　　　　水转筒车(唐代)

关于精耕细作的农业技术,古代农书中都有详细的记载。中国古代有农书300多种,形成了比较完善的农业技术理论,最著名的农书有《齐民要术》⑤、《农书》⑥、《农政全书》⑦等。

自给自足的自然经济

中国古代农业是一种自给自足的自然经济。农民们祖祖辈辈在土地上耕作收获,他们以家庭为基本生产单位,"日出而作,日入而息,凿井而饮,耕田而食",自给自足,很少离开土地和家乡。年复一年的劳动,使中国农民有一种刻苦耐劳、朴实忠厚的品德。他们重视现实的收获和农事经验,只希望过丰衣足食的安定生活,很少幻想。这就形成了以农民为主体的中国人重视实际、重视经验的民族性格,这种民族性格对中国文化传统的形成具有深刻的影响。

今 日 农 业

农业是国民经济的命脉。今天,中国政府十分重视农业生产,中国政府的一系列搞活农村经济的政策,激发了广大农民的积极性,农业连年获得丰收。在发展粮食作物的同时,林业、牧业、副业、渔业也得到全面发展,尤其是乡镇企业的迅速发展,大大促进了农业生产,提高了农民的生活水平。中国农业的最大成就,就是以占世界7%的耕地,养活了占世界22%的人口,这是件了不起的事情。目前,亿万农民正在广阔的土地上进行着创造性的劳动。

曲辕犁(唐代)　　　　　　　　　　秧马(宋代)

注　释

① 这是就中华民族的主体来讲的。严格说,古代中国北方还有从事牧业的少数民族——游牧民族。

This is true of the great majority of the Chinese people. Strictly speaking, there existed in the north of ancient China nomadic ethnic minorities living by stock raising.

② 〔郑国渠〕 战国末年秦国修建的大型灌溉渠。引泾水入洛水,全长300多里。

"the Zhengguo Canal"——a large-scale irrigation canal, over 150 kilometres long, constructed in the State of Qin towards the end of the Warring States Period. The canal diverted water from the Jing River to the Luo River.

③ 〔灵渠〕 秦代秦始皇时期开凿的连通湘江与漓江的大型水渠,全长68里。它实际上是一条中国古代较早的人工运河。

"the Ling Canal"——a large canal, 34 kilometres long, joining the Xiangjiang River and the Lijiang River, cut in the time of the first emperor of the Qin Dynasty. It was actually one of the earliest canals cut in ancient China.

④ 〔白渠〕 西汉开凿的大型灌溉渠。引泾水进入渭水,全长200里。

"the Bai Canal"——a large irrigation canal, 100 kilometres long, cut in the Western Han Dynasty. It diverted water from the Jing River to the Wei River.

⑤ 〔《齐民要术》〕 北朝贾思勰著。全书10卷11万字,是一部系统完整的农业科学著作,

被称为农业的百科全书。

"齐民要术"——a book by Jia Sixie of the Northern Dyansties. It is a systematic and comprehensive work on agricultural science, known as an encyclopedia of agriculture. The book consists of 110,000 Chinese characters in 10 volumes.

⑥ 〔《农书》〕 元代王祯著。全书 36 卷 13 万字。书中有很多的插图。它是一部系统研究农学的著作。

"农书"——a book of 130,000 Chinese characters in 36 volumes with a great variety of illustrations written by Wang Zhen of the Yuan Dynasty, a work of systematic study of agriculture.

⑦ 〔《农政全书》〕 明代徐光启著。全书 60 卷 50 万字。内容丰富,具有重要的科学价值。

"农政全书"——a book of 500,000 Chinese characters in 60 volumes written by Xu Guangqi of the Ming Dynasty. It is rich in content and is of great scientific value.

资 料

中国的主要粮食作物和蔬菜品种

中国是世界上栽培植物的起源中心之一,自古以来,中国人的祖先就注意培育粮食作物和蔬菜品种。

在培育粮食作物方面,中国拥有 6000 年以上的谷子(粟、小米)种植、7000 年的水稻种植史和 3000 年以上的小麦种植史。

商周时期,中国已基本具备了后世的主要粮食作物,如稻米、小米、黄米、麦子、大豆、高粱、芝麻等。明代中期,玉米、红薯、土豆等从国外传入中国,在中国各地广泛种植,成为中国的重要栽培作物。

今天,中国的粮食作物已十分丰富,每年的耕种面积达到了 17 亿亩。占粮食作物第一位的是水稻,水稻不仅南方种植,北方也种植;占第二位的是小麦,它是北方人的主粮,南方也有很高的产量;玉米产量增长迅速,已成为占第三位的粮食作物了。

中国蔬菜栽培的历史也十分久远,古代人在最初种植粮食作物的时候,已经开始栽培蔬菜了。考古工作者在河姆渡遗址,看到了外壳是橙黄色的葫芦;在半坡遗址也发现了葫芦,还在一个陶罐里发现了白菜籽和芥菜一类的种子。

后来,蔬菜逐渐多起来了。中国的第一部诗歌总集《诗经》里就提到了 20 多种蔬菜,有瓜、韭菜、芹菜、苕菜、葵菜等(有些在今天又成为野生植物了)。到了汉代,萝卜、芹菜、韭菜、芋头、葱、蒜成了人们日常食用的蔬菜。汉代人用温室栽培蔬菜,这比欧洲要早 1000 多年。魏晋南北朝时,蔬菜品种不断增加。据《齐民要术》记载,当时蔬菜品种达到 51 种。从魏晋到唐宋这一时期,黄瓜、茄子、菠菜、扁豆从国外引进成功。到了元明清三代,又从国外引进了西红柿、胡萝卜、辣椒等蔬菜。

据国外学者研究,目前世界上的栽培植物大约有 1200 种,其中,约有 200 种是直接发源于中国的。

两千年前的水利工程——都江堰

水对农业来说是不可缺少的,但过多的水到处泛滥,就会冲毁农田,造成灾害。自古中国就有治理江河的传统,并修建了很多有效的水利工程。在众多的古代水利工程中,最著名的是战国时期修建的都江堰。

都江堰在四川省灌县的岷江上。岷江是一条凶猛的河流,奔腾的河水每年要带着大量沙石流入成都平原,淤塞河道,泛滥成灾。多少年来,岷江害苦了老百姓。

公元前250年,秦国派水利专家李冰去治理岷江。李冰根据西北地势高、东南地势低的地理特点,带领劳动人民凿山筑堤,建成了都江堰。

都江堰工程主要包括分水鱼嘴、飞沙堰、宝瓶口三部分。

分水鱼嘴是由沙石堆成的江中分水堤的顶端,样子好像是鱼的嘴。分水鱼嘴把岷江上游的来水分成两道,东面的是内江,内江流入成都平原灌溉万亩农田;西面的是外江,外江是岷江的干流,以排洪为主。

飞沙堰在分水堤南面,是调节内江来水的溢洪道。飞沙堰是用竹笼装卵石筑成的低堰,内江水量小时,水被堰阻挡而进入宝瓶口;水量大时,水和泥沙翻越低堰进入外江。遇到特大洪水,飞沙堰被水冲毁,内江的洪水会很快流入外江,仍然可以保障内江灌区的安全。

宝瓶口是李冰派儿子开凿的,它是内江水进入灌溉河道的咽喉,样子像个瓶口,有控制内江流量的作用。

历代劳动人民通过对都江堰的治理,还总结出一条治水经验,叫"深淘滩,低作堰",意思是每年要挖掘出江底的淤泥;飞沙堰要筑低些,不然就失去了泄洪作用。

都江堰建成后,减少了洪水灾害,灌溉了300万亩农田,至今灌溉区已达到了800多万亩。据1990年中国政府确定的都江堰总体规划,灌溉区面积将发展到1400万亩,同时还将修建多座水库和水电站。这颗世界东方的水利明珠将会更加灿烂辉煌。

提　示

●中国农业不仅历史悠久,而且有优良的传统。农具的改进、牛耕的推广、作物的栽培,以及精耕细作的生产方式,促成了中国农业的早熟和发达,从而创造了世界上辉煌的农业文化。外国学者在评价中国精耕细作优良传统的著作里说:中国"早在公元6世纪就形成了即使从全世界范围看也是卓越的、杰出的、系统完整的耕作理论,是事出有因,绝非偶然的"。

●中国古代农业属于自给自足的自然经济。"民以食为天"这一最朴素的道理,决定了历代"以农为本""以农立国"的国策。因而中国古代文化在很大程度上是一种农业文化。中国文化若干传统的形成,都与农业有密切关系,或者说中国文化的一系列特征都有农业文化的印记。总之,整个中国的文明史,是一部"以农为本"、"以农立国"的经济史。中国农业成就是对中国文明的最大贡献。

词　汇

一、生词　New Words and Expressions

1. 吃苦耐劳　　　　　chīkǔ nàiláo　　　　　hardworking

50

2. 精耕细作		jīng gēng xì zuò	intensive and meticulous farming
3. 造就	（动）	zàojiù	give rise to
4. 早熟	（形）	zǎoshú	early-maturing
5. 肥沃	（形）	féiwò	fertile
6. 栽培	（动）	zāipéi	cultivate, grow
7. 粟	（名）	sù	millet
8. 焚烧	（动）	fénshāo	burn
9. 骨耜	（名）	gǔsì	an ancient farm tool
10. 蚌镰	（名）	bànglián	an ancient farm tool
11. 穗	（名）	suì	ear (of a grain-plant)
12. 作物	（名）	zuòwù	crop
13. 高粱	（名）	gāoliang	*gaoliang*, Chinese sorghum
14. 芝麻	（名）	zhīma	sesame
15. 坚硬	（形）	jiānyìng	hard
16. 锄	（名）	chú	hoe
17. 铲	（名）	chǎn	spade
18. 犁	（名）	lí	plough
19. 耧车	（名）	lóuchē	an ancient farm tool
20. 灌溉	（动）	guàngài	irrigate
21. 曲辕犁	（名）	qūyuánlí	an ancient farm tool
22. 插秧		chā yāng	transplant
23. 谷子	（名）	gǔzi	millet
24. 黍子	（名）	shǔzi	broomcorn millet
25. 垄沟	（名）	lǒnggōu	field ditch, furrow
26. 耕耙	（动）	gēngbà	harrow
27. 施肥	（动）	shīféi	spread manure
28. 改良	（动）	gǎiliáng	improve
29. 轮流	（动）	lúnliú	take turns
30. 适时	（形）	shìshí	at the right moment
31. 预防	（动）	yùfáng	prevent
32. 兴修水利		xīnxiū shuǐlì	build water conservancy projects
33. 渠	（名）	qú	canal
34. 桑	（名）	sāng	mulberry
35. 自给自足		zì jǐ zì zú	self-sufficiency
36. 自然经济		zìrán jīngjì	natural economy
37. 凿井		záo jǐng	dig wells
38. 年复一年		nián fù yì nián	from year to year, year in year out
39. 朴实	（形）	pǔshí	sincere
40. 忠厚	（形）	zhōnghòu	honest

41. 现世	（名）	xiànshì	the present time
42. 幻想	（动）	huànxiǎng	dream, long
43. 丰衣足食		fēng yī zú shí	have ample food and clothing
44. 安定	（形）	āndìng	stable
45. 命脉	（名）	mìngmài	lifeline
46. 系列	（名）	xìliè	a series of
47. 激发	（动）	jīfā	arouse, stimulate

二、专名　Proper Names

1. 浙江	Zhèjiāng	Zhejiang Province
2. 河姆渡遗址	Hémǔdù Yízhǐ	the Hemudu Ruins
3. 半坡遗址	Bànpō Yízhǐ	the Banpo Ruins
4. 春秋	Chūnqiū	the Spring and Autumn Period
5. 周代	Zhōudài	the Zhou Dynasty
6. 战国	Zhànguó	the Warring States Period
7. 三国	Sānguó	the Three Kingdoms
8. 唐代	Tángdài	the Tang Dynasty
9.《齐民要术》	《Qí Mín Yàoshù》	name of a book
10.《农书》	《Nóng Shū》	name of a book
11.《农政全书》	《Nóng Zhèng Quánshū》	name of a book

练习题

一、填空

1. 中国是一个农业大国,几千年来,在农业生产上,形成了_____的优良传统,造就了_____和_____的农业文化。

2. 中国古代农业属于一种_____的自然经济。以农民为主体的中国人具有一种_____和_____的民族性格。

二、选择正确答案并连线

1. 耧车　　　　汉代　　　2. 都江堰　　　战国
　 翻车　　　　三国　　　　 白渠　　　　秦代
　 秧马　　　　唐代　　　　 郑国渠　　　汉代
　 曲辕犁　　　宋代　　　　 灵渠
　 水转筒车

三、回答问题

1. 说一说精耕细作在中国农业上的表现。

2. 请用一句话概括中国现代农业的最大成就。

七 孔 子

在中国历史上,有一位著名的思想家、教育家,他是儒家学派①的创始人,他的思想对中华民族的文化、心理特点、伦理道德等方面影响很大,在世界上也很有影响,他就是孔子。

孔子的一生

孔子,名丘,字仲尼。春秋时期的鲁国人。人们都尊敬地称他为"孔夫子"、"夫子"。

孔子公元前551年出生在鲁国陬邑(今山东曲阜)的一个没落贵族家庭。孔

孔子

孔子见老子

子3岁时,他的父亲就死了,后来母亲也去世了。孔子的少年时代是贫困的,他管理过仓库,也看管过牛羊,这些工作他做得都十分出色。孔子很喜欢读书,为了将来能为国家出力,他认真地学习礼、乐、射、御、书、数六艺。②孔子学习刻苦而又虚心,有不懂的事情就向别人请教。他学习礼,就到很远的洛邑(今洛阳),请教学问很大的老子。他在齐国听到古代音乐的演奏,就专心学习,竟然达到"三月不知肉味"的程度。这样,孔子逐渐成为学问广博的学者。那时候,很多

周游诸侯国

读书人愿拜孔子作老师,于是,孔子就创办了私学③。

孔子 50 岁时在鲁国做了官,他当官时间不长,却把鲁国治理得非常好,表现了他的政治才能。不久,孔子对昏庸的鲁国国君十分失望,就不做官了,带着他的学生周游各个诸侯国,宣传他的政治主张,希望各国的国君能采用他的意见。可是,他辛辛苦苦奔走了十几年,各国国君都不用他,他只好又回到鲁国。那时他已经 68 岁了。

孔子晚年仍不停地工作,一方面继续讲学,一方面整理古书。据说,他整理了《诗经》④、《尚书》⑤等几部书,还对鲁国史书《春秋》⑥作了修订。孔子整理古书,对中国古代文化的保存和传播做出了贡献。

公元前 479 年,73 岁的孔子死在鲁国。他死后第二年,鲁国国君把孔子的家改建成庙,这就是孔庙。孔庙是历代帝王祭祀孔子的地方。

孔子的政治思想

孔子是一位大思想家。不过,在当时,他的政治思想基本上是保守的。孔子所处的时代,奴隶社会正向封建社会转变,周王的势力越来越小,诸侯国的力量却越来越大。各诸侯国不听周王的命令,诸侯国之间经常发生战争。孔子对这种现实很不满意,他的理想是建立一个统一强大的王朝。他比较喜欢西周的奴隶制度,要求人们按"周礼"⑦所规定的君臣父子的尊卑等级制度办事,这在当时只能是一种空想。

孔子思想的核心是"仁"。孔子特别强调"仁",他说"仁"就是爱人。具体来说,"仁"就是孝悌和忠恕。孔子认为孝悌是家庭生活中最大的事,人应该对长辈孝(尊敬、服从),对平辈和下辈悌(友爱);忠恕是社会生活中最大的事,人应

孔庙大成殿

该对上级忠(忠诚),对同级和下级恕(宽恕)。孔子的"仁"还要求统治阶级互相亲爱、互相合作。同时,要求统治阶级要爱惜民力,不要过度剥削人民。

可以看出,孔子很重视人的道德修养和人与人之间的和睦关系。这种"仁"的思想,实际上就是"和"的精神。"和"是中国传统文化的一个非常重要的特征。

孔子重视人和现实生活。有一次马棚失火,孔子先问人烧伤没有,而没先问马的死活。孔子不太相信鬼神,认为世间的一切事情都要由人去做。

孔子的这种开明思想,对中国文化产生了深远的影响。

孔子的教育思想

孔子又是个大教育家,在中国教育史上占有重要的地位。

在奴隶社会只有贵族子弟才能享受文化教育,孔子认为这样太不公平,他认为每个人都有接受文化教育的权利。孔子创办私学,学生有贵族子弟,也有平民,据说他的学生有 3000 人,其中最优秀的有 72 人。孔子讲学的地方,有庭院、有卧室、有讲堂、有郊外,有时在旅途中的马车上就讲起学问来。他同学生们一起生活,勤勤恳恳地教育学生,得到学生的尊敬。

孔子的教育思想非常丰富。他教育学生,只有通过艰苦的学习才能学到知识。他说"我非生而知之者",意思是连我这个老师也不是刚出生就有学问的人。他要求学生学习要有老老实实的态度,"知之为知之,不知为不知",就是说不要不懂装懂。他提倡"学而时习之"、"温故而知新",意思是反复温习以前学的知识,才能获得新知识。他还用"三人行,必有我师"这个比喻,教育学生要虚心向别人学习。

在教学方法上,孔子提出了"因材施教"的主张,根据每个学生的不同特点、不同水平,采用不同的教学方法。例如,学生冉求做事胆子很小,孔子就教育他要勇敢;仲由胆子大,但做事不稳重,孔子就教育他有事同岁数大的人多商量。

孔子的这些教育思想和教学方法记载在《论语》⑧一书中,这些可贵的思想方法,对今天的教学还有一定的意义。

孟子

孔子重视学问,但是看不起生产劳动,他反对学生耕田种菜,认为做这些事是没有出息的,这是很不对的。

孔子死后一百多年,孟子⑨继承了他的思想和学说。孟子也像孔子一样,从事教育,广收学生,周游各个国家。后世把他们合称"孔孟"。孔子和孟子的儒家思想,后来在封建社会被统治阶级利用,成为维护封建制度和统治人民的精神工具,并成为封建社会的正统思想,孔子因此也成为封建时代的大圣人,受到人们的崇拜。

注 释

① 〔儒家学派〕 春秋战国时期的一个思想流派。孔子是创始人。主张礼治,注重传统的伦理道德。

"Confucianism"——a school of thought initiated by Confucius in the Spring and Autumn and Warring States periods. It advocated the rule by rites, laying emphasis on traditional values and ethics.

② 指礼仪、乐舞、射箭、驾车、书法和数学。

They were rites, music and dance, archery, cart-driving, calligraphy and mathematics.

③ 〔私学〕 春秋末期孔子开创的一种私人办的学校。

"私学"(private school)——a kind of school founded by Confucius towards the end of the Spring and Autumn Period.

④ 〔《诗经》〕 中国第一部诗歌总集,在春秋时期成书。共有诗305首,分"风"、"雅"、"颂"三部分。春秋时称《诗》,后来封建统治者把它当作经典,叫《诗经》。

"诗经"——the first collection of poetry in China, compiled in the Spring and Autumn Period, The book consists of 305 poems in three sections —— *Feng*(风) or ballads, *Ya*(雅) or dynastic hymns, and *Song*(颂) or sacrificial songs. For thousands of years, feudal rulers regarded it as a classic.

⑤ 〔《尚书》〕 春秋时称《书》,汉代人称《尚书》。"尚"同"上",意思是"上代的书",它是一部中国古代历史文献汇编。

"尚书"——name of a book which originally means "book of the ancestors". It is one of the collections of historical records in ancient China.

⑥ 〔《春秋》〕 孔子修订的一部记载鲁国事情为主的历史书。

"春秋"——a book of annals based mainly on the history of the State of Lu, revised by Confucius.

⑦ 〔周礼〕 周朝的礼仪制度。

"the Zhou Rites"——the ritual codes of the Zhou Dynasty.

⑧ 〔《论语》〕 孔子的学生记录孔子言行的书。共 20 篇,每篇又有若干章,每章记一件事或几句话。文字简短,含意深刻。

"论语"——a book recording the sayings and deeds of Confucius, edited by his disciples. It consists of 20 sections with several articles in each. Each article discusses one special subject in the form of dialogue. The book was written in simple and plain language with profound implications.

⑨ 〔孟子〕 (公元前 372～公元前 289 年)姓孟名轲。战国时期思想家。孔子思想和学说的继承人。著有《孟子》。

"Mencius"(372—289 B.C.)——named Meng Ke, a thinker in the Warring States Period and successor to Confucianism, author of the book "孟子".

资 料

孔子论学六则

(选自《论语》)

子曰:"学而时习之,不亦说乎?"

(孔子说:"学了知识而时常去温习,不也很愉快吗?")

子曰:"温故而知新,可以为师矣。"

(孔子说:"温习旧的知识,进而知道新的知识,可以做老师了。")

子曰:"学而不思则罔,思而不学则殆。"

(孔子说:"只学习不思考,就迷惑不解。只思考不读书,就空虚无用。")

子贡问曰:"孔文子,何以谓之'文'也?"子曰:"敏而好学,不耻下问,是以谓之'文'也。"

(孔子的学生子贡问孔子说:"孔文子,为什么称他为'文'呢?"孔子说:"聪敏而又爱好学习,向不如他的人请教却不认为羞耻,因此称他为'文'。")

子曰:"默而识之,学而不厌,诲人不倦。何有于我哉!"

(孔子说:"默默地记住有用的知识,学习从不满足,教别人也不疲倦。这三点在我身上有哪一点啊!")

子曰:"三人行,必有我师焉;择其善者而从之,其不善者而改之。"

(孔子说:"三个人一块走,其中就一定有一个可以做我的老师。我要选择他们的优点加以学习,把他们的缺点作为借鉴而改正它。")

曲阜孔庙

孔庙是孔子家族的祖庙,是历代祭祀孔子的地方。中国的孔庙是很多的,最大的孔庙在孔子的家乡曲阜。

孔庙建于公元前478年,也就是孔子死后的第二年。那年,鲁国国君哀公为了纪念孔子,就把孔子住过的房子改建成庙,并开始了祭孔活动。到了西汉时,孔子的地位空前提高了,那时,汉武帝提倡"独尊儒术"、尊孔谈经,认为孔子的儒学对维护封建统治是很有好处的。从西汉时起,孔子的思想就被看作封建社会的正统思想,孔子也越来越受尊重,以致到了明代,孔子已成为"大成至圣先师"和"万世师表"的圣人了。同时孔庙也不断地被扩建,历代重修和扩建孔庙多达70多次,结果,孔庙越修越大,成为曲阜县城中央的一处古代建筑群。

孔庙面积有327亩,南北长1120米,分成9个大小不同的庭院,有房屋466间。孔庙的建筑物是按一条南北方向的中轴线安排的,重要的门、殿堂在中轴线上,其他建筑物左右排开,互相对称。建筑物金碧辉煌,气势十分雄伟。

孔庙的主体建筑是大成殿,这是历代祭孔的地方。大成殿里有孔子、孟子及学生们的塑像,还有祭祀用的乐器和祭器。著名的杏坛在大成殿的前面,杏坛是一座方形的亭子,是孔子讲学的地方。大成殿后面有一个圣迹殿,殿内有120幅刻在石头上的《圣迹图》,画着孔子一生的主要活动。孔庙里还有13个碑亭,亭内是历代重要人物祭祀后立的碑。孔庙里还有西汉以来历代碑刻2200块,具有很高的历史价值和艺术价值。

近几年来,在曲阜举行过几次"孔子文化节"。文化节的纪念活动很多,其中最隆重的就是在孔庙举行的大型仿古祭孔仪式了。

提 示

孔子是中国古代的大思想家和大教育家,他为后代留下了非常丰富的文化思想财富,使他在中国文化史和世界文化史上占有极其重要的位置。

孔子是中国文化史上非常重要的人物,被称为封建时代的大圣人。孔子所创立的儒家学说构成封建时代中国文化的核心,对中华民族意识形态所产生的巨大影响,是其他任何思想都不能相比的。儒家思想已无孔不入地渗透在中国人民的观念、行为、习俗、信仰、情感之中,形成了中华民族某种共同的心理状态和性格特征。深入地了解孔子的思想及学说,对学习和了解中国文化是很有帮助的。

几千年来,孔子的思想多次被修正,以使之适合各个时代现实政治的需要,这使得后来的儒家思想与孔子本来的思想有了很大的区别。今天,我们了解和评价孔子,如果离开孔子所处的历史背景,离开了孔子的本来思想,而对他进行简单肯定或简单否定,都是不正确的。现在中国大陆学者对孔子多持"批评继承说":一方面,孔子在政治上一定程度的保守性、轻视生产劳动、忽视自然科学等是应该给予批判的;另一方面,对孔子强调人的道德修养、搜集整理文化古籍、教育方面的可贵的思想方法等是应该给予充分肯定的。

词　汇

一、生词　New Words and Expressions

1．创始人	（名）	chuàngshǐrén	founder
2．心理	（名）	xīnlǐ	psychology
3．伦理	（名）	lúnlǐ	ethics
4．没落	（形）	mòluò	declining
5．贵族	（名）	guìzú	noble
6．仓库	（名）	cāngkù	warehouse
7．出色	（形）	chūsè	outstanding，remarkable
8．御	（动）	yù	carriage driving
9．请教	（动）	qǐngjiào	ask for advice，learn from
10．演奏	（动）	yǎnzòu	play
11．竟然	（副）	jìngrán	go so far as to
12．广博	（形）	guǎngbó	extensive
13．学者	（名）	xuézhě	scholar
14．创办	（动）	chuàngbàn	set up
15．昏庸	（形）	hūnyōng	fatuous
16．主张	（动、名）	zhǔzhāng	propose，proposition
17．诸侯	（名）	zhūhóu	dukes and princes under an emperor
18．祭祀	（动）	jìsì	offer sacrifice to gods or ancestors
19．保守	（形）	bǎoshǒu	conservative
20．势力	（名）	shìlì	power，force
21．奴隶	（名）	núlì	slave
22．尊卑	（形）	zūnbēi	superior and inferior
23．等级	（名）	děngjí	rank
24．核心	（名）	héxīn	core，centre
25．仁	（名）	rén	benevolence
26．悌	（动）	tì	love and respect for one's elder brother
27．过度	（形）	guòdù	excessive
28．剥削	（动）	bōxuē	exploit
29．马棚	（名）	mǎpéng	stable
30．开明	（形）	kāimíng	enlightened
31．权利	（名）	quánlì	right
32．庭院	（名）	tíngyuàn	courtyard
33．卧室	（名）	wòshì	bedroom
34．旅途	（名）	lǚtú	journey
35．勤勤恳恳		qínqínkěnkěn	painstakingly

36. 老老实实		lǎolǎoshíshí	in earnest
37. 比喻	（动）	bǐyù	aphorism, maxim
38. 因材施教		yīn cái shī jiào	teach students in accordance with their aptitude
39. 稳重	（形）	wěnzhòng	staid, sedate
40. 出息	（名）	chūxi	promise
41. 继承	（动）	jìchéng	inherit, carry on
42. 学说	（名）	xuéshuō	doctrine, theory
43. 正统	（形）	zhèngtǒng	orthodox
44. 圣人	（名）	shèngrén	sage

二、专名　Proper Names

1. 孔子	Kǒngzǐ	Confucius
2. 儒家学派	Rújiā Xuépài	Confucianism
3. 鲁国	Lǔguó	the State of Lu
4. 陬邑	Zōuyì	name of a place
5. 洛邑	Luòyì	name of a place
6. 老子	Lǎozǐ	name of a person
7. 齐国	Qíguó	the State of Qi
8.《诗经》	《Shījīng》	name of a book
9.《春秋》	《Chūnqiū》	name of a book
10. 冉求	Rǎn Qiú	name of a person
11. 仲由	Zhòng Yóu	name of a person
12.《论语》	《Lúnyǔ》	name of a book
13. 孟子	Mèngzǐ	Mencius

练习题

一、填空

1. 孔子姓＿＿＿＿名＿＿＿＿字＿＿＿＿，是＿＿＿＿时期的鲁国人。他是＿＿＿＿学派的创始人，是中国古代著名的＿＿＿＿家和＿＿＿＿家。

2. 孔子思想的核心是＿＿＿＿，它实际上体现的是一种＿＿＿＿的精神。

3. 记载孔子教育思想和教学方法的古代书籍是＿＿＿＿。

二、选择正确答案

下面哪种说法是错误的？

A. 孔子周游列国，各国国君都采用了他的政治主张。

B. 孔子的政治思想在当时是保守的。

C. 孔子不太相信鬼神。

D. 在封建社会里,儒家思想成了维护封建制度和统治人民的精神工具。

答( )

三、回答问题

1. 孔子"仁"的思想主要有哪些方面的内容?

2. 你认为孔子的哪些教育思想和教学方法,对今天的教学还有一定的意义?

八 中 国 龙

　　我们这里要说的龙,是一种神话动物,在中国大地上,到处都能见到它的形象。看,这条飞腾在云水间的龙,昂头摆尾,舞动龙爪,多么威武,多么神气!

　　然而,这条龙只是艺术品,真正的龙是什么样子呢?谁也没见过,因为自然界根本就没有这样的动物。可见,龙是人类自己创造的。

神奇的中国龙

　　龙不仅中国有,世界上很多的国家的神话中也都有龙。例如,西方神话的龙就很有意思,那些龙在形体上跟中国龙有很相似的地方:身体庞大,遍身鳞甲,长着四条腿和尖利的爪,头上有角,能腾云驾雾。不同的是,西方龙的龙头比较多,有的三个头,有的九个头,还有十二个头的,而中国龙只有一个头;西方龙嘴里吐火,中国龙嘴里一般喷水;西方龙常常代表凶恶的势力,中国龙往往是吉祥的象征。

中国龙

　　中国龙是神奇的,本领很大,它能变长也能变短,能上天也能入海,它还能在天上兴风降雨。古代中国人为了祈求风调雨顺、农业丰收,就把美好的愿望寄托在龙的身上。那时候,人们在龙王庙祭龙求雨的现象非常普遍。

中国龙的起源

　　中国龙的产生至少有 6000 年的历史了。

　　在远古时代,人们往往把他们所敬畏的动物、植物自然现象作为自己氏族的标记,他们崇拜它,祈求得到它的保护,这就是图腾崇拜。龙就是一种图腾崇拜物。

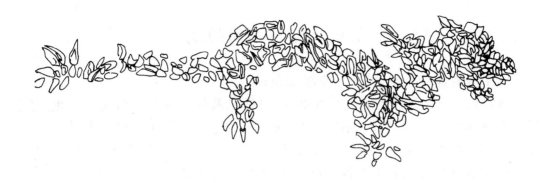

中华第一龙(仰韶文化时期)

　　那么,龙起源于哪种东西呢? 这说法可太多了。有人说龙起源于鳄鱼,有人说起源于蛇,有人说起源于猪,还有人说最早的龙就是下雨时天上的闪电。现在多数专家认为龙是以蛇为主体的图腾综合物。它有蛇的身、猪的头、鹿的角、牛的耳、羊的须、鹰的爪、鱼的鳞。专家们的这种看法,为我们展示了一幅远古社会的生活图景:在远古氏族社会时,以蛇为图腾的黄河流域的华夏族战胜了其他氏族,后来华夏族又联合了其他氏族,组成了巨大的氏族部落联盟,同时吸收了其他氏族的图腾,组合成龙图腾。

　　1987 年在河南省濮阳发掘了一处距离今天 6000 多年仰韶文化早期的大墓,在男性墓主人身边出土了一条用蚌壳堆塑的龙,这是目前我们见到的最早的龙了,人称"中华第一龙"。在内蒙古还出土了一个玉龙,样子很漂亮,它的身体细长,弯曲成 C 形,龙头很像猪。这个猪头形玉龙也有 5000 多年的历史了。

玉龙(内蒙古出土)

　　在距离今天 3000 年左右的商周时期,龙常常出现在青铜器和骨器上。那时的甲骨文中就有"龙"字,"龙"字的写法有 100 多种呢。

　　2000 多年前的战国时期,龙多次被生动地描绘在帛画上。到了汉代,龙的样子就跟我们今天见到的龙差不多了。以后,经过各个朝代的加工,龙的样子越来越威武神气了。

皇族的龙与民间的龙

在中国封建社会里,龙成了皇权的象征。

西汉皇帝刘邦[①]编造了一个故事,说他母亲做梦与龙结合后生下了他,还传说每当刘邦喝醉酒时,他的头就显出龙形。这样一来,刘邦就成了龙的儿子了。显然,刘邦是想借用龙的神威来抬高自己的身价,巩固自己皇帝的地位。后来的皇帝和想做皇帝的人也都说自己是龙的儿子,这是对人民的一种欺骗。

五爪大龙(清代)

汉代以后,龙就逐渐代表皇帝了,龙成了皇权的象征。那时候,皇帝的身体叫"龙体",脸叫"龙颜",穿的衣服叫"龙袍",坐的椅子叫"龙椅",睡的床叫"龙床",就连皇帝的子孙也叫"龙子龙孙"。到了元明清时期,皇帝龙袍上和宫殿中的龙都成为五爪大龙,五爪大龙是禁止老百姓用的,如果老百姓用五爪大龙作装饰,就会被杀死。传说清代有个工匠在瓷器上画了一条五爪金龙,这个工匠和他的全家人都被杀死了。明代清代的皇帝住在北京故宫里,于是宫殿的梁柱、门窗、殿顶、石阶上到处是龙。当年,皇帝穿着五爪大龙的龙袍,坐在雕满了龙的宝座上,统治着全国人民。在故宫这个"龙的世界"里,到底有多少龙,谁也数不清。

叶公好龙

中国的老百姓不喜欢代表皇权的龙,他们喜欢另一种龙,这种龙没有皇权的威严,它是一种吉祥的神物,能给人们带来欢乐。在喜庆的日子里,人们喜欢舞龙灯,跳龙的舞蹈。端午节时,举行龙舟比赛。民间还流传着很多跟龙有关的故事,其中"画龙点睛"、"叶公好龙"、"鲤鱼跳龙门"[②]、"龙女牧羊"[③]等故事流传很广,"孙悟空龙宫借宝"[④]、"哪吒闹海"[⑤]等故事更是人人皆知。在这些故事中,也有英雄斗坏龙的内容,这也许是人民对皇权的一种反抗吧。在民间有关龙的戏剧、音乐、图画、工艺品、成语也是很多的。在中国带"龙"字的山名、水名、地名更是多得数不清。龙在民间还是十二生肖中的一种动物,这是人们对龙喜爱心情的表现。

今天,龙作为皇权象征的时代已经一去不复返了,龙仍然是吉祥的象征。此外,今天的中国龙还有一种新的含义,它象征中国人民劳动创造和腾飞向上的精神,可以说,中国龙已成为中华民族的象征了。

注 释

① 〔刘邦〕 (公元前256~公元前195年)汉高祖。西汉的第一个皇帝。
"Liu Bang" (256—195 B.C.)——Emperor Gaozu, the first emperor of the Western Han Dynasty.
② 〔鲤鱼跳龙门〕 民间故事。传说鲤鱼在黄河中逆流而上,跳过了陡峭的"龙门"变成了龙。
"The Carp Jumping Over the Dragon Gate"——a folk tale which says that a carp swam against the current in the Yellow River and turned into a dragon after jumping over the precipitous "Dragon Gate" (steep cliffs bordering the river).
③ 〔龙女牧羊〕 民间故事。传说洞庭龙王的女儿被泾河小龙抢走,并让她牧羊。书生柳毅遇见牧羊龙女,勇敢地前往洞庭龙宫送信。后来,龙女被救出,与柳毅结为夫妻。
"Dragon-Girl Sheperd"——a folk tale which says that the dragon girl, daughter of the dragon king of the Dongting Lake, was captured and turned into a sheperd by a little dragon of the Jing River. A scholar named Liu Yi, who happened to meet with the dragon girl, boldly brought her message to the dragon king. Later the girl was rescued and married to Liu.
④ 〔孙悟空龙宫借宝〕 《西游记》中描写的孙悟空大闹龙宫,逼迫东海龙王献出如意金箍棒的故事。
"Sun Wukong Obtaining the Sea Treasure"——a story in "西游记", which describes how Sun Wukong, the Monkey King, stormed the dragon palace and forced the dragon king of the East Sea to present to him the golden cudgel, a sea treasure, which was later used as a weapon by Sun.
⑤ 〔哪吒闹海〕 神话故事。哪吒神通广大,少年时曾闹海扰乱龙宫,并杀死龙王太子。
"Nezha Storming the Sea"——a mythological story which says that Nezha, a celestial child with great supernatural power, created a tremendous uproar in the dragon palace and killed the crown prince of the dragon king.

资 料

龙 生 九 子

在中国古代建筑和器物上,除了龙以外,人们还能看见龙的九个儿子呢。传说龙生的这九个儿子,样子和脾气都很不一样,所干的工作也都不一样。

龙的大儿子是个大力士,它总是驮着一个大石碑,因为它长得像乌龟,所以人们说是"乌龟驮石碑"。

二儿子喜欢站在高的地方观望,宫殿屋脊上的兽头就是它。

三儿子个子很小,喜欢吼叫,铜钟的兽钮就是它的形象。

四儿子长得像老虎,有威力,只有在监狱大门上才能见到它。

五儿子好吃东西,在青铜食具上常常能看到它的面孔。

六儿子喜欢玩水,它的形象雕刻在桥洞上。

七儿子好杀人武斗,经常被雕刻在古代的刀把上。

八儿子长得像狮子,喜欢烟火,它总是站在香炉上。

九儿子外形很像一只螺蚌,好静,在门上能见到它。

龙生九子的说法,是在元代、明代时产生的,说法很多,以上只是其中的一种。

故宫里的龙

故宫是一个"龙的世界",里面到底有多少龙呢?

有一位细心的中国人仅仅数了一下太和殿的龙装饰,就有12654条龙。

太和殿中皇帝宝座上面有金漆雕龙19条,宝座后面的屏风上雕刻着79条,加上宝座下边的金漆木台及其他摆设,一共有590条龙。

宝座两边,有6根盘龙金柱。宝座顶上,是一口藻井,正中是一条口衔宝珠的巨大蟠龙,藻井四周飞腾着16条金龙。大殿的天花板上,画满了金龙图案,3909条彩龙光彩夺目。

大殿前后有40扇大门,每扇门就有5条木刻雕龙,再算上门和窗上画的龙,共有3504条龙。

故宫一共有9000多个房门,那么,整个故宫又有多少龙呢?

龙 的 故 事

画 龙 点 睛

传说梁代画家张僧繇在金陵安乐寺的墙上画了四条龙,这四条龙都没画上眼睛。有人问他,为什么不给龙画上眼睛呢,他说,画上眼睛,龙就会飞去。听的人不相信,偏要让他画上。张僧繇没有办法,只好用毛笔在龙头上点上了眼睛。谁知道,刚点完两条龙的眼睛,天上就电闪雷鸣,刮起了大风,下起了大雨,墙壁也震破了,那两条龙腾空而起,飞到天上去了,墙上就只剩下没点眼睛的两条龙了。

"画龙点睛"赞美了画家画龙的技艺。"画龙点睛"现在已成为一句成语,比喻说话和作文时加上一两句关键的话,使内容更加精辟有力。

叶 公 好 龙

春秋时,陈国有个叶公,他非常喜爱龙,他家里的梁、柱、门、窗和日用摆设上都雕刻着龙,连衣服被帐上也绣着龙,屋里的墙壁上也画着龙,叶公的家简直成了龙的世界。天上的真龙知道了,很感动,就来到叶公家拜访他。这条真龙的龙头从窗口伸进来,尾巴拖到客堂里。谁知叶公一见到真龙,吓坏了,呼叫着逃走了。

原来,叶公爱的不是真龙,而是似龙非龙的假龙。"叶公好龙"现在也是一句成语,比喻表面爱好某种事物,而实际上并不是真正爱好。

龙 的 成 语

龙飞凤舞	龙蟠虎踞	龙潭虎穴
龙争虎斗	画龙点睛	叶公好龙
望子成龙	龙吟虎啸	龙飞凤翔
飞龙乘云	二龙争珠	一龙一蛇
降龙伏虎	百龙之智	老态龙钟
龙跳虎卧	龙生九子	攀龙附凤
麟凤龟龙	鱼龙混杂	蛟龙得水

提 示

●龙是由远古图腾崇拜物演变而成的吉祥动物。龙崇拜起源于黄河流域,是古代农业文明的产物。龙崇拜对促进华夏民族的形成和发展起到了一定的作用。至今,龙所具有的极强的民族凝聚力,是任何一种古代遗留物难以相比的。

●龙虽然在封建社会很长一段时间内被皇帝占为己有,但是,龙的漫长历史和它本身所包含的丰富的民族意义,几乎没有影响它作为吉祥偶像在人民心目中的位置,它是人民心目中的吉祥、力量和精神的象征,它一直活在民间。跟拥有吉祥物的世界上其他民族一样,中国人民在自己的吉祥物上面,获取了某种心理的满足和希望。就这一点说,龙崇拜又是中华民族心理选择的结果。现在,中国龙已成为中华民族的象征。

●应该看到,在今天的龙文化中还存有封建迷信的现象,如旱天拜龙求雨等,但这早已不是普遍现象了。今天,千姿百态的龙更多地以艺术形式进入了人们的文化生活之中。

词 汇

一、生词 New Words and Expressions

1. 昂头摆尾		áng tóu bǎi wěi	raise the head and swing the tail
2. 威武	(形)	wēiwǔ	mighty
3. 庞大	(形)	pángdà	huge
4. 遍身		biàn shēn	all over the body
5. 鳞甲	(名)	línjiǎ	scale and shell
6. 尖利	(形)	jiānlì	sharp
7. 腾云驾雾		téng yún jià wù	travel through space
8. 凶恶	(形)	xiōng'è	fierce, fiendish
9. 吉祥	(形)	jíxiáng	good luck
10. 兴风降雨		xīng fēng jiàng yǔ	create rain and wind
11. 祈求	(动)	qíqiú	pray for

12. 风调雨顺		fēng tiáo yǔ shùn	favourable weather for crops
13. 寄托	(动、名)	jìtuō	place hope on
14. 敬畏	(动)	jìngwèi	hold in awe and veneration
15. 标记	(名)	biāojì	symbol
16. 鳄鱼	(名)	èyú	crocodile, alligator
17. 综合物	(名)	zōnghéwù	combination
18. 须	(名)	xū	beard
19. 鹰	(名)	yīng	eagle, hawk
20. 展示	(动)	zhǎnshì	reveal, unfold
21. 部落	(名)	bùluò	tribe
22. 联盟	(名)	liánméng	union
23. 堆塑	(动)	duīsù	lay...in the shape of
24. 弯曲	(形)	wānqū	curved
25. 帛画	(名)	bóhuà	painting on silk
26. 皇族	(名)	huángzú	people of imperial lineage
27. 神威	(名)	shénwēi	invincible might
28. 身价	(名)	shēnjià	status
29. 皇权	(名)	huángquán	imperial power
30. 龙袍	(名)	lóngpáo	dragon robes
31. 宫殿	(动、名)	gōngdiàn	palace
32. 装饰	(动、名)	zhuāngshì	decorate, decoration
33. 瓷器	(名)	cíqì	porcelain ware
34. 梁	(名)	liáng	beam
35. 柱	(名)	zhù	pillar
36. 雕	(动)	diāo	carve, engrave
37. 威严	(形)	wēiyán	dignity, majesty
38. 人人皆知		rénrén jiē zhī	known to all
39. 生肖	(名)	shēngxiào	an animal used to symbolize the year in which a person is born
40. 一去不复返		yí qù bú fù fǎn	leave and never return

二、专名　Proper Names

1. 华夏族	Huáxiàzú	the Huaxia clan
2. 河南	Hénán	Henan Province
3. 濮阳	Púyáng	name of a place
4. 刘邦	Liú Bāng	name of a person
5. 元代	Yuándài	the Yuan Dynasty
6. 明代	Míngdài	the Ming Dynasty
7. 清代	Qīngdài	the Qing Dynasty

68

8. 叶公	Yègōng	Lord Ye
9. 孙悟空	Sūn Wùkōng	a character in Chinese mythology
10. 哪吒	Nézhā	a character in Chinese mythology

练习题

一、填空

1. 中国龙是一种_____动物,它是_____创造的,至今已有_____年历史了。

2. 中国龙是以_____为主体的_____综合物。它有_____的身、_____的头、_____的角、_____的耳、_____的须、_____的爪、_____的鳞。

3. 一般来说,西方龙代表_____的势力,中国龙多是_____的象征。

二、选择正确答案

下面哪种说法是错误的?

A. 中国龙起源于图腾崇拜。

B. 皇帝把自己说成是龙的儿子,是为了抬高自己的身价,巩固自己的统治地位。

C. 在封建社会,老百姓害怕代表皇权的龙,喜欢民间的龙。

D. 今天,中国龙仍然是皇权的象征。

答( )

三、回答问题

1. 你的国家有龙吗? 请讲讲与中国龙相同和不同的地方。

2. 有人说,龙与中国文化紧密联结在一起了,这种说法对吗? 为什么?

九 万里长城

举世闻名的万里长城是中国古代的一种军事防御工程。美国宇航员在月

万里长城

球上回望地球的时候,看到的最明显的人造工程就是万里长城。长城东起鸭绿江,西到嘉峪关①,像一条巨龙,爬山岭,过草原,穿沙漠,长度有14600里,显示了中华民族的力量和智慧。长城是中华民族的象征。

长城的历史

长城是谁开始修筑的?人们总认为是秦始皇,其实,早在秦代以前的春秋战国时期就有长城了。公元前7世纪,楚国为了防御齐国的进攻,就在楚齐边界修筑了一道长城,这是中国最早的长城。后来,各个诸侯国为了互相防御,也都在边界上修筑长城。秦、燕、赵三国还在自己国家的北部边界修筑了长城,那是为了防御北方匈奴②的侵扰而修筑的。

公元前221年,秦始皇统一了中国,他下令拆除了一些诸侯国的长城。为了防御匈奴,又派大将蒙恬率领30万大军,用了10年的时间,连接和延长了秦、燕、赵长城,这道新长城西起甘肃临洮,东到鸭绿江,长达10000里,这就是有名

的秦长城,俗称"万里长城"。

秦代以后,许多朝代都修筑过长城,其中西汉修筑的最长。汉长城在秦长城的基础上向西延长到新疆,全长20000里。汉代的西部长城对保卫丝绸之路③曾起过重要作用。

秦长城遗址

明代,北方的军事威胁依然存在,所以明朝从建国第一年起就开始修筑长城,前后用了200年的时间,完成了东起鸭绿江,西到嘉峪关的全部工程。可惜的是,从鸭绿江到山海关④的一段长城已经毁坏,现在保存比较好的是从山海关到嘉峪关的一段长城,这就是我们今天所见到的万里长城。

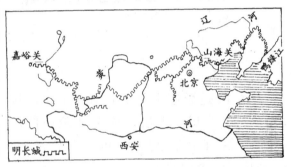

明长城路线图

两千年来,先后有20多个诸侯国和封建国家修筑过长城,如果把历代长城的长度加起来,总长度已超过10万里,所以有人说长城"上下两千年,纵横十万里"。现在,在新疆、甘肃、宁夏、山西、内蒙古、河北、北京等16个省、市、自治区,都有长城的遗迹。

长城的构造

长城主要由城墙、敌台、关隘、烽火台四部分组成。

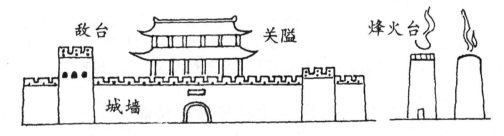

长城的组成部分

城墙,是长城的主体,它以高大的山脉为基础,多建在上下起伏的山峰上。筑墙的材料和方法很多,有土墙、夹沙墙、石墙、砖墙等。有的地方山很陡峭,就不筑墙了,那陡峭的山脉就是城墙。城墙的高度一般3~8米,顶部宽4~6米,

71

顶部外侧一般有高大的砖垛子,上面有瞭望口和射箭口。

嘉峪关

山海关

敌台,是城墙上驻兵的哨楼,高出城墙,分上下两层。上层有射箭和瞭望的砖垛子,下层有很多小房间,可以存放武器,也是兵士睡觉的地方。

关隘,也叫关城,是防守要地,往往建在地势最险要,交通最重要的地方。中国有句老话,叫"一夫当关,万夫莫开",这句话很能说明关隘在军事防御方面的重要作用。长城的关隘很多,最著名的是山海关和嘉峪关,两关之间还有居庸关⑤、娘子关⑥、雁门关⑦、平型关⑧等著名关隘。

烽火台,也叫烽燧、狼烟台,是城墙之

新疆境内的西汉烽火台遗迹

外单独的建筑物,建在山顶或远处容易见到的地方。烽火台是传递军情的信号站,如果有军情,白天燃烟,晚上点火,台台相传,军情传递快极了。我们游览长城会看到烽火台,如果去新疆、甘肃,还能看到一些西汉烽火台遗迹。

劳动人民血汗和智慧的结晶

在古代,用人力和简单的工具修筑如此浩大的工程,而且施工多在陡峭的山峰上、险要的峡谷中和荒凉的沙漠里,筑城的艰难是很难想像的。秦始皇当年就调用了几十万士兵、民工和罪犯修筑长城,不知有多少人死在长城下。民间流传着很多秦始皇修长城所造成的家庭悲剧的故事,在这些故事里,孟姜女

修筑秦长城

千里送寒衣哭倒长城 800 里的故事流传
最广。古代有一首诗揭露了秦始皇的
暴行:"嬴政驭四海,北筑万里城。民命
半为土,白骨乱纵横。"长城上的每一砖
每一石都浸透了中国各族劳动人民的
血汗。

孟姜女哭长城

　　长城是古代中国各族劳动人民智
慧的结晶。今天,当我们登上长城,确
实会感到长城是一个了不起的奇迹,望
着这条巨龙,会从心里佩服古代中国人
征服自然的伟大力量和创造奇迹的聪
明智慧。

　　如今,长城已成为旅游胜地,世界
各国朋友来中国,都喜欢去游览长城。
长城游览区比较多,北京的八达岭、慕
田峪,河北的山海关、金山岭,天津的黄崖关,山西的娘子关、雁门关,甘肃的嘉
峪关都是值得一去的地方。"不到长城非好汉"⑨已成为中外游人的一句豪言壮
语。来中国不去游览长城,那将是一件非常遗憾的事情。

注　释

① 〔嘉峪关〕 长城著名关隘,明代建筑。位于甘肃省嘉峪关市西,长城的西部终点。有
"天下第一雄关"的称誉。

　　"the Jiayuguan Pass"——a famous pass and western terminal of the Great Wall, built in the
Ming Dynasty, located to the west of the city of Jiayuguan, Gansu Province, known as "the first forti-

fied pass under heaven".

② 〔匈奴〕 中国古代北方的游牧民族。

"the Huns"——nomadic people living in the north of ancient China.

③ 〔丝绸之路〕 古代横贯亚洲大陆,联系中国和欧洲的国际通道。(详见 130 页)

"the Silk Road"——an ancient international passageway across the Asian continent, which linked China with Europe. (For details, see p.130)

④ 〔山海关〕 长城著名关隘,明代建筑。位于河北省秦皇岛东北 15 公里处,有"天下第一关"的美称。

"the Shanhaiguan Pass"——a famous pass of the Great Wall, built in the Ming Dynasty, located 15 kilometres to the northeast of Qinhuangdao, Hebei Province and known as "the first pass under heaven".

⑤ 〔居庸关〕 明代建筑。北京八达岭长城的著名关隘。它是通往北京的咽喉,地理位置十分重要。

"the Juyongguan Pass"——a famous pass of the Great Wall at Badaling, built in the Ming Dynasty. Being a strategic gateway to Beijing, it occupied a very important geographical position.

⑥ 〔娘子关〕 长城著名关隘,位于山西省和河北省交界处,地势险要。相传唐朝皇帝李渊的女儿曾率领娘子军驻在这里,所以叫"娘子关"。

"the Niangziguan Pass"——a famous pass of the Great Wall, located in a strategic position on the border of Shanxi and Hebei provinces. It is said that the daughter of Li Yuan, the first emperor of the Tang Dynasty, was stationed there with her women soldiers, hence the name Niangziguan (Women's Pass).

⑦ 〔雁门关〕 长城著名关隘,明代建筑。位于山西省代县以北。

"the Yanmenguan Pass"——a famous pass of the Great Wall, built in the Ming Dynasty, located to the north of Dai County, Shanxi Province.

⑧ 〔平型关〕 长城著名关隘,位于山西省繁峙县东北。历来为军事要地。

"the Pingxingguan Pass"——a famous pass of the Great Wall, located in the northeast of Fanshi County, Shanxi Province. The Pass has always been considered strategically important.

⑨ 〔"不到长城非好汉"〕 毛泽东诗词《清平乐·六盘山》中的词句。这里比喻爬不上长城不算是英雄。

"不到长城非好汉"——a line in Mao Zedong's poem "清平乐·六盘山", which means one can not be considered a hero unless he mounts the Great Wall.

资　料

烽 火 台

烽火台是古代传递军情的建筑。中国古代在长城沿线和西北边疆,每隔一段距离,就筑起一座烽火台。烽火台里装满柴草或容易冒烟的动物粪便,并派将士日夜驻守。发现敌人入侵,就一个接一个地点起烽火报警,敌情很快会传到军事指挥区。

点燃烽火是非常严肃的事儿,不能随意胡来,说到这儿讲一个古代的故事。说的是2700年前的周朝,有一次,周幽王为了让王后高兴,就下令国都周围的烽火台都点起烟火。诸侯们看到烽火,以为敌人打到国都,都带军队赶来。到了国都一看,根本没有敌人,王后见到将士们个个跑得满头大汗,气都喘不过来,觉得很有趣,高兴地大笑起来。周幽王看到王后高兴了,心里十分得意。诸侯、将士们知道受了骗都很生气。据说,这样的事情发生过好几次。后来,敌人真的攻打国都,诸侯们见到烽火台又燃起烽火,以为幽王又在开玩笑,都没来。这样,敌人很容易地攻进了国都,并杀死了周幽王,西周就这样灭亡了。这个故事一方面说明点燃烽火是军事行动,不能胡来;另一方面还说明了烽火台在中国的悠久历史。

点放烽火的方法,白天和晚上不一样。晚上点放火叫烽,白天点放烟叫燧。点放烟火是有严格规定的,如果来的敌军不到1000人,就点放一支烟火,每增加1000个敌兵,就增加一支烟火。烽火的传递速度是相当快的,1991年中国研究人员的测试表明,烽火的传递速度比一辆快速行驶的吉普车要快得多。古代这种用烟火传递军情的方法,对于防御敌人,守卫边疆,是很有作用的。

现在,我们在长城沿线可以看到很多明代的烽火台。如果有兴趣的话,还可以到甘肃、新疆去看看汉代烽火台的遗迹。

孟姜女的故事

传说秦始皇的时候,有个女子叫孟姜女,她嫁给了一个叫万喜良的人。两个人感情非常好。可是结婚才一个月,万喜良就被秦始皇的人抓走,到很远很远的地方修长城去了。

孟姜女跟着婆婆过日子,她体贴地侍奉着婆婆,就像丈夫在家一样。

孟姜女天天盼着丈夫回来,可是一点儿万喜良的消息也没有,她心里十分痛苦。

几年过去了,又一个冬天到了。天气冷极了,孟姜女想,丈夫在冰天雪地的北方,那里的风和雪比这里要大得多,丈夫带走的衣服早已穿破了吧,他受得了北方的寒冷吗?

于是孟姜女动手给丈夫做起棉衣来,一边做一边默默地跟遥远的丈夫说话,叫他再忍耐几天,自己正在为他做棉衣,做完就给他送去。

棉衣做好了,孟姜女告别了婆婆,背起装着棉衣的包裹,向北方走去。她不知道丈夫在哪儿,只知道是在北方。她想只要方向不错,一定能走到丈夫修长城的地方。

她翻山越岭,涉水过河,一路上艰难极了。有时候风特别大,飞沙走石;有时候大雪纷飞,路滑难走。她心里想,往前走一步就靠近丈夫一步。她走呀走呀,带去的几双鞋都磨烂了,她一点也不在乎。她心里只有一个念头,要早一点找到丈夫,让他穿上棉衣。

路上,她遇到过一些人家,这些人家的情况跟她家一样,青年女子说丈夫修长城去了,老年人说儿子修长城去了,他们一边流泪一边痛骂残暴的秦始皇。

一天,孟姜女终于看到长城了,可是丈夫在哪儿呢?她见城墙下边有些人在搬运石头,就跑过去,可是没有万喜良。她大声呼喊:"万喜良!万喜良!"一个穿着破烂衣服的人走过来说:"你找万喜良?"孟姜女说:"我是他妻子。"那个人哭了,说:"我是万喜良的朋友,万喜良他早就死了,累死的……埋在那边修好的长城下面了……还有很多人都埋在那儿了……"孟姜女心都碎了,她跑到那边修好的长城下大哭起来。她哭哇哭哇,也不知哭了多长时间,直哭得天昏地暗,狂风怒吼。忽然,天崩地裂似的一声巨响,万里长城倒塌了800里。在倒塌的城墙下边,孟姜女看见了丈夫,她哭着扑了过去,哭着给他穿上亲手做的棉衣,然后一头撞死在丈夫旁边的山石上。

提 示

●万里长城是中国古代防御性的军事建筑工程,是历史上的农耕民族防止游牧民族入侵的产物。修筑长城的确为保卫中原起到了巨大作用,它为中原的农耕民族创造了一个相对平稳安定的环境,促进了中原的经济和文化的繁荣。同时,对长城沿线各民族的经济和文化交流也起到了一定的作用。

万里长城浩大的工程,体现了中华民族的伟大创造力和聪明智慧,显示了中华民族的坚毅和力量。因此,把长城作为中华民族的象征是很恰当的。

●当然,长城的防御力量并不是万能的,明末李自成起义和清兵的入关,已经说明了问题。

词 汇

一、生词　New Words and Expressions

1. 举世闻名		jǔ shì wénmíng	world-famous
2. 防御	（动）	fángyù	defend
3. 宇航员	（名）	yǔhángyuán	astronaut
4. 边界	（名）	biānjiè	border
5. 道	（量）	dào	a measure word in Chinese
6. 拆除	（动）	chāichú	tear down
7. 延长	（动）	yáncháng	extend
8. 俗称	（动）	súchēng	be popularly called
9. 威胁	（动）	wēixié	threaten
10. 可惜	（形）	kěxī	it is a pity that...
11. 毁坏	（动）	huǐhuài	be in ruins
12. 纵横	（形）	zònghéng	in length and breadth, everywhere
13. 遗迹	（名）	yíjì	sites, remains
14. 关隘	（名）	guān'ài	pass
15. 陡峭	（形）	dǒuqiào	precipitous, steep
16. 垛子	（名）	duǒzi	battlement
17. 瞭望	（动）	liàowàng	keep a lookout, watch
18. 驻兵	（名）	zhùbīng	station troops
19. 哨楼	（名）	shàolóu	sentry post
20. 存放	（动）	cúnfàng	store
21. 要地	（名）	yàodì	strategic point

76

22. 地势	（名）	dìshì	terrain
23. 险要	（形）	xiǎnyào	strategically important
24. 烽燧	（名）	fēngsuì	beacon-fire alarm tower
25. 军情	（名）	jūnqíng	military information
26. 信号站	（名）	xìnhàozhàn	signal station
27. 燃烟		rán yān	set off smoke
28. 结晶	（名）	jiéjīng	fruit
29. 浩大	（形）	hàodà	huge，large-scale
30. 施工	（动）	shīgōng	construction
31. 荒凉	（形）	huāngliáng	wild，desolate
32. 想像	（动）	xiǎngxiàng	imagine
33. 调用	（动）	diàoyòng	use
34. 罪犯	（名）	zuìfàn	convict
35. 悲剧	（名）	bēijù	tragedy
36. 揭露	（动）	jiēlù	expose
37. 暴行	（名）	bàoxíng	atrocity
38. 驭	（动）	yù	rule
39. 浸透	（动）	jìntòu	be soaked with
40. 征服	（动）	zhēngfú	conquer
41. 豪言壮语		háo yán zhuàng yǔ	brave words

二、专名 Proper Names

1. 美国	Měiguó	the United States of America
2. 嘉峪关	Jiāyù Guān	the Jiayuguan Pass
3. 楚国	Chǔguó	the State of Chu
4. 燕	Yān	the State of Yan
5. 赵	Zhào	the State of Zhao
6. 匈奴	Xiōngnú	the Huns
7. 蒙恬	Měng Tián	name of a person
8. 甘肃	Gānsù	Gansu Province
9. 临洮	Líntáo	name of a place
10. 山西	Shānxī	Shanxi Province
11. 河北	Héběi	Hebei Province
12. 北京	Běijīng	Beijing
13. 居庸关	Jūyōng Guān	the Juyongguan Pass
14. 娘子关	Niángzǐ Guān	the Niangziguan Pass
15. 雁门关	Yànmén Guān	the Yanmenguan Pass
16. 平型关	Píngxíng Guān	the Pingxingguan Pass
17. 孟姜女	Mèng Jiāngnǔ	a female character in a Chinese folktale

18. 嬴政	Yíng Zhèng	name of the first emperor of the Qin Dynasty
19. 八达岭	Bādá Lǐng	name of a place
20. 慕田峪	Mùtiányù	name of a place
21. 金山岭	Jīnshān Lǐng	name of a place
22. 天津	Tiānjīn	Tianjin
23. 黄崖关	Huángyá Guān	the Huangyaguan Pass

练习题

一、填空

1. 万里长城是中国古代的一种_____工程,它东起_____,西到_____,全长_____里。

2. 长城主要由_____、_____、_____和_____四部分组成,其中_____是长城的主体。

3. 中外游人登长城时喜欢说的一句豪言壮语是_____。

二、选择正确答案

下面哪种说法是错误的?

A. 最早的长城是秦始皇修筑的。

B. 最早的长城是2700年前的楚国长城。

C. 西汉的长城是中国最长的长城。

D. 北京八达岭长城是秦长城。

答( )

三、回答问题

1. 为什么说长城是一种军事防御工程?

2. 谈谈长城留给你的印象。

十　秦始皇陵兵马俑

1974 年,在中国陕西省发现了一个宝藏,这个宝藏不是什么金银财宝,而是7000 多件秦代陶制兵马俑①。这是一支气势宏伟的古代地下军队,它们的发现,立刻轰动了整个世界,西方人称兵马俑是"世界第八奇迹"②。

秦始皇

公元前 221 年,秦王嬴政统一了中国,建立了中国历史上第一个中央集权的封建大帝国,嬴政认为自己的功绩超过了古代的三皇五帝③,于是自称"始皇帝",历史上叫他"秦始皇"。秦始皇生前有极大的权势,他妄想死后继续享受这种权势,于是他活着的时候,就开始建造他的陵墓,并命令工匠们按照秦国军队的样式,塑造了成千上万个兵马俑作为他的陵墓的陪葬品。我们这里讲的兵马俑是一支象征守卫秦始皇陵的部队,是秦始皇陵的一个组成部分。

两千年前的地下军队

1974 年春天,陕西省临潼县农业生产队的社员在秦始皇陵东面 1.5 公里处打井,意外地挖出了陶俑,考古部门马上进行挖掘,发现了秦始皇陵陪葬坑。现在已经挖掘了一号、二号、三号 3 个俑坑,出土了陶制兵马俑 2000 多件。

这 3 个俑坑中,最大的是一号俑坑。当人们走进宽敞的一号俑坑展览大厅,每个人都会吃惊的,近千个跟真人真马大小一样的陶兵陶马排成整齐的队形,威武地站在深 5 米的墓坑砖地上,组成了一个长方形的巨大军阵,场面十分壮观。军队的主体是中锋,由排成 38 路纵队的兵俑、陶马

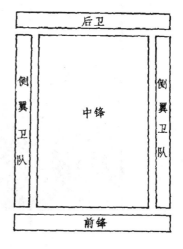

军阵示意图

79

和木制战车组成。中锋前面是 3 列面向前方、手拿弓箭、身穿短袍的武士俑,这是前锋。中锋后面也有 3 列横队,其中最后边的一列面向后方,这是后卫。中锋两侧各有一列面向外、手拿弓箭的武士俑,这就是侧翼卫队了。这个按秦代作战队形排列的军阵,显示了秦帝国兵强马壮的国力和威震天下的气魄。

一号俑坑

战场上的秦国军队

二号俑坑有很多战车、陶马和弓弩兵,组成了车兵、骑兵、弓弩兵的军阵。三号俑坑最小,是一号俑坑和二号俑坑的指挥部。

这个埋藏地下两千年的地下军队,展示了一幅中国古代军事的画卷。不过,这浩浩荡荡的地下军阵只是秦陵兵马俑的一小部分,其余的还埋在地下,如果它们全都站起来,那该是多么激动人心的场面啊!

高超的雕塑艺术

我们看到的这一大批兵马俑不仅显示了秦帝国的强盛和秦始皇的权势,而且还能使人感受到秦代雕塑工匠的高度智慧和高超的雕塑水平。下面我们看一看兵马俑的艺术特色吧。

兵马俑数量众多。几千个兵马俑排成浩浩荡荡的军阵,那雄壮的气势使每一个参观的人不禁肃然敬畏。据专家们说,除了兵马俑以外,在世界上还没出现过这样巨大的雕塑群。

兵马俑个体高大。陶俑身高1.8米左右,陶马身长2米,高1.5米,大小如同真人真马,使人感到十分真实。

陶俑形象

兵马俑形象生动。兵俑主要由铠甲俑和战袍俑组成,并有将军、军吏、武士之分。请看,那些威武的武士俑,有的手拿矛戈,有的张弓拉弦,有的牵马肃立,形象多么生动。他们手中的武器虽然已经消失了,但是仍站立在原地忠实地保护着皇陵。如果仔细观赏,就会发现,那些古代将士的相貌各不相同,有的甚至能看出是哪个地方的人。陶俑的性格也不一样,有的机警、有的沉着、有的和善、有的刚强。那些战马膘肥体壮、昂首竖耳、目瞪口张,也非常有气势。兵马俑原来都是彩色的,两千年过去了,颜色消失了,可以想像,当年彩色的兵马俑一定更为神气。

兵马俑细节刻画真实。秦代雕塑工匠很注意细节的刻画,例如陶俑的发型多种多样,头发一根根都能数出来,铠甲俑身上的甲片甲钉非常精细,就连武士俑鞋底扎的线纹都看得清清楚楚。

精美的青铜制品

兵马俑坑中还出土了大量的青铜兵器,有剑、戈、矛等一万多件。这些兵器在地下埋了两千多年,有的至今还十分锋利,其中有一支青铜剑,制作精良,剑身闪闪发光。这说明在两千多年以前,中国的冶金技术已有很高的水平了。

参观完兵马俑,人们都要去看一看举世闻名的铜车马,它们是 1980 年冬天在秦陵西边出土的,也是秦陵的陪葬品。铜车马一共有两辆,每辆车有 4 匹马,车上有一个驾车的俑,看来,这两辆马车是让秦始皇的灵魂乘坐的吧。铜车马造型精美,结构复杂,表明了秦代金属工艺的高超水平。

铜车马

秦始皇陵兵马俑是中国古代文明史上的一个奇迹,是中国古代劳动人民智慧的结晶。秦陵兵马俑的出土被称作 20 世纪考古学最重大的发现之一。自从兵马俑公开展览以来,已有 3000 多万中外游客参观了兵马俑。今天,当我们欣赏这高超的雕塑艺术杰作时,请不要忘记那些用汗水和生命塑造兵马俑的无名雕塑工匠们,他们是杰出的雕塑艺术家。据说,他们完成作品后,很多人被活活地埋在陵墓里了。

注 释

① 〔俑〕 中国古代墓葬中按照人或动物的形象制作的一种陪葬品,用它来代替残酷的人殉。俑一般是用木、陶、石制成。

"*yong*"——figurines in the shape of human beings or animals, which were buried to accompany the dead in ancient China. They were used in place of humans buried alive with the dead, a brutal practice in ancient times. Normally these figurines were carved from wood, terra cotta or stone.

② 〔世界第八奇迹〕 在外国历史上,从公元前 2 世纪起,就长期流传着"世界七大奇迹"的说法。它们是:古代埃及的金字塔及亚历山大城的灯塔、古代希腊的奥林匹亚宙斯神像、古代巴比伦的空中花园、地中海罗德岛上的阿波罗巨像、古代土耳其的阿泰密丝神庙及摩索拉夫陵墓。法国前总理希拉克认为兵马俑可以与这七大奇迹比美,称兵马俑为"世界第八奇迹"。

"the eighth wonder of the world"——In world history since the second century B.C. there has been talk of the "seven wonders of the world". They are

(1) the Egyptian pyramids,

(2) the Beacon in the city of Alexandria,

(3) the Olympic statue of Zeus in Greece,

(4) the Hanging Vines of Babylon,

(5) the Great Statue of Apollo on Rhodes in the Mediterranean,

(6) the Artemic Temple of Ancient Turkey, and

(7) the Mausoleum Tomb of ancient Turkey.

The former French premier Jacques Chirac thought that the terra cotta soldier figures were even more wonderful than these seven. He called them "the eighth wonder of the world".

③ 〔三皇五帝〕 中国古代传说中的八个帝王,也是中国人的始祖。说法不一,带有浓厚的神话色彩。

"three *huang* and five *di*"——Both *huang*(皇) and *di*(帝) mean emperor in Chinese. Here three *huang* and five *di* refer to eight legendary emperors in ancient China, who were considered ancestors of the Chinese nation. There have been different interpretations, all highly mythological.

资　料

神秘的秦始皇陵

从中国古都西安东行 40 公里,远远就可以看见一座像埃及金字塔一样的高大陵墓,那就是秦始皇陵。据古籍记载,秦始皇在他 12 岁继承王位时就开始建造他的这座陵墓了,他征调了全国 70 万人,用了 38 年,到他 50 岁去世时还没有全部完工。

由于技术原因,中国考古工作者至今还没有挖掘这座古代陵墓。陵墓中有什么宝物呢?至今还是个谜,我们只能从古籍中得知一些情况。

据西汉历史学家司马迁的《史记·秦始皇本纪》记载:墓室在地下水层的下面,用铜加固,棺材放在铸满铜浆的洞穴中。墓室内有漂亮的宫殿,有数不尽的奇器珍宝。墓室顶部有用明珠制作的太阳、月亮和星星,下部有高山、森林和江河湖海。江河湖海由水银构成,机械使水银不停地流动。墓中点着永不熄灭的人鱼膏灯,墓道口还有神奇的弓箭,如果有盗墓人走近,箭就自动射出去。

秦陵里面的情况是不是像司马迁写的那样呢?现在还是个谜。不过这个谜底终有一天会被揭开,而且这个日子的到来不会太遥远了。

秦陵兵马俑坑里共有多少宝物

从1974年起,中国考古工作者已挖掘了3个俑坑,面积有2万多平方米,出土了各类陶兵俑2000多个,陶马100多匹,木制战车100多辆(仅存遗迹),青铜兵器数万件。

专家们认为,3个俑坑只占陵园的一小部分,如果把整个陵园的地下宝藏都开发出来,还需要中国两代人的努力。

兵马俑是怎样制作的

兵马俑数量很多,形体动作比较统一。专家们经过研究认为,兵马俑是采用大批分工生产的方式制作的。古代工匠们先用模具翻套出身体各部分的泥坯,如头、胳膊、腿、手、脚、身躯等。然后把它们套合再粘接在一起,完成兵马俑的整体。接着,雕塑家和工匠对兵马俑进行面部形象塑造和服饰装饰,完成细节后放进窑中用火烧成陶。最后,用矿物颜料彩绘,脸、手是粉红色的,战袍是绿色或红色的,铠甲是黑色或褐色的,陶马是黑、红、褐等色。由于是烧后彩绘,所以现在颜色都已经脱落了。为了让这些高大的陶俑安稳地站立,聪明的工匠们把陶兵俑的上身(头、躯干、手臂)做成空心,下身(腿、脚)做成实心。这种塑造方法,反映出秦代雕塑工匠高超的工艺水平。

中外名人评价兵马俑

秦陵兵马俑的出土,引起了世界性的兵马俑热,中外名人纷纷来参观,并留下了对兵马俑的评价。

新加坡前总理李光耀:"秦兵马俑坑的发现,是世界的奇迹,民族的骄傲!"(1976年5月)

法国前总理希拉克:"世界上已有七大奇迹,秦俑的发现,可以说是第八大奇迹。不看金字塔不算真正到过埃及,不看秦俑不算真正到过中国。"(1978年9月)

原中共中央副主席、军委副主席叶剑英元帅:"秦俑坑是我国最大的古代军事博物馆,这里有学不完的东西,希望今后我军的高级将领都要到这里看一看。"(1979年4月)

美国前国务卿基辛格:"这是世界上独一无二的奇迹!""能够创造出这样伟大历史文化的民族,一定会创造出更为光辉的未来。"

美国参议员杰克逊:"太好了! 一周前我看了埃及金字塔,今天又看了中国的秦俑,两者都有悠久的历史。狮身人面像只有一件,秦兵马俑却千姿百态、成千上万、威武壮观、耐人寻味。"(1979年7月)

丹麦女王玛格丽特二世:"我搞了几十年考古,也到过许多国家的考古工地,从来没有见过这样震惊人心的场面。这里的一切,给我留下了永恒的纪念。"

联合国前秘书长佩雷斯·德奎利亚尔："作为联合国的秘书长，我希望所有的军队，都像西安的兵马俑一样。"

美国前总统尼克松："1972年，当我第一次登上八达岭长城的时候，我就曾说过，那是一座伟大的建筑，人类文明的奇迹。今天见到了秦代兵马俑军阵，它给我的感受和长城是一样的。"（1985年9月）

日本前首相大平正芳："秦俑，真是奇迹。百闻不如一见，真是名不虚传。"

提　示

●秦始皇陵兵马俑以出人意料的众多、浩大和真实，显示了一种整体的力量和一种磅礴的气势，透过这种力量和气势，我们似乎看到了新兴地主阶级"席卷天下、包举宇内、囊括四海、并吞八方"的时代雄风，以及秦始皇大破诸侯，统一中国的雄心和气魄。秦代以后虽然也出现过强大的封建帝国，也曾出现过优秀的陶俑和其他雕塑作品，但像兵马俑这样大规模大气魄的作品还没有出现过，国外也没有出现过。从艺术上讲，兵马俑雕塑艺术的出现，除了继承秦代以前中国古老雕塑艺术传统以外，时代精神应该是重要因素，"秦"这一特定的时代产生了兵马俑这种特定的艺术。

●秦陵兵马俑属于中国风格的高度写实主义艺术，陪葬品一切按现实生活中的原形塑造，兵俑和马俑的大小如同真人真马。反映了秦代注重现实的观念和秦代以高大为美的审美标准。

●大批兵马俑的发现，改写了"中国雕塑受印度佛教传入的影响，而成熟于1500年前的南北朝以及彩塑始于唐代"的说法，证明早在2000多年前的秦代，中国的彩色雕塑艺术已经相当成熟了。

词　汇

一、生词　New Words and Expressions

1. 俑	（名）	yǒng	figure，figurine
2. 宝藏	（名）	bǎozàng	buried treasure
3. 财宝	（名）	cáibǎo	valuables
4. 陶制	（形）	táozhì	made from pottery clay
5. 气势宏伟		qìshì hóngwěi	grand and powerful
6. 轰动	（动）	hōngdòng	rock，shake
7. 中央集权		zhōngyāng jíquán	centralization of authority
8. 功绩	（名）	gōngjì	merits and achievements
9. 权势	（名）	quánshì	power and influence
10. 妄想	（动）	wàngxiǎng	wish，dream
11. 塑造	（动）	sùzào	mould

12. 陪葬品	（名）	péizàngpǐn	things buried to accompany the dead
13. 挖掘	（动）	wājué	excavate
14. 宽敞	（形）	kuānchǎng	spacious
15. 吃惊	（动）	chījīng	be amazed
16. 军阵	（名）	jūnzhèn	troops in battle array
17. 纵队	（名）	zòngduì	column
18. 侧翼	（名）	cèyì	flank
19. 兵强马壮		bīng qiáng mǎ zhuàng	powerful army with strong soldiers and sturdy horses
20. 国力	（名）	guólì	strength of a state
21. 威震天下		wēi zhèn tiānxià	known across the land for its bravery and strength
22. 气魄	（名）	qìpò	strength and fighting spirit
23. 弓弩	（名）	gōngnǔ	bow
24. 浩浩荡荡		hàohàodàngdàng	vast and mighty
25. 不禁	（副）	bùjīn	can not help doing sth.
26. 肃然敬畏		sùrán jìngwèi	be struck with awe
27. 铠甲	（名）	kǎijiǎ	armour
28. 矛戈	（名）	máogē	spear
29. 张弓拉弦		zhāng gōng lā xián	draw bows
30. 相貌	（名）	xiàngmào	facial features, looks
31. 机警	（形）	jījǐng	alert
32. 沉着	（形）	chénzhuó	cool-headed
33. 和善	（形）	héshàn	kind
34. 刚强	（形）	gāngqiáng	firm
35. 膘肥体壮		biāo féi tǐ zhuàng	plump and sturdy
36. 昂首竖耳		áng shǒu shù ěr	hold up their heads and prick up their ears
37. 目瞪口张		mù dèng kǒu zhāng	open their eyes and mouths wide
38. 神气	（形）	shénqi	wonderful
39. 细节	（名）	xìjié	detail
40. 发型	（名）	fàxíng	hair style
41. 锋利	（形）	fēnglì	sharp
42. 精良	（形）	jīngliáng	excellent
43. 冶金	（动）	yějīn	metallurgy
44. 精美	（形）	jīngměi	exquisite, elegant

陕西　　　　　　　　Shǎnxī　　　　　　　Shaanxi Province

练习题

一、填空

1. 兵马俑是_____陵墓的_____,是一支象征守卫陵墓的地下军队。

2. 目前已挖掘了_____个俑坑,其中最大的是_____俑坑。俑坑中的兵马俑是按_____排列的_____。

3. 兵马俑的出土轰动了世界,西方人称兵马俑是_____。

二、选择正确答案

1. 秦始皇为什么让工匠雕塑兵马俑?

A. 秦始皇喜欢兵马俑。

B. 兵马俑是艺术品。

C. 为了保卫秦帝国。

D. 作象征守卫陵墓的军队。

答( )

2. 兵马俑属于哪种艺术?

A. 金属工艺。

B. 雕塑艺术。

C. 绘画艺术。

D. 建筑艺术。

答( )

三、回答问题

1. 请叙述一号俑坑的军阵场面。

2. 举例说明兵马俑的主要艺术特色。

十一　中国古代四大发明

在灿烂的中国古代文化中,科学技术方面的成就引人注目。1986 年,英国出版了美国学者罗伯特·坦普尔写的一本书,书名是《中国——发现与发明的摇篮》,书中列举了来自古代中国的 100 项最重大的科学技术发明。这位美国人说,中国古代科学技术在世界上处于领先地位达 15 个世纪之久,中国人对世界文明做出了伟大贡献。这里,我们介绍一下中国古代最辉煌的"四大发明":造纸术、印刷术、指南针和火药。

造　纸　术

中国文字的历史很长,但是,最初没有纸,人们用刀子把文字刻在龟甲和兽骨上,或者刻铸在青铜器上,这就是甲骨文和金文。

以后,人们又把文字刻写在长竹片和长木条上,分别叫"竹简"和"木简"。竹木简很笨重,书写阅读都很不方便。据说秦始皇每天要批阅 120 斤的公文。战国时有个叫惠施的人,每次外出旅行都要用 5 辆车来装要读的书。

秦始皇每天批阅 120 斤公文

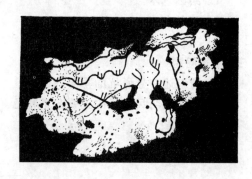

西汉纸地图(甘肃天水出土)

后来,人们又在帛上写字或画画。帛是一种丝织品,价钱很贵,一般人用不起。

到了西汉时期,纸终于出现了。最早的纸是用麻絮制成的,叫"麻纸"。麻纸在新疆、陕西、甘肃的西汉遗址中都曾发现过。1986 年,在甘肃天水市放马滩的一座西汉早期古墓中,出土了一幅纸地图,这幅纸地图又薄又软,上面用黑色粗线条画着河流、山脉和道路。专家们认为西汉时期的纸属于植物纤维纸。

公元 105 年，东汉人蔡伦[①]总结了劳动人民的造纸经验，用树皮、麻头、破布、旧鱼网做原料，经过制浆、捞纸、烘干三个工序，制成了一种质量更高的植物纤维纸。这种纸轻薄好用，价钱便宜，原料来源又多，所以很受人们欢迎，人们把这种纸叫做"蔡侯纸"。蔡伦改进造纸法，对人类文明做出了巨大贡献。

中国造纸术大约在公元 4 世纪传入朝鲜、越南，7 世纪传入日本和阿拉伯地区，12 世纪传到欧洲和非洲各国。

蔡伦造纸图

印 刷 术

在中国，最早的书籍是用手抄成的。抄书又费时又费力，而且容易出错。

公元 4 世纪，中国人掌握了用纸在石碑上拓印的方法，得到了黑底白字的拓本。拓印可以称作最原始的印刷方法。

到了隋唐时期，人们又发明了雕版印刷，就是把字反刻在木板上，让字凸出，

《金刚经》(唐代)

涂上墨,然后把纸铺在上面,轻轻一刷,一页书就印好了。那时候一个熟练的工匠,一天能印两千张。唐代用木板雕刻印刷的《金刚经》②,字和画印得都十分精美。《金刚经》是世界上最早的标有确切日期的雕版印刷品。雕版印刷虽然可以大量印书,但是由于雕版上的文字是固定的,所以一页书印完以后,这块雕版就没用了。

到了公元 11 世纪,宋代人毕升③发明了活字印刷术。毕升用胶泥做成一个个方形的泥块,在上面刻上反字,用火烧硬,这就成了活字。印书时,把活字按顺序排在一块有框的铁板上,压平,固定,涂上墨,就可以印刷了。印完以后,把活字拿下来,下次可以再使用。这种印刷方法又省力又迅速,发现错误,还可以改正。毕升发明活字印刷术是世界印刷史上的伟大创举。

毕升

后来,人们又用木活字、铜活字、铅活字印书,书籍的印刷质量越来越高了。

活字印刷术发明以后,陆续传到朝鲜、日本和西方各国。欧洲到 15 世纪才有活字版,比毕升的发明晚了 400 年。

指 南 针

古时候,人们外出辨别方向,白天看太阳,晚上看星星,遇到阴天雨天就困难了。

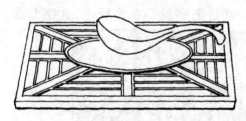

司南(战国)

传说,中国人的祖先黄帝制造了能指示方向的指南车,如果这个传说真实的话,那么,中国远在 4000 年以前就有能指示方向的工具了。不过,指南车是靠齿轮转动来指方向,它还不是我们要讲的指南针。

很早以前,中国劳动人民就发现了能吸铁的天然磁石。2000 年前的战国时期,人们把天然磁铁做成一个勺子,放在光滑的铜盘上,转动勺子,等勺子停下来,勺把儿总是指向南方,这就是最早的指南工具,名字叫"司南"。

宋代,中国人发明了人工磁铁。人们把铁片做成鱼形,放在火里烧红,按南北方向放在地上,铁片受地磁感应带有了磁性,这就是"指南鱼"。不过,指南鱼的磁性很小。后来,人们又把钢针在天然磁铁上摩擦,使钢针带有磁性,这就是针形指南针。据记载,宋代有四种针形指南针,其中有一种水浮法指南针④最早用在了航海事业上。不久,人们又把磁针与方位盘结合在一起,制造出了罗盘针。罗盘针的应用促进了航海事业的发展。明代著名航海家郑和七次西洋远航,用的就是罗盘针。

指南鱼

水浮指南针

罗盘针

火 药

火药,是用硝石、硫磺和木炭的粉末混合在一起制成的,人们叫它"黑火药"。

火药的发明与炼丹有直接的关系。中国古时候,炼丹家把矿物和植物配合起来,放在炉中烧炼,想炼出能使人长生不老的"仙丹"来,当然,这是不可能实现的事情。但是,炼丹家在炼丹过程中却发现了能燃烧爆炸的物质,制出了火药。火药大约出现在隋代。唐朝末年,火药开始用在军事上。宋代,火药武器已经广泛使用。⑤

公元 13 世纪,火药和火药武器开始西传,先传到阿拉伯国家,后来又传到欧洲的一些国家。

造纸术、印刷术、指南针和火药,是中国古代人的四大发明,也是中国成为世界文明古国的重要标志。

古代炼丹术

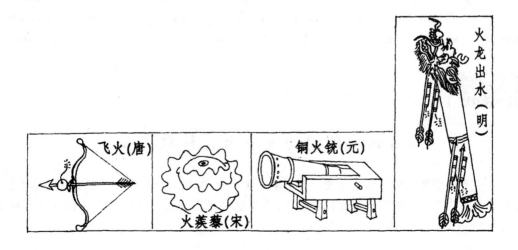
火药武器

① 〔蔡伦〕 东汉宦官。在宫中主管制造方面的事。他改进造纸技术,造出了高质量的植物纤维纸,被皇帝封为"龙亭侯"。后人称他造的纸为"蔡侯纸"。

"Cai Lun"——a eunuch of the Eastern Han Dynasty, who was in charge of manufacturing work in the court. He improved the technique of paper making and turned out high quality paper of plant fibre. For this reason the emperor conferred a noble title on him. The paper he made was known as "Cai paper" to later generations.

② 〔《金刚经》〕 佛教经名。这本唐代木雕版佛经是 1900 年在敦煌石窟中发现的,1907 年被盗往英国。

"金刚经"——name of a Buddhist sutra. One copy of this sutra, printed from wooden blocks, was found in a Dunhuang grotto in 1900. It was stolen and shipped to Britain in 1907.

③ 〔毕升〕 北宋发明家。平民出身。杭州书坊刻工。北宋庆历年间发明泥活字印刷术。

"Bi Sheng"——an inventor of the Northern Song Dynasty, a block engraver in a printing shop of Hangzhou. He invented clay movable types for printing during the reign of Emperor Qingli of the Northern Song Dynasty (about 1040s).

④ 〔水浮法指南针〕 宋代发明。把磁针横穿灯草心,放在水碗中的水面上,利用灯草的浮力和水的滑动力,磁针指示南北。

"floating compass"——a device invented in the Song Dynasty. It consists of a magnetic needle stuck in a piece of rush pith (used as lampwick in the old days). It floats and turns freely on the surface of water in a bowl, indicating direction.

⑤ 唐代末年火药武器"发机飞火"已用于战争中并取得胜利。宋代火药武器火枪、火炮、火蒺藜、突火枪威力都很大。元代的铜炮"火铳",明代的地雷、水雷以及能射 3 里路远的两级火箭武器"火龙出水",都是很有杀伤力的火药武器。

By the end of the Tang Dynasty, "flying firearrows", a kind of firearms had been used effectively in war. In the Song Dynasty, powerful firearms such as guns, cannons, grenades and shrapnels were put into use. Bronze cannons(*huochong*)of the Yuan Dynasty and mines and two-stage rockets with a range of 1.5 kilometres(*huolong chu shui*)of the Ming Dynasty were all powerful deadly weapons.

资　料

古代中国向西方输出的科学技术

中国是一个发现和发明的国度。英国著名学者李约瑟在他的著作《中国科学技术史》中列举了很多从中国向西方传播的科学技术,并指出中国发明物在时间上的领先地位。现摘录其中的一部分,供参考。

名　　称	中国领先于西方的大致时间（以世纪计算）
龙骨车	15
石碾	13
水排	11
活塞风箱	约 14
提花机	4
独轮车	9～10
弓弩	13
风筝	约 12
深钻技术	11
铸铁	10～12
弧形拱桥	7
铁索吊桥	10～13
河渠闸门	7～17
造船和航运的许多原理	多于 10
船尾方向舵	约 4
火药	5～6
磁匙	11
罗盘针	4
纸	10
雕版印刷	6
活字印刷	4
金属活字印刷	1
瓷器	11～13

郑和下西洋

　　指南针的发明促进了中国的航海事业。明代，人们利用指南针，在海上找到了很多航路。古代中国最大的航海活动是明代郑和的七次西洋远航。

　　郑和原本姓马，名字是三保，回族人。"郑和"这个姓名是皇帝赐给的。郑和是皇宫里的太监，所以人们又称他为"三保太监"。

　　明朝前期，中国是当时世界上一个富强的国家。为了扩大明王朝的影响和发展海外贸易，皇帝派郑和出使"西洋"。那时候，"西洋"指中国南海以西，包括印度洋和沿海地区。

　　公元 1405 年 7 月，郑和率领着当时世界上最大的船队，从长江边上的苏州刘家港出发，开始了第一次远航。这支庞大的船队有 200 多艘海船，其中最大的船长 44 丈，宽 18 丈，载重 1000 吨以上，能容纳 1000 多人。船上装满了丝绸、瓷器、金银制品等货物。船队使用罗盘针导航，这种罗盘针不仅可以指示方向，还可以测出航行的远近。郑和的船队通过中国的南海诸岛，到达占城（今越南南方），后到达爪哇和印度西岸的古里。1407 年 10 月，船队回到中国。

　　以后，郑和又做了六次远征。

　　1417 年，郑和第五次远航到达了红海，在红海上他们遇到了特大风暴，帆破了，桅杆也断了，很多船员死在海浪之中。最后，狂风巨浪把船队推到一个岸边。后来才知道，他们到了非洲的东海岸。

1421 年,郑和第六次航行路过台湾。现在台湾有一种"三宝姜",传说是郑和留下的品种。

1431 年,郑和已经 60 岁了。他又率领船队进行了第七次远航,回来不久就病死了。

郑和的航海活动前后共 28 年,先后到达印度支那半岛、马来半岛、南洋群岛、印度、波斯、阿拉伯,最远到达非洲东海岸和红海。郑和访问了 30 多个国家和地区,每到一处都受到热烈欢迎,郑和的远航扩大了中国同南洋各地的贸易和往来,增强了政府间和人民间的友谊。

郑和七次下西洋,反映了当时中国高超的航海技术和造船技术。郑和的远航比世界著名航海家哥伦布和达伽马的海上活动要早半个世纪,规模也比他们大得多。哥伦布等人的几次远航,人数只有 100 人左右,船只也只有几艘,最大的载重量仅有 120 吨,这是很难与郑和拥有的 27000 名船员、200 多艘海船的庞大船队相比的。郑和不愧为中国和世界历史上杰出的航海家。

提　示

●人类文明的每一步发展都和科技进步密切相关,科技是人类文化史上的重要内容。从秦汉到宋元的 1000 多年时间里,中国各族劳动人民在天文学、物理学、化学、数学、农学、建筑学等各门学科中,有过许多重大的发明创造,其中,指南针、造纸术、火药和活字印刷术,是中华民族奉献给世界并改变了整个人类历史进程的伟大技术成果,反映和代表了中国古代文明的辉煌灿烂。对此,马克思从社会发展史的高度作出了极高的评价。他说:"火药、指南针、印刷术——这是预告资产阶级社会到来的三项伟大发明。火药把骑士阶层炸得粉碎,指南针打开了世界市场并建立了殖民地,而印刷术则变为新教的工具,总的说来变成科学复兴的手段,变成精神发展创造必要前提的最强大的杠杆。"

●中国古代科技长期处于世界前列的主要原因是中国科技的实用性。日常生产生活的实用需要和国家的实用需要,促进了科学研究活动。特别是国家的实用需要,使得大一统的封建王朝可以利用国家的权力,集中组织社会力量,调配资金,来从事科学技术活动。"四大发明"就是国家实用需要的产物,指南针、纸张、印刷术是应社会通讯事业的需求而产生的,火药技术的发展适应了国家军事活动的需要。

从另一个方面看,这种基于实用理性思维的实用性和中国人固有的经验,又局限了中国科技向更高层次的发展,使古代中国一直没有建立起独立的科学体系,这也是近代中国科技落伍的一个原因。

词　汇

一、生词　New Words and Expressions

1. 引人注目　　　　　yǐn rén zhùmù　　　　remarkable
2. 列举　　　（动）　lièjǔ　　　　　　　　cite
3. 领先　　　（动）　lǐngxiān　　　　　　　advanced

94

4. 辉煌	（形）	huīhuáng	splendid
5. 刻铸	（动）	kèzhù	inscribe，engrave
6. 简	（名）	jiǎn	bamboo or wooden slips used for writing on in ancient China
7. 笨重	（形）	bènzhòng	heavy，cumbersome
8. 批阅	（动）	pīyuè	read over
9. 丝织品	（名）	sīzhīpǐn	silk fabrics
10. 麻絮	（名）	máxù	fibre of hemp，famie，etc.
11. 浆	（名）	jiāng	pulp
12. 烘	（动）	hōng	dry by the fire
13. 工序	（名）	gōngxù	process
14. 薄	（形）	báo	thin
15. 拓印	（动）	tàyìn	rubbing
16. 雕版	（名）	diāobǎn	block printing
17. 印刷	（动）	yìnshuā	print
18. 凸出	（动）	tūchū	protrude，raise
19. 确切	（形）	quèqiè	exact
20. 胶泥	（名）	jiāoní	clay
21. 创举	（名）	chuàngjǔ	invention
22. 齿轮	（名）	chǐlún	gear
23. 转动	（动）	zhuàndòng	turn
24. 磁石	（名）	císhí	magnetic iron ore
25. 勺子	（名）	sháozi	spoon
26. 感应	（动）	gǎnyìng	induce
27. 磁性	（名）	cíxìng	magnetic
28. 摩擦	（动）	mócā	rub
29. 硝石	（名）	xiāoshí	nitre，saltpetre
30. 硫磺	（名）	liúhuáng	sulfur
31. 木炭	（名）	mùtàn	charcoal
32. 粉末	（名）	fěnmò	powder
33. 烧炼	（动）	shāoliàn	heat by fire
34. 爆炸	（动）	bàozhà	explode

二、专名　**Proper Names**

1. 英国	Yīngguó	Britain
2. 罗伯特·坦普尔	Luóbótè·Tǎnpǔ'ěr	name of a person
3. 惠施	Huì Shī	name of a person
4. 天水市	Tiānshuǐ Shì	name of a place
5. 放马滩	Fàngmǎtān	name of a lace

6. 东汉	Dōng Hàn	the Eastern Han Dynasty
7. 蔡伦	Cài Lún	name of a person
8. 越南	Yuènán	Vietnam
9. 日本	Rìběn	Japan
10. 阿拉伯	Ālābó	Arabia
11. 非洲	Fēizhōu	Africa
12. 隋	Suí	the Sui Dynasty
13.《金刚经》	《Jīngāngjīng》	name of a Buddhist sutra
14. 毕升	Bì Shēng	name of a person
15. 郑和	Zhèng Hé	name of a person

练习题

一、填空

　　1. 中国古代的四大发明是_____、_____、_____和_____。

　　2. 中国古代科学技术在世界上处于领先地位达_____个世纪之久,为世界现代科学技术奠定了基础。

二、选择正确答案并连线

　　针形指南针的发明　　　　战国时期的人

　　"司南"的发明　　　　　　西汉人

　　造纸术的发明　　　　　　东汉人蔡伦

　　造纸术的改进　　　　　　宋代人毕升

　　活字印刷术的发明　　　　宋代人

　　火药的发明　　　　　　　隋代人

三、回答问题

　　1. 叙述纸的发明过程。

　　2. 为什么说中国古代四大发明是对世界文明的伟大贡献?

十二　中国石窟艺术

　　石窟是中国珍贵的历史遗产,是中国艺术宝库中的又一瑰宝。参观过中国石窟的人都为石窟建筑的高大宏伟、塑像的生动逼真、壁画的完美精湛而赞叹不已。

　　石窟又称石窟寺,起源于印度,是佛教①寺庙建筑的一种,一般就山崖开凿而成。最初,石窟是佛教徒坐禅②修行的地方,后来也供奉佛像。随着佛教传入中国,为了供奉佛像,石窟也相继在中国各地开凿。中国开凿石窟开始于公元4世纪,北魏到隋唐时期开凿的最多,唐代以后逐渐减少。可见,石窟艺术是一种佛教艺术,是佛教在中国传播的产物。

　　中国最著名的石窟有甘肃省的敦煌莫高窟和麦积山石窟、山西省大同的云冈石窟、河南省洛阳的龙门石窟,人称中国的"四大石窟"。

坐禅

敦煌莫高窟

　　敦煌莫高窟,俗称"千佛洞",位于甘肃省敦煌县东南,是在鸣沙山断崖上开凿的。著名的古代丝绸之路从这里通过。传说,公元366年,有个名叫乐僔的和尚来到这里,在太阳落山的时候,看见鸣沙山金光四射,他认为这是佛家圣地,就请人在山壁上开凿了一个供佛的石窟洞。后来,很多朝代都在这里开凿石窟,这样就形成了一个石窟群。据考证,历代共开凿了1000多个洞窟,目前只剩下492个了,其中大部分是隋唐时期开凿的。

敦煌莫高窟

敦煌石窟是建筑、彩塑、壁画结合为一体的艺术,中国著名学者郭沫若称它为"石室宝藏"。

　　由于鸣沙山岩石松脆,很不适合雕刻,因此这里的佛像都是泥塑的。现在,洞窟内有彩色塑像 2415 个,雕塑的佛③、菩萨④、天王⑤、力士⑥等,个个神情逼真,姿态自然,最大的佛像高达 33 米。

　　敦煌石窟最著名的是壁画。洞窟四壁绘满了金碧辉煌的彩色图画,如果把壁画一幅幅连接起来,可以排成高 5 米、长 25 公里的大画廊。壁画描绘的有佛经故事、供养人⑦像和历代人民生产劳动以及战争的场面,艺术水平很高。跟雕塑的佛像一样,这些壁画都是佛教宣传品,是供佛教徒礼拜的对象。

鹿王本生故事壁画(北魏)

　　佛经故事画中有一个《九色鹿》的故事,故事讲九色神鹿曾跳入水中救出一个快要淹死的人,但是这个落水人不但不感谢九色鹿,反而向国王告密,带领国王来捕杀九色鹿。九色鹿向国王讲述了落水人的忘恩负义,国王很生气,就下令放了九色鹿。这个落水人全身立刻长满了疮。据说,那只九色鹿就是释迦牟尼⑧的前身。

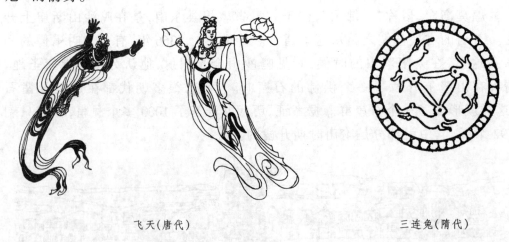

飞天(唐代)　　　　　　　　　　　　　　　三连兔(隋代)

　　壁画中最有代表性的艺术形象是"飞天"。飞天在佛教艺术中称"香音神",是个能奏乐,会飞舞,身体散发香气的美丽仙女。壁画中的飞天描绘得十分优美,她们身披飘拂的长带,在彩云间凌空飞舞,有很强的飞动感。这里的飞天多

98

极了,有人统计过,莫高窟现存的飞天共有 4500 多个,其中唐代的飞天最优美最生动。现在,飞天已成为敦煌艺术的象征。

洞窟四壁和洞顶上还画满了绚丽的彩色装饰图案,这些图案画得很精细,色彩很漂亮。在一个隋代洞窟的洞顶上有一幅"三连兔"的图案,三只兔子只有三只耳朵,构思巧妙,令人赞叹不绝。

1900 年,在敦煌石窟的一个封闭的石室中,发现了数不清的经卷、文书、画卷以及其他文物,这些东西的历史价值和艺术价值都非常高。人们叫这个石室为"藏经洞"。藏经洞的发现,震动了整个世界,国际上出现了"敦煌学"。敦煌石窟是世界上现存最大的佛教艺术宝库,敦煌艺术为研究中国古代政治、经济、历史、文化、宗教提供了丰富的形象资料。敦煌,这颗沙漠中的明珠,将会永远放射着迷人的光芒。

云冈石窟

云冈石窟位于山西省大同西郊武周山北崖,开凿于公元 5 世纪北魏时期。现存大型洞窟 53 个,大小雕像 51000 个。

云冈石窟有很多高大的佛像,由于这里的岩石坚硬,所以佛像都是雕刻的。佛像造型简朴,刻线硬直,立体感很强。其中有一座高 13 米的露天大佛,面部丰满、两肩宽厚,非常宏伟。除佛像外,洞窟里还有很多表现佛教故事的浮雕,被人们称为刻在石头上的连环图画。

龙门石窟

龙门石窟在河南省洛阳城南的龙门山,也是在北魏时开凿的,是云冈石窟

龙门石窟

的继续和发展。人们在坚硬的石壁上密密麻麻地挖凿了 2000 多个窟龛,雕刻了大小佛像 10 万多个。

卢舍那大佛(唐代)

龙门有些洞窟已经直接为帝王树碑立传、歌功颂德了。例如宾阳洞中有两块精美的《帝后礼佛图》⑨,上面雕刻的人物就是北魏的皇帝和皇后。

龙门石窟最有名的是唐代的一组露天大佛,由 17 米高的卢舍那大佛和两旁的弟子、菩萨、供养人组成。雕像艺术水平极高,仔细看,每个人物的神情、气质都不一样。那座高大的卢舍那大佛,面带微笑,温柔慈祥,人称东方的雅典娜⑩。除大佛外,在一些石壁上还布满了雕刻的小佛,有的只有手指那么大,十分有趣。

龙门石窟还保存了碑刻题记 3000 多块,它们已成为中国书法艺术的珍品。

麦积山石窟

麦积山石窟在甘肃省天水县的麦积山上,开凿于公元 4 世纪。现有洞窟 194 个,大小塑像 7000 多个。跟莫高窟一样,这里的山石也十分松脆,所以造像主要是彩色泥塑。麦积山彩塑细腻真实,与现实生活中的人十分接近,使人产生亲切感。麦积山石窟的建筑也很有特色,近 200 个石洞排列在高高的山壁上,石洞层层相叠,上下错落,非常壮观。远远望去,整座山很像一个大麦垛,"麦积山"的名字就是这么得来的。

注 释

① 〔佛教〕 世界上主要宗教之一。(详见 101 页)

"Buddhism"——one of the world's great religions. (For details, see p.101)

② 〔坐禅〕 佛教僧人的基本功。僧人坐在石窟中,静思苦想,直到觉悟成神成佛。

"sitting in meditation"——a basic practice of Buddhist monks. They sit in grottoes in deep meditation until they become aware that they are consciously united with the Buddha.

③ 〔佛〕 "佛陀"的简称,是"觉悟者"的意思。佛教称修行圆满的人为佛。

"Buddha"——the enlightened one, one who has achieved perfectness in practising Buddhism.

④ 〔菩萨〕 佛教指修行达到了一定程度、地位仅次于佛的人。一般泛指佛和某些神,也常常用来比喻心肠慈善的人。

"Bodhisattva"——a Buddist term referring to someone who has practised Buddhism to a very high degree of enlightenment, next only to Buddha. In its broad sense, it refers to Buddha or some gods. As a metaphor, it also refers to a kind-hearted person.

⑤〔天王〕 印度神话传说中的神。

"Heavenly Guardian"——a deity in Indian methology.

⑥〔力士〕 佛教中的神。

"Buddhist Warrior"——a Buddhist deity, a guard for the Buddha.

⑦〔供养人〕出钱造石窟或用供品祭祀神佛的人。

"benefactor"——one who gave financial help for building grottoes or provided sacrificial offerings to the Buddha.

⑧〔释迦牟尼〕 (约公元前 566~公元前 486 年)佛教创始人。(详见下文)

"Sakyamuni"(approx. 566—486 B.C.)(Siddhartha Gautema)——founder of Buddhism. (For details, see below)

⑨〔《帝后礼佛图》〕 宾阳洞内的浮雕。高 2 米宽 4 米,分别以北魏孝文帝和文昭皇太后为中心,组成礼佛行进队列,构图严谨,雕刻生动,是中国雕刻艺术的杰作。原作现藏于美国。

"帝后礼佛图"——name of two reliefs (2m. ×4m.)in the Binyang Cave, each showing a procession of Buddha worshippers, with Emperor Xiaowen and Empress Dowager Wenzhao of the Northern Wei Dynasty respectively at the centre. The two reliefs, well composed and lifelike, are remarkable works of Chinese sculpture. The original works are now kept in the United States.

⑩〔雅典娜〕 古希腊神话中的智慧女神。

"Athena"——the goddess of wisdom in Greek mythology.

资 料

中国的十大石窟

石窟艺术属于佛教艺术。从公元 4 世纪起,石窟艺术随着佛教在中国的流传,沿着古代丝绸之路,由印度传入中国。在以后的 1000 多年间,很多朝代都开凿石窟,在中国大地上出现了大大小小的几百处石窟艺术群。现在我们能见到的只有 120 多处了。除了我们已经介绍的甘肃敦煌莫高窟、山西大同云冈石窟、河南洛阳龙门石窟、甘肃天水麦积山石窟以外,还有 6 处石窟也很有代表性。这 6 处石窟是:河南巩县石窟、甘肃永靖县炳灵寺石窟、河北邯郸响堂山石窟、山西太原天龙山石窟、云南剑川县石钟山石窟、四川大足县大足石窟。人们习惯把这 6 个石窟连同前面介绍的 4 个石窟,合称中国的"十大石窟"。

佛 教

佛教与基督教、伊斯兰教并称世界三大宗教。佛教是公元前 6~5 世纪在古印度产生的,创始人是释迦牟尼。释迦牟尼原来是古印度北部一个王国的太子,原名叫悉达多,是释迦族人。释迦牟尼的意思是"释迦族的圣人",这是佛教徒对他的尊称。相传释迦牟尼感到人世间的生、老、病、死给人们带来无限苦恼,加上他对婆罗门贵族对古印度人民残酷统治的不满,就在29岁时放弃了富贵的生活而出家修道。他苦行了6年,在一次河中沐浴后,坐到一棵菩提树下静坐苦思,终于悟到了人生的道理,觉悟成佛。释迦牟尼在此后的45年中到印度各地口授传教,收了500多个门徒、十大弟子。释迦牟尼80岁时在两棵娑罗树间静静地死去,佛教称为"涅槃"。释迦牟尼被称为"佛","佛"的意思是"觉悟者"。

释迦牟尼死后,门徒们把他口授的教义抄在贝叶上,这就是佛经。

佛教的教义内容很多,主要是主张"众生平等",每个人都可以靠修行得道成佛。佛教认为现实生活是多苦多难的,人生充满了生老病死、轮回转世的无限苦恼,而能超出轮回转世的佛国世界是最理想的。因而,人们必须消灭欲望,进行修行,因为苦的根源在于人有欲望。佛教还鼓吹"轮回转世"、"因果报应",认为一个人的生与死,就像车轮一样轮回转动,永远不间断。如果一个人现世生活充满苦难,是因为他在前世做了坏事;而要使来世幸福,那么他一定要在现世多做好事,不做坏事,这叫"恶有恶报","善有善报"。

佛教宗派很多,主要有大乘教和小乘教两大派系。"乘"是车、船运载的意思,比喻佛教要把无数的人从苦难现实世界的此岸运载到佛国乐土的彼岸。

佛教在西汉末年由丝绸之路传入中国,从此以后,中国建起了很多寺庙和石窟。古代中国人信奉的佛教与古印度的佛教不太一样,中国人信奉的佛教是中国式的佛教,具有中国文化的特点,如儒家学派提倡的"仁"、"孝"等都进入佛教中去了。

提 示

●石窟艺术是一种宗教艺术,是佛教在中国传播的必然产物。宗教的教义是通过它的经典来传播的,这些经典抽象难懂,而绘画、雕塑这些生动具体的艺术形式,却能把抽象难懂的经典变成通俗易懂,使人容易接受的艺术形象。这就是石窟中出现如此之多的雕塑壁画的原因所在。

●石窟壁画、雕塑是一种宗教的宣传品,最初并不是单纯欣赏的艺术品。然而,宗教艺术所体现出来的高度的艺术技巧,却是一种宝贵的艺术财富,具有了艺术的欣赏价值。特别是在中国古代艺术中,佛教艺术在很长的历史时期内,成为艺术的主流,历代众多著名的画家、雕塑家都曾积极地参与了佛教艺术创作,很多作品体现了当时艺术的最高水平。

●过去,石窟艺术对当时的社会生活和人们的思想意识起过巨大的作用。今天,欣赏它,研究它,对我们了解古代社会、历史、文化、经济、宗教等各个方面的情况还是很有帮助的。虽然我们看到的是虚幻的佛国世界,但艺术家的创作基础却是当时的现实生活。总之,宗教艺术是以虚幻的形式来反映社会现实的。我们在欣赏宗教艺术时,应该有这样的认识。

词 汇

一、生词　New Word and Expressions

1. 石窟　　（名）　　shíkū　　　　　grotto
2. 瑰宝　　（名）　　guībǎo　　　　gem, treasure

3. 逼真	（形）	bīzhēn	true to life
4. 精湛	（形）	jīngzhàn	exquisite
5. 赞叹不已		zàntàn bù yǐ	praise unceasingly
6. 寺庙	（名）	sìmiào	temple
7. 山崖	（名）	shānyá	cliff
8. 开凿	（动）	kāizáo	cut
9. 教徒	（名）	jiàotú	Buddhist
10. 坐禅	（动）	zuòchán	sit in meditation
11. 修行	（动）	xiūxíng	practise Buddhism
12. 供奉	（动）	gòngfèng	enshrine and worship
13. 相继	（副）	xiāngjì	one after another
14. 断崖	（名）	duànyá	fault, scarp
15. 松脆	（形）	sōngcuì	soft and brittle
16. 姿态	（名）	zītài	posture
17. 金碧辉煌		jīn bì huīhuáng	looking splendid
18. 供养人	（名）	gōngyǎngrén	benefactor
19. 捕杀	（动）	bǔshā	catch
20. 忘恩负义		wàng ēn fù yì	ungrateful
21. 疮	（名）	chuāng	sore
22. 前身	（名）	qiánshēn	former existence
23. 奏乐	（动）	zòuyuè	play music
24. 飘拂	（动）	piāofú	stream in the air
25. 凌空飞舞		língkōng fēiwǔ	dancing in the air
26. 飞动感	（名）	fēidònggǎn	feeling of flying
27. 构思	（动、名）	gòusī	conceive, conception
28. 宗教	（名）	zōngjiào	religion
29. 简朴	（形）	jiǎnpǔ	plain and simple
30. 露天	（形、名）	lùtiān	in the open air
31. 树碑立传		shù bēi lì zhuàn	glorify
32. 歌功颂德		gē gōng sòng dé	sing praises of
33. 气质	（名）	qìzhì	makings
34. 细腻	（形）	xìnì	exquisite
35. 真实	（形）	zhēnshí	lifelike
36. 层层相叠		céngcéng xiāng dié	one higher than another
37. 错落	（动）	cuòluò	scatter here and there
38. 麦垛	（名）	màiduò	wheat stack

二、专名 Proper Names

1. 佛教	Fójiào	Buddhism

2．北魏	Běi Wèi	the Northen Wei Dynasty
3．敦煌莫高窟	Dūnhuáng Mògāokū	the Mogao Grottoes of Dunhuang
4．麦积山石窟	Màijīshān Shíkū	the Maijishan Grottoes
5．大同	Dàtóng	name of a place
6．云冈石窟	Yúngǎng Shíkū	the Yungang Grottoes
7．洛阳	Luòyáng	name of a place
8．龙门石窟	Lóngmén Shíkū	the Longmen Grottoes
9．鸣沙山	Míngshā Shān	name of a place
10．乐僔	Lèzǔn	name of a peraon
11．郭沫若	Guō Mòruò	name of a person
12．菩萨	Púsà	Bodhisattva
13．释迦牟尼	Shìjiāmùní	Sakyamuni
14．《帝后礼佛图》	《Dìhòulǐfótú》	name of a painting
15．卢舍那大佛	Lúshěnà Dàfó	the Lushena Buddha

练习题

一、填空

1．石窟艺术是一种＿＿＿＿＿＿＿艺术。中国石窟艺术起源于＿＿＿＿＿＿＿。

2．中国著名的四大石窟是＿＿＿＿＿＿＿、＿＿＿＿＿＿＿、＿＿＿＿＿＿＿和＿＿＿＿＿＿＿。

3．敦煌石窟是＿＿＿＿＿＿＿、＿＿＿＿＿＿＿、＿＿＿＿＿＿＿结合为一体的艺术，其中最著名的是＿＿＿＿＿＿＿。

4．敦煌壁画中最有代表性的艺术形象是＿＿＿＿＿＿＿，现在，她已成为敦煌艺术的象征了。

二、选择正确答案

1．中国最大的佛教石窟是哪一座？

A．麦积山石窟　　　　　　　B．龙门石窟

C．敦煌石窟　　　　　　　　D．云冈石窟

答（　　　　）

2．石窟佛像雕塑一般分泥塑和石雕两种。下面哪些石窟的佛像是以石雕为主？

A．麦积山石窟　　　　　　　B．龙门石窟

C．敦煌石窟　　　　　　　　D．云冈石窟

答（　　　　）

三、回答问题

1．简答石窟在中国出现的原因。

2．谈谈你对敦煌艺术的理解（可结合图片、电影、电视片来谈）。

104

十三 中国古代历法

历法，就是用年、月、日计算时间的方法。在古代，人们从昼夜交替中产生了"日"的概念，从月亮的圆缺变化中产生了"月"的概念，从气候的冷热变化中产生了"年"的概念。用天象变化计量时间，并用于指导当时农业生产，这就是中国古代历法产生的历史。

古代天文历法成就

历法的制定和完善，主要以天文观测为依据。中国是世界上天文学发达最早的国家之一。

中国人的祖先很早就用一种叫圭表的简单仪器测量日影的变化，定出一年的时间长度。《尚书》中就有"期三百有六旬有六日"的记载，就是说一年有 366 天，这全年的天数就是靠圭表测定的。

夏商周时期，劳动人民习惯以天上星星的位置变化来定季节，人们在黄昏时看见北斗七星的斗柄指北，就知道冬天到了；看到斗柄指东，就知道春天开始了。《诗经》中的"七月流火，九月授衣"，是农民的语言，意思是"大火"这颗星在七月黄昏时逐渐看不见了，再过两个月就要穿棉衣过冬了。人们还把天空的一部分星星分成 28 组，叫"二十八宿"[①]，根据每宿出现和消失的时刻来判断季节。我们从商代甲骨文中还能看到世界上最早的日食和月食的记载。

古代人用圭表测日影

春秋时期，人们观察到了 37 次日食。一次，人们看到一颗明亮的星扫过北斗，于是记录下来，这就是世界上关于哈雷彗星的最早记录[②]。

在两千多年的封建社会里，天文学取得了辉煌的成就，并涌现出许多杰出的天文学家。战国时期的天文学家甘德和石申编写出世界上最早的天文学著作《甘石星经》，书中记录了 800 多颗恒星的名字。东汉的张衡[③]、南北朝时的祖

张衡

郭守敬

河南古代测景台

浑仪

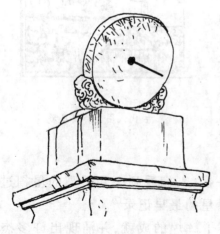

日晷

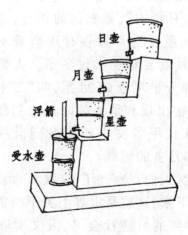

漏壶

冲之④、唐代的一行⑤、宋代的沈括⑥、元代的郭守敬⑦等天文学家,在天文观测、天文仪器制作、历法制定方面做出了重大贡献。著名的浑仪⑧和简仪⑨是中国古代测天仪器的杰作,日晷⑩、漏壶⑪和水运仪象台⑫是中国古代计量时间的重要仪器。

中国古代历法的成就相当高,曾出现过近百种历法,其中夏代的历法出现得最早,后代人称作"夏历"。春秋以后的许多历法都以 365.25 日为一年。到了元代,郭守敬创造了《授时历》,一年的天数是 365.2425 日,这个数值是当时世界上最精确的,和地球绕太阳 1 周的时间只相差 26 秒,和现在通用的公历相同,但是《授时历》比公历早了 300 多年。

农 历

现在世界上主要有三种历法:阴历、阳历、阴阳历。

阴历,这是世界上最古老的历法。阴历以月亮绕地球一周的时间(29 天 12 小时 44 分 03 秒)为一个月,同太阳运动⑬没有任何关系,所以它不能反映季节寒暑变化。

阳历,以地球绕太阳一周(365 天 5 小时 48 分 46 秒)为一年,同月亮运动没有任何关系,它能反映季节寒暑变化,但不能反映月亮的圆缺变化。现在世界通用的公历就是阳历。

阴阳历,这是一种阴阳合历,这种历法同时考虑太阳运动和月亮运动,增加闰月⑭调节阴历和阳历的年长度。

中国人现在还在使用的农历实际上是一种阴阳历,由于它便于农业生产,所以从古到今一直使用。农历以月亮绕地球一周为 1 个月,平年大月 30 天,小月 29 天,1 年分 12 个月,共 354 天或 355 天。由于一年比地球绕太阳一周的实际时间少 11 天,就采用加闰月的办法,3 年加 1 个闰月,5 年加 2 个闰月,19 年加 7 个闰月。有闰月的年份,1 年 383 天或 384 天。这样,19 年的年平均长度就和阳历每年的长度差不多了。

日历

农历的特点是,既能表示月亮的圆缺变化,又能表示季节的寒暑变化。

农历还有一个特点,就是运用了"二十四节气"和干支纪年。

二十四节气

中国古代农民在农业生产中逐步认识了太阳和月亮的运动规律,他们根据日月运动和气候变化、植物生长现象的关系,把一年分成 24 等份,并给每等份取名,这就是"二十四节气"。二十四节气产生在战国时期。二十四节气实际上是地球绕太阳运行轨道上的 24 个不同的位置,地球绕太阳一周为 360 度,每隔 15 度就是一个节气,两个节气相隔 15 天,每个月有两个节气,一年就是 24 个节气了。

它们的名称和顺序是:

立春、雨水、惊蛰、春分、清明、谷雨、立夏、小满、芒种、夏至、小暑、大暑、立秋、处暑、白露、秋分、寒露、霜降、立冬、小雪、大雪、冬至、小寒、大寒

二十四节气能表明气候变化和农事季节,在农业生产上有重要意义。

二十四节气的名称,有的表示季节变化,有的表示气温变化,有的表示降水降雪情况,有的说明作物生长情况。可以看出,二十四节气和农业生产的关系是多么密切。俗话说"种田看节气",

农民一向按节气安排农活

两千年来,中国农民都按照二十四节气来安排农活。这也是农历一直保留至今的原因。把和农业生产有密切关系的二十四节气放在历法中,是中国古代劳动人民的杰出创造,也是农历的一个十分优越的地方。

注 释

① 〔二十八宿〕 中国古代天文学家把天上见到的部分恒星分成 28 组,叫二十八宿。东西南北四方各七宿,分别叫东方苍龙、西方白虎、南方朱雀、北方玄武。

"twenty-eight constellations"——Ancient Chinese astronomers divided part of the stars they could see in the night sky into twenty-eight groups, each of which was called a *xiu*(宿), i.e., a constellation. The twenty-eight constellations were divided into four groups in four directions. They were named Blue Dragon in the East, White Tiger in the West, Scarlet Bird in the South and Black Tortoise in the North.

② 〔哈雷彗星的最早记录〕 见《春秋》一书的记载。书中记有"鲁文公十四年秋七月,有星孛于北斗。"这颗星就是哈雷彗星。那年是公元前 613 年。

"the earliest record of Halley's Comet"——In the book "春秋" there is the record that in the seventh month of the 14th year in the reign of King Wen Gong of the State of Lu(613B.C.), a new bright star could be seen in the Big Dipper. The star was later confirmed to be Halley's Comet.

③ 〔张衡〕 (公元 78～139 年)东汉著名天文学家。精通天文历法,创造了用水力转动的

浑象和测量地震的地动仪。

"Zhang Heng"(A.D. 78—139)——a famous astronomer of the Western Han Dynasty and an expert in calendar making. He invented a waterpower celestial globe and a fairly sensitive instrument for detecting earthquakes.

④〔祖冲之〕（公元429~500年）南北朝时期著名数学家和天文学家。他首次把圆周率准确地推算到小数点后七位。他精通天文历法，并制出比较精确的《大明历》。

"Zu Chongzhi"(A.D. 429—500)——a famous mathematician and astronomer during the period of the Northern and Southern Dynasties. He was the first to calculate the ratio of the circumference of a circle to its diameter to the seventh digit after the decimal point. He was also an expert in calendar making and worked out a fairly accurate calender——the Daming Calendar.

⑤〔一行〕唐代天文学家。曾经制定历法《大衍历》。发起并主持了世界上第一次地球子午线的测量工作，为测量地球的大小提供了科学依据。

"Yixing"——an astronomer and calendar maker of the Tang Dynasty, who worked out the Dayan Calendar. He initiated and led the world's first survey of the meridian, which provided scientific data for measuring the size of the earth.

⑥〔沈括〕（公元1031~1095年）北宋著名科学家。在天文、物理、数学、地质和医药等方面，都取得了很大的成就。他写出了著名的科学著作《梦溪笔谈》。

"Shen Kuo"(A.D. 1031—1095)——a famous scientist of the Northern Song Dynasty who made great achievements in astronomy, physics, mathematics, geology and medicine. He was the author of the famous scientific work"梦溪笔谈".

⑦〔郭守敬〕（公元1231~1316年）元代著名天文学家。数学家、水利学家、机械制造家。（详见111页）

"Guo Shoujing"(A.D. 1231—1316)——a famous scientist of the Yuan Dynasty who achieved great success in astronomy, mathematics, water conservancy and mechanical manufacturing. (For details, see p.111)

⑧〔浑仪〕中国古代测量天体位置的仪器。东汉张衡曾对浑仪进行过重大改进。

"armillary sphere"——an astronomical instrument used in ancient China for determining the positions of celestial bodies. Zhang Heng, an astronomer of the Eastern Han Dynasty made great improvements in the armillary sphere.

⑨〔简仪〕元代郭守敬在简化浑仪的基础上，创造的一种天文仪器，用来测量天体的位置。简仪观测天体比浑仪更加方便。

"simplified armilla"——an astronomical instrument used to determine the positions of celestial bodies. It was an invention by Guo Shoujing on the basis of simplifying the armillary sphere. The simplified version was more convenient for astronomical observations.

⑩〔日晷〕中国古代计时装置，也叫日规。一般是在有刻度的圆盘中央安装一根与盘垂直的金属棍儿，利用太阳投射的影子来测定时间。

"sundial"——an instrument used by ancient Chinese to tell the time. The majority of sundials indicate the time by the position of the shadow of a metal gnomon cast by the sun on the marked face of a dial. The gnomon is perpendicular to the face of the dial.

⑪ 〔漏壶〕 古代计时器,也叫滴漏。用铜制成,分播水壶和受水壶两部分。受水壶里有立箭,上面有 100 刻度,立箭随播水壶滴入的水上升,露出刻度,显示时间。

"clepsydra"——an ancient instrument for measuring time. It consists of two vessels made of copper. The upper one, the water releaser, allows water to drip at a constant rate (through a small opening at the bottom) into the lower vessel, the water receiver. The elapsed time is measured by the amount of water in this vessel using a float as a gauge. The float goes up with the rise of water and indicates time against a graduated scale.

⑫ 〔水运仪象台〕 宋代天文仪器的杰作。具有演示、观测天象和计时、报时等多种功能。

"hydraulic observatory"——an outstanding astronomical instrument of the Song Dynasty used to demonstrate and observe the motions of planets and stars and to measure time.

⑬ 〔太阳运动〕 即太阳视运动。从地球上看太阳,太阳在作回归运动。

"the motion of the sun"——referring to the apparent motion of the sun. As observed on the earth, the sun travels in a recurrent annual cycle.

⑭ 〔闰月〕 历法中增加的一个月。闰月加在某月之后,就叫"闰某月"。

"intercalary month"——in lunar calendar the extra month added after a certain month to make the calendar correspond to the solar year.

资　料

干 支 纪 年

农历用干支来纪年。干支是"天干"和"地支"的合称。甲、乙、丙、丁、戊、己、庚、辛、壬、癸 10 个字叫做"天干";子、丑、寅、卯、辰、巳、午、未、申、酉、戌、亥 12 个字叫做"地支"。把一个天干和一个地支相配,天干在前,地支在后,可以配成 60 组,代表 60 年,称为一个"甲子"或"花甲子",如:甲子、乙丑、丙寅……第一个甲子配完后,又重新配第二个"甲子"。农历就是用"甲子"循环来纪年的。如 1935 年是农历乙亥年,60 年后的 1995 年就又是乙亥年了。

中国古代,把一天分成 12 个时辰,每个时辰用一个地支来表示。例如,23 点到 1 点叫子时,1 点到 3 点叫丑时,3 点到 5 点叫寅时……

有意思的是,古时候的人把 12 个地支与 12 种动物联系在一起,用来记人的出生年,这 12 种动物就是十二生肖,即子鼠、丑牛、寅虎、卯兔、辰龙、巳蛇、午马、未羊、申猴、酉鸡、戌狗、亥猪。如子年生的人属鼠、丑年生的人属牛等。用可爱的动物来记人的出生年,便于记住,所以至今还在使用。

二十四节气一览表

四季	农历月序	节 气	公历常见日期	传 统 含 义
春	正 月	立 春	2月4、5日	春天开始,天气开始变暖
		雨 水	2月18、19日	开始降雨
	二 月	惊 蛰	3月5、6日	开始响雷,冬眠动物开始活动
		春 分	3月20、21日	春季的中间,昼夜平分
	三 月	清 明	4月4、5日	温暖,天气清和明朗
		谷 雨	4月20、21日	降雨量增多,对谷物生长有利
夏	四 月	立 夏	5月5、6日	夏季开始,气温增高
		小 满	5月21、22日	小麦等夏熟作物子粒逐渐饱满
	五 月	芒 种	6月5、6日	麦类等有芒作物成熟
		夏 至	6月21、22日	夏天到。此时,白天最长,夜晚最短
	六 月	小 暑	7月7、8日	天气开始炎热
		大 暑	7月22、23日	一年中最热的时节
秋	七 月	立 秋	8月7、8日	秋季开始,气温逐渐下降
		处 暑	8月23、24日	炎热即将过去
	八 月	白 露	9月7、8日	夜里轻凉,出现露水
		秋 分	9月23、24日	秋季的中间,昼夜平分
	九 月	寒 露	10月8、9日	气温明显降低,夜间露水较凉
		霜 降	10月23、24日	开始降露
冬	十 月	立 冬	11月7、8日	冬季开始,天气开始变冷
		小 雪	11月22、23日	开始降雪
	十一月	大 雪	12月7、8日	降雪较大
		冬 至	12月21、22日	进入"数九"寒冬。此时,白天最短,夜晚最长
	腊 月	小 寒	1月5、6日	气候比较寒冷
		大 寒	1月20、21日	一年中最冷的时节

郭 守 敬

　　郭守敬(1231～1316年),元代邢台(今河北邢台)人。他在天文、数学、水利等方面都有重大成就,其中在天文方面贡献最大。

　　1281年,郭守敬制定完成了《授时历》。《授时历》以365.2425天为一年,比地球围绕太阳一周的时间只差 26 秒,和现在世界上通用的《格列高利历》(阳历)相同。郭守敬的《授时历》于 1281 年 1 月 1 日就开始应用,比欧洲各国 1582 年才开始应用《格列高利历》要早 300 多年。

郭守敬还是天文仪器制造家和观测家。著名的北京古代天文观象台,就是他在 1276 年开始建造的。他曾经制造了 13 种天文仪器,这些仪器使用方便,观测准确。他还改进了前代的浑仪,制造出使用方便的简仪,他用简仪测量二十八宿及其他一些恒星的位置,误差很小。现在南京紫金山天文台能看到郭守敬制造的简仪,不过,这只简仪是明代的复制品,真简仪已在清代被外国人熔化掉了。郭守敬还发起过测量全国各地纬度的大规模活动,共测了 27 个地方。

郭守敬对平面三角和球面三角有精深的研究。他还精通水利,京杭大运河的最后一段,就是他组织完工的。

郭守敬的主要著作有《推步》、《立成》、《历议拟稿》等,一共 14 种,105 卷。

提 示

●天文学与人类的生产、生活密切相关,是各门自然科学中最早出现的一门科学。历法的制定与完善,必须以天文观测为依据,没有天文学就不会产生科学的历法。

●在奴隶社会和封建社会的古代中国,天文和历法成就辉煌,这些成就使古代中国在天文历法方面一直走在世界的前列,这是对世界文明的一个伟大贡献。

●农历是农业实践的产物,它出现在号称农业大国的中国是很必然的。农历是中国古代以农耕为主的劳动人民的杰出创造,集中显示了中国劳动人民的聪明智慧。农历中的二十四节气具有独创性,是世界上任何一种历法所不具备的,它在农业和日常生活方面的实用性也是任何历法所不能相比的。

词 汇

一、生词　New Words and Expressions

1. 昼夜	(名)	zhòuyè	day and night
2. 交替	(动)	jiāotì	alternate
3. 概念	(名)	gàiniàn	concept
4. 计量	(动)	jìliáng	measure
5. 完善	(动)	wánshàn	perfect
6. 依据	(动)	yījù	base on
7. 圭表	(名)	guībiǎo	an ancient Chinese sundial
8. 测定	(动)	cèdìng	determine
9. 斗柄	(名)	dǒubǐng	the handle of the Dipper
10. 判断	(动)	pànduàn	determine
11. 观察	(动)	guānchá	observe, watch
12. 日食	(名)	rìshí	solar eclipse

112

13. 月食	（名）	yuèshí	lunar eclipse
14. 涌现	（动）	yǒngxiàn	emerge
15. 恒星	（名）	héngxīng	(fixed) star
16. 观测	（动）	guāncè	observe
17. 浑仪	（名）	húnyí	armillary sphere
18. 日晷	（名）	rìguǐ	sundial
19. 漏壶	（名）	lòuhú	clepsydra
20. 数值	（名）	shùzhí	figure, number
21. 圆缺	（形）	yuánquē	phases(of the moon)
22. 纪年	（动）	jìnián	designate the years
23. 闰月	（名）	rùnyuè	intercalary month
24. 调节	（动）	tiáojié	regulate
25. 逐步	（副）	zhúbù	gradually
26. 规律	（名）	guīlǜ	law
27. 惊蛰	（名）	jīngzhé	the Wakening of Insects(the 3rd solar term)
28. 露	（名）	lù	dew
29. 霜	（名）	shuāng	frost
30. 优越	（形）	yōuyuè	superior

二、专名　Proper Names

1. 夏代	Xiàdài	the Xia Dynasty
2. 甘德	Gān Dé	name of a person
3. 石申	Shí Shēn	name of a person
4.《甘石星经》	《Gān Shí Xīngjīng》	name of a book
5. 张衡	Zhāng Héng	name of a person
6. 南北朝	Nánběicháo	the Northern and Southern Dynasties
7. 祖冲之	Zǔ Chōngzhī	name of a person
8. 沈括	Shěn kuò	name of a person
9. 郭守敬	Guō Shǒujìng	name of a person
10.《授时历》	《Shòushílì》	name of an ancient Chinese calendar
11. 一行	Yīxíng	name of a person

练习题

一、填空

1. 历法的制定和完善，主要以_____为依据。

2. 中国古代有近百种历法，其中最早的历法产生在_____代，这种历法叫_____。

3. 中国_____代天文学家_____创造的《授时历》，每年的天数是_____日，和现在通用的公历的天数相同。

4．把_____放在农历中，是农历的一个十分优越的地方。

二、名词解释

二十四节气

三、选择正确答案

下面哪种说法是错误的？

A．公历是一种阳历。

B．农历是一种阴历。

C．公历能反映季节寒暑变化，但不能反映月亮圆缺变化。

D．农历能反映季节寒暑变化，也能反映月亮圆缺变化。

答（　　）

四、回答问题

二十四节气在农业生产上有什么重要意义？

十四　民间传统节日（一）

中国民间传统节日很多，其中较大的节日有春节、元宵节、端午节、中秋节等。这些传统节日多数起源于农事活动，具有鲜明的农业文化特色。

春　节

春节，也就是农历新年，是民间最古老最隆重的传统节日。中国人把过春节叫"过年"。中国人过春节，已有 3000 多年的历史了。据说，春节很可能起源于商代的"腊祭"①。"腊"是古代一种祭祀的名称，这是劳动人民辛勤耕作，喜获丰收，到年底举行的一种对天神、地神和祖先的答谢祭。祭礼时，人们欢快起舞，气氛非常热烈。

中国古时候，没有"春节"这个名称，人们把农历一年的第一天叫做"元旦"或"元日"。1911 年辛亥革命之后，中国采用了公历（阳历）纪年，称公历 1 月 1 日为元旦，这样，就把处在"立春"这个节气前后的农历新年改称春节了，民间俗称"大年初一"。

商代腊祭

春节在中国民间是非常热闹的，有很多有趣的习俗。

为了迎接这个节日，家家户户常在春节前的很多天就开始做过年的准备工作，如进行卫生大扫除，贴春联、年画和窗花，购买和制作丰美的食品等等，人们都忙极了。在中国北方民间流传着这样一首歌谣："腊月二十三糖瓜粘，腊月二十四扫房日，腊月二十五磨豆腐，腊月二十六炖大肉，腊月二十七宰公鸡，腊月二十八白面发，腊月二十九贴门口（贴春联），三十儿晚上熬一宿，大年初一拜亲友。"这首歌谣形象地反映了民间过年的热闹情景。

春节是全家团聚的日子。春节前一天的晚上叫"除夕"，这是除旧布新的意思，在这一年的最后时刻，一家人要团聚在家中，吃一顿年夜饭，说说笑笑，尽情欢乐。很多人整夜不睡觉，等候新年的到来，这种习俗叫"守岁"。守岁的传统说明了中国人对时间的珍惜。除夕，孩子们还会得到长辈们的压岁钱。压岁钱

春 联

用红纸包好，放在孩子的枕头底下，孩子清晨醒来，自然是一阵狂喜。长辈越多，孩子得到的压岁钱就越多。除夕零点，也就是子时，人们要吃除夕晚上包好的饺子，这是取"更岁交子"的意思，"交子"就是旧的一年的子时与新的一年的子时相交的时刻。"饺子"的名称就是由此得来的。"爆竹一声辞旧岁"。除夕夜最盛行的活动是放鞭炮，放鞭炮是为了驱散邪魔，祈求全年吉祥。到了子时时刻，全国的农村、城市鞭炮齐鸣，烟花腾飞，巨大的声浪震耳欲聋，景象十分壮观。近年来，除夕的夜晚，家家户户都要看电视播映的北京春节文艺联欢晚会，这场晚会长达五六个小时，节目精彩纷呈，非常受人欢迎。现在，春节联欢晚会已成为除夕的一项重要内容。

春节的早晨，人们都穿上漂亮的新衣，走亲访友，相互拜年，说些"过年好！"、"恭喜发财！"一类的吉利话。亲朋好友利用这个机会欢聚叙谈，加深感情和友谊。近年来，出现了一种集体拜年的活动，叫"团拜"，团拜可以节省很多时间，所以很盛行。现在，有越来越多的人喜欢打电话拜年，这就更省时间了。

除夕包饺子

春节的拜年和欢庆活动要持续半个月，到了正月十五那天，又形成一个欢庆的高潮，那就是欢度元宵节。

元 宵 节

元宵节是在农历正月十五日，古代把这一天叫"上元节"②，"宵"是夜晚的意思，于是就有了"元宵节"这个名称。元宵节是农历年的第一个月圆之夜，人们有赏灯和吃元宵的习惯。民间俗语说："三十儿的火，十五的灯"、"正月十五闹元宵"，因此，元宵节又叫"灯节"。

元宵节早在西汉时期就有了，这个节日已经存在了 2000 多年。元宵节赏灯始于1900多年前的东汉明帝③时期，明帝提倡佛教，他听说佛教有正月十五日僧人观佛舍利④，点灯敬佛的做法，就命令这一天夜晚在皇宫和寺庙里点灯敬佛,从此元宵节就有了赏灯活动。到了唐代,赏灯活动更加兴盛,皇宫里、街道上处处挂灯,还要建立高大的灯轮、灯楼和灯树,据记载有的灯轮高20丈,上面挂着5万盏灯。唐代赏灯活动要进行3天。宋代更重视元宵节,赏灯活动更加热闹,赏灯活动要进行5天,灯的样式也更丰富。明代要连续赏灯10天,这是中国最长的灯节了。清代赏灯活动虽然只有3天,但是赏灯活动规模很大,盛况空前。

宋代元宵节

　　自古至今,每到元宵节的晚上,人们就纷纷走上街头赏灯、猜灯谜、放焰火、放鞭炮,尽情欢乐。街上的彩灯多极了,有宫灯、走马灯、花卉灯、飞禽走兽灯、历史人物灯、神话故事灯……彩灯群集,争奇斗艳,非常好看。近年来,东北等寒冷地区出现了一种冰灯,每逢元宵节都要举行冰灯制作比赛。

　　元宵节,中国很多地方有耍龙灯的习俗。龙灯又叫龙舞,是中国传统的民间舞蹈。玩耍时,许多人手举一条纸龙或布龙,在锣鼓乐曲中集体起舞。在这欢乐的夜晚,民间还常常有耍狮子、踩高跷、跑旱船、扭秧歌等娱乐活动。

　　元宵节,家家户户要吃"元宵"。元宵是一种外面是米粉,里面夹有糖馅儿或肉馅儿的圆形食物,可以用水煮,也可以用油炸。起初,人们把这种食物叫"浮圆子",后来又叫"汤团"或"汤圆",这些名称与"团圆"字音相近,取团圆之意。台湾民歌《卖汤圆》唱道:"一碗汤圆满又满,吃了汤圆好团圆。"汤圆是在元宵节吃,所以后来人们就把汤圆叫元宵了。现在,"元宵"这个词有两个意思,它既是一个节日的名称,又是一种食物的名称。

注　释

① 〔腊祭〕 古代一种欢庆丰收,答谢天地神和祖先的祭礼活动,始于商代。这种活动在农历十二月进行,所以称十二月为农历"腊月"。

　　"腊祭"(*laji*)——the ancient practice of rejoicing over a bumper harvest and offering sacrifices to gods and ancestors in the twelfth month of the lunar year, hence the twelfth month was named 腊月 (*Layue*). The practice began in the Shang Dynasty.

② 〔上元节〕 中国古代称农历正月十五日为上元节,七月十五日为中元节,十月十五日为

117

下元节。

"the Upper-Yuan Festival"——In ancient China, the fifteenth day of the first lunar month was observed as the Upper-Yuan Festival, the fifteenth day of the seventh lunar month as the Mid-Yuan Festival, and the fifteenth day of the tenth lunar month as the Lower-Yuan Festival.

③〔东汉明帝〕（公元28～75年）姓刘名庄，东汉皇帝。他是正式承认佛教地位的中国第一位封建帝王。

"Emperor Ming of the Eastern Han Dynasty"（A.D. 28—75）—— Liu Zhuang, an emperor of the Eastern Han Dynasty. He was the first feudal monarch who officially recognized Buddhism as an approved religion in China.

④〔舍利〕（梵语 śarīra）也叫舍利子。佛教称佛祖释迦牟尼遗体火化后结成珠状的东西，后来也指德行较高的和尚死后烧剩的骨头。

"Buddhist Relic"——"śarīra" in Sanskrit, a Buddhist term originally referring to the pearl-shaped relics from the ashes of Sakyamuni, the founder of Buddhism, later also referring to the remnant bones of the bodies of respectable monks after being cremated.

资　料

"年"的传说

春节是中国的农历新年，俗称"过年"。

关于"年"，传说它本来是一种头上长角的凶恶的怪兽，每到冬天快过去，春天快来的时候，"年"就跑出来掠夺食物，吞食人民。后来，人们发现，"年"害怕红色、火光和声响。于是，一到冬去春来的时候，人们就贴红纸写成的春联，烧起熊熊的篝火，并把一节节的竹子投进火中，让竹子发出"劈劈啪啪"的爆裂声，把"年"吓跑。"年"跑了以后，人们就高高兴兴地互相祝贺，呼喊"过年好！"，还拿出丰美的食物在一起吃。这样，一年又一年，就形成了一个欢乐的节日，叫"过年"。

其实，"年"起源于跟农业生产有关的"腊祭"。商代甲骨文中就有"年"这个字，它的写法很像一棵有穗的谷物，下面是一个人，表示人在收获成熟的谷物。因为谷物是一年一熟，所以从西周开始，就用"年"字来纪年纪岁了。在《诗经》中，我们能看到西周在一年新旧交替时举行庆祝活动的情况，这就是"过年"。

春　联

每到春节，千家万户都爱在家门口贴上红色的春联，用来表达对新的一年最美好的祝愿，同时也用来烘托喜气洋洋的节日气氛。

1000多年前的五代时期，出现了一幅春联，共10个字："新年纳余庆，嘉节号长春"，这是中国最早的一幅春联。从那时起，春联就在中国广泛流传开来。现在，春联已成为中国人喜闻乐见的一种形式了。

春联,也叫对联,俗称"对子",它是中国的一种文字游戏。写春联并不是一件简单的事,它要求字句对偶,音韵有平仄,还讲究诗情画意。如今,写春联已十分普遍,所以要求也放宽了。写春联要用毛笔和墨在红纸上竖着写,贴时,上联贴在门的左边,下联贴在门的右边。

　　下面介绍几幅新春联,供欣赏和使用。

爆竹声声脆　　　　　　东风迎新岁
梅花朵朵红　　　　　　瑞雪兆丰年

勤劳家家富　　　　　　天增岁月人增寿
节俭年年丰　　　　　　春满人间福满门

春风春雨春色　　　　　山青水秀风光日日丽
新年新岁新景　　　　　人寿年丰喜事年年增

人寿年丰家家乐　　　　九州春色闹百花争艳
国泰民安处处春　　　　四化宏图展万马奔腾

词　汇

一、生词　New Words and Expressions

1. 鲜明	(形)	xiānmíng	distinct
2. 隆重	(形)	lóngzhòng	grand
3. 腊祭	(名)	làjì	offer sacrifices to gods and ancestors in the twelfth month of the lunar year
4. 祭祀	(动)	jìsì	offter sacrifices to gods or ancestors
5. 扫除	(动)	sǎochú	cleaning
6. 春联	(名)	chūnlián	Spring Festival couplets
7. 窗花	(名)	chuānghuā	paper-cut for window decoration
8. 歌谣	(名)	gēyáo	folk rhyme
9. 粘	(动)	zhān	stick
10. 炖	(动)	dùn	stew
11. 宰	(动)	zǎi	kill animals for food
12. 熬一宿		áo yì xiǔ	stay up all night
13. 除夕	(名)	chúxī	New Year's Eve
14. 除旧布新		chú jiù bù xīn	get rid of the old to make way for the new
15. 团聚	(动)	tuánjù	reunite
16. 守岁	(动)	shǒusuì	stay up all night on New Year's Eve
17. 珍惜	(动)	zhēnxī	value

18. 狂喜	（动）	kuángxǐ	be wild with joy
19. 辞	（动）	cí	bid farewell to
20. 驱散	（动）	qūsàn	dispel
21. 邪魔	（名）	xiémó	evil spirit, demon
22. 震耳欲聋		zhèn ěr yù lóng	deafening
23. 播映	（动）	bōyìng	broadcast
24. 精彩纷呈		jīngcǎi fēn chéng	wonderful
25. 叙谈	（动）	xùtán	chat
26. 舍利	（名）	shèlì	Buddhist relic
27. 盏	（量）	zhǎn	a classifier for "灯"
28. 盛况	（名）	shèngkuàng	grand occasion
29. 空前	（形）	kōngqián	exceptional
30. 焰火	（名）	yànhuǒ	fireworks
31. 花卉	（名）	huāhuì	flowers and plants
32. 争奇斗艳		zhēng qí dòu yàn	spectacular
33. 玩耍	（动）	wánshuǎ	play
34. 踩高跷		cǎi gāoqiāo	walk on stilts
35. 跑旱船		pǎo hànchuán	land-boat dance
36. 扭秧歌		niǔ yāngge	do the *yangko*, a popular rural folk dance
37. 馅儿	（名）	xiànr	filling, stuffing

二、专名　Proper Names

1. 辛亥革命	Xīnhài Gémìng	the Revolution of 1911 in China
2. 明帝	Míngdì	Emperor Ming, an emperor of the Eastern Han Dynasty

练习题

一、填空

1. 春节是农历的_____,春节在中国已有_____多年的历史了。据考证,春节很可能起源于商代的_____。

2. 春节前一天的晚上叫_____,在这个时候,中国人有_____和_____的习俗。

3. 元宵节是农历的_____,元宵节又称_____。这一天晚上人们主要有_____和_____的习俗。

二、名词解释

1. 腊祭

2. 守岁

120

三、选择正确答案

下面哪种说法是错误的？

A．春节是中国农业特色最浓厚的节日。

B．拜年是春节的一项重要活动。

C．元宵节赏灯风俗跟佛教有关。

D．元宵节人们一定要吃饺子。

答（　　）

四、回答问题

中国人欢度春节主要有哪些习俗？

十五 民间传统节日(二)

端 午 节

每年农历五月初五,是中国民间又一个古老的传统节日,称为端午节,俗称"五月节"。传说端午节是为纪念中国古代一位有名的爱国诗人屈原而形成的,所以又叫"诗人节"。

屈原投江

明代龙舟赛

屈原生活在战国末期的楚国,当过楚国的左徒①、三闾大夫②。他主张联合其他国家共同抵抗强大的秦国。可是楚王却听信了亲秦派的坏话,不但不采纳屈原的正确主张,反而两次把屈原放逐。后来,秦军占领了楚国的都城——郢城,屈原非常痛心,悲愤地投进汨罗江自杀了。

屈原投江的时候,是公元前278年农历五月初五。当时,老百姓很崇拜屈原的爱国精神,更同情他的遭遇,听说他跳江了,就马上划着船去抢救他。后来,每到五月初五就举行划船比赛,用来纪念屈原。这种划船比赛慢慢又变成赛龙舟活动,现在赛龙舟已成为国际体育运动项目了。赛龙舟是抢救屈原的一种象征性表演,表达了当时人们抢救屈原的急迫心情。

端午节,人们喜欢吃粽子。粽子是一种甜美清香的民间食品,用竹叶或苇叶把糯米包住,扎成三角形、四角形或其他形状,用线绳扎紧煮食。包粽子也来自中国人民对屈原的崇敬和爱戴。屈原投江以后，人们没有打捞到屈原，为了不让鱼虾损伤屈原的尸体，人们纷纷用竹筒装米扔到江里喂鱼虾，这就是最初的粽子"筒粽"的由来。后来，人们用竹叶或苇叶代替竹筒，就慢慢变成今天我们吃的粽子，粽子也不再投入江中，而成为一种传统的节日食品了。

中　秋　节

　　农历八月十五日是中秋节，因为这个节日在秋季正中而得名。在古代，中秋节与春节、端午节被列为三大节日。中秋节是一个非常美好的节日，"月到中秋分外明"，这一天的晚上，往往全家人围坐在一起赏月，吃月饼和水果，话说关于月亮的神话故事。

　　在民间，有很多关于月亮的优美神话，其中，"嫦娥奔月"的故事流传最广。传说远古时怒射九日的羿得到一种"长生不死药"，没想到药被他的妻子嫦娥偷吃了。吃过药后，嫦娥就身不由己地飘了起来，穿过云霄直向月亮飞去。嫦娥住进了月亮上的一座美丽的宫殿——广寒宫，成了广寒宫的主人。传说在月亮中陪伴嫦娥的还有一只玉兔。中秋之夜，天空晴朗，月亮又圆又亮，此时观赏月亮，会看到那只兔子在一棵桂树下正给嫦娥捣药的情景。

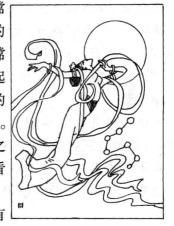

嫦娥奔月

　　中秋节历史十分悠久，据古书记载，周代就有拜月的活动，这种活动实际上是一种祈求农业丰收的仪式。后来，中国的皇帝也在这月亮最圆最亮的时候祭月拜月，表达五谷丰登、人寿年丰的美好愿望。在祭月的同时也就产生了赏月的风俗，后来就渐渐成为民间的节日了。

玉兔捣药

　　中秋节吃月饼的风俗早在唐代就有，到了明代和清代就遍及全国了。月饼是仿照圆月的形状制作的，里面有馅，又甜又香，非常好吃。圆圆的月饼也有"团圆"的意思。现在月饼的品种很多，上面模印的花纹也非常精美，月饼是中国人十分喜爱的传统糕点。

　　在中国人的心目中，月亮是美好、团圆的象征。"每逢佳节倍思亲"，千百年来，有多少远离家乡的游子在中秋之夜对月吟诵唐代大诗人李白[③]的诗句："床前明月光，疑是地上霜。举头望明月，低头思故乡。"中国人对未来美好的生活总是充满希望的，他们更喜爱宋代诗人苏轼④的词句："但愿人长久，千里共婵娟。"⑤

其他传统节日

清明节

清明节在每年公历4月4日或5日，它既是农历的二十四节气之一，又是民间的传统节日。

自古以来，中国人就有清明扫墓的风俗，以表示对祖先和亲人的深切怀念。过去，中国人死后基本上用土葬，堆有坟墓。每年清明，亲人们就去看望，给坟墓加些新土，整理一下坟前的草木，并供奉食物。这就是扫墓，俗称"上坟"。现在每到清明节，除了为亲人、朋友扫墓以外，还有成千上万的人去烈士陵园为革命烈士扫墓，表达对烈士们的怀念。

清明时节，春暖花开，地上长出青草，人们喜欢去郊外游玩，观赏春天的风景，古时叫"踏青"，所以清明节又叫"踏青节"。古代，人们踏青时，常常有野餐、拔河、放风筝、踢足球、采花草等娱乐活动。

重阳节

农历九月九日是重阳节，又叫"重九节"。这一天，人们有登高饮菊花酒的习惯，有的地方还要吃"重阳糕"。

重阳节也是一个古老的节日。传说，东汉时有人在九月九日带上茱萸（一种有香味的植物）和菊花酒登高山，因此免除了灾难。这大概就是重阳节的来历。

重阳佳节，秋高气爽，登高远望，吃重阳糕，喝菊花酒，是会叫人心旷神怡的。

现在，重阳节已成为中国的"老人节"。

腊八节

农历十二月初八是"腊八节"，也叫"成道节"。每到这一天，各家各户总要吃一顿香甜可口的"腊八粥"。为什么要喝腊八粥呢？相传佛教创始人释迦牟尼成佛以前曾到各地游学，有一天，他来到一个荒凉的地方，又饿又渴，昏倒在荒野里。这时正好有一位牧羊姑娘来到这里，姑娘把自己带来的黏米粥给他喝了，释迦牟尼很快恢复了体力。后来，他坐在一棵菩提树下沉思，终于在十二月八日这一天得道成佛。中国佛教徒要在这一天集会诵经，还要用黏米、豆子和果子煮粥供佛。因为农历十二月是腊月，所以这种粥就叫腊八粥。可见，腊八节是受佛教影响形成的一个节日。

124

① 〔左徒〕官名。战国时楚国设置。参与议论国事、发布号令、接待宾客的一种官职。

"*zuotu*"——an official of the State of Chu in the Warring States Period, who participated in the deliberation of state affairs, issued orders and received guests.

② 〔三闾大夫〕官名。战国时专门掌管王族中势力最大的昭、屈、景三姓子弟教育的一种官职。

"*sanlü dafu*"——a senior official in the Warring States Period, who was in charge of the education for the children of the three most powerful families of the royal lineage, the Zhaos, Qus and Jings.

③ 〔李白〕（公元 701~762 年）字太白。唐代大诗人。（详见 179 页）

"Li Bai" (A.D. 701—762)——a great poet of the Tang Dynasty, also named Li Taibai. (For details, see p.179)

④ 〔苏轼〕（公元 1036~1101 年）北宋文学家、画家、书法家。在文学方面，擅长散文和诗词。

"Su Shi" (A.D. 1036—1101)——a man of letters, painter and calligrapher of the Northern Song Dynasty. He was good at prose and poetry writing.

⑤ 〔但愿人长久，千里共婵娟〕苏轼所作的诗词《水调歌头·明月几时有》中的最后一句。婵娟指月亮。这句诗词，表达了诗人祝愿人们彼此长寿，隔千里而共明月的乐观情绪。

"但愿人长久，千里共婵娟"——This is the last line in the poem "水调歌头·明月几时有" by Su Shi. Here "婵娟" (*Chanjuan*) refers to the moon. The line shows the poet's optimistic sentiment in wishing both his friend and himself a long life and to share with him the beauty of the bright moon, though a thousand miles apart.

资　料

屈原和《楚辞》

屈原（公元前 340~前 278 年）姓屈名平，字原，战国后期楚国人。屈原是一个伟大的爱国主义诗人，还是一个政治家和思想家。

屈原是楚国的贵族，他生活的年代正是楚国由盛到衰的时期。他年轻时受到楚怀王的信任，做过楚国的"左徒"和"三闾大夫"，参与国家内政外交等重要工作。屈原想通过楚怀王来实现他的政治理想，希望改革腐朽的贵族政治，任用有才能的人，使楚国强盛起来。他还主张联合齐国抵抗秦国，统一中国。然而屈原的正确主张不但没有得到楚怀王的支持，反而因楚怀王听信当权的大贵族的坏话和秦国奸细的挑拨离间，自己被多次流放。

在 20 多年的流放生活中，屈原眼看楚国一天天地衰败，人民生活越来越痛苦，他心里难过极了，他写下了《离骚》、《天问》等诗篇，表达了他对腐朽势力的愤恨和想拯救祖国而又难以实现的悲痛心情。

公元前 278 年，秦兵攻占了楚国的国都郢，看到郢城的一片残破景象，他的心都碎了，他伤心地写下了《哀郢》《怀沙》之后,在农历五月初五这一天,悲愤地投汨罗江(今湖南长沙附近)而死。

屈原在长期的流放生活中,采用楚国的方言,以民歌形式,创造出一种新的诗歌体裁,后人叫"楚辞体"。屈原写的诗歌是很多的,其中以《离骚》最著名。《离骚》是一篇抒情长诗,想像丰富,感情真挚,表达了对祖国和人民的热爱。在《离骚》里,屈原写道:

长太息以掩涕兮,哀民生之多艰。

屈原是中国伟大的诗人,他的诗被历代所传诵。西汉时,一个叫刘向的人把屈原和他的弟子宋玉等人的诗歌汇集起来,编成的一部书就叫《楚辞》。现在,屈原的诗已被翻译成多种外国文字。

咏月诗词

中秋佳节是一个富于诗情画意的节日,圆圆的月亮给人们带来无限的情思和联想。千百年来,历代诗人面对天上明月写下了难以计数的咏月诗词,这些美好的诗词深深地牵动了人们的情感。这里介绍三首著名的咏月诗词,供欣赏。

静夜思　李白(唐代)

床前明月光,疑是地上霜。
举头望明月,低头思故乡。

水调歌头　苏轼(宋代)

明月几时有?把酒问青天。
不知天上宫阙,今夕是何年。
我欲乘风归去,又恐琼楼玉宇,高处不胜寒。
起舞弄清影,何似在人间。

转朱阁,低绮户,照无眠。
不应有恨,何事长向别时圆。
人有悲欢离合,月有阴晴圆缺,此事古难全。
但愿人长久,千里共婵娟。

水调歌头　毛泽东(现代)

我失骄杨君失柳,杨柳轻飏直上重霄九。
问讯吴刚何所有,吴刚捧出桂花酒。

寂寞嫦娥舒广袖,万里长空且为忠魂舞。
忽报人间曾伏虎,泪飞顿作倾盆雨。

提 示

●中国多数民间传统节日跟农业生产有密切关系,显示了十分鲜明的农业文化特色,一些节日本身往往就反映出农业社会的生活规律。与农业生产有关的天文历法对节日的产生有直接的影响。

●传统节日中的祭祀祖先和众神灵的种种仪式,反映了中华民族对吉祥、幸福和安定生活的一贯追求和向往。而在节日中多有表现的合家团圆之乐及亲友之间礼尚往来的情感交流活动,则表明了中国人的伦理观念和注重人情味、注重人际关系的平衡与协调的心态。这种观念和心态可以归纳为一个"和"字,而"和"正是中国传统文化的精髓。"和"在春节表现得尤为充分。过年是中国老百姓心目中最大的节日,对于含蓄温厚的中国人来说,每一次过年,都是民族情感——对生活的情感、乡土情意与人间亲情——的一次总的爆发与加深。过年早已成为了一种自发的增强民族凝聚力的传统方式。

●中国的传统节日,特别是汉民族的传统节日,大多与宗教无关,这很不同于西方各国的传统节日。一般来说,西方的节日重"神",体现的多是"人与神"的关系;中国的节日重"人"重"事",体现的多是"人与人"、"人与事"(如农事)的关系。例如腊八节的起源虽然与佛教有一定的关系,但当它成为中国民间传统节日之后,就没有丝毫宗教气氛了。

词 汇

一、生词　New Words and Expressions

1. 抵抗	(动)	dǐkàng	resist
2. 听信	(动)	tīngxìn	believe(slanderous talk)
3. 采纳	(动)	cǎinà	accept
4. 放逐	(动)	fàngzhú	send...into exile
5. 遭遇	(名、动)	zāoyù	misfortune
6. 急迫	(形)	jípò	eager
7. 粽子	(名)	zòngzi	a pyramid-shaped dumpling made of glutinous rice wrapped in bamboo or reed leaves
8. 苇叶	(名)	wěiyè	reed leaf
9. 糯米	(名)	nuòmǐ	polished glutinous rice
10. 爱戴	(动)	àidài	love and respect
11. 身不由己		shēn bù yóu jǐ	be unable to control oneself
12. 云霄	(名)	yúnxiāo	the skies
13. 陪伴	(动)	péibàn	accompany
14. 五谷丰登		wǔgǔ fēngdēng	a bumper harvest of all the crops
15. 人寿年丰		rén shòu nián fēng	The land yields good harvests and the people enjoy good health.

16. 遍及	（动）	biànjí	spread
17. 模印	（动）	múyìn	（of designs）made out of a mould
18. 糕点	（名）	gāodiǎn	pastry
19. 吟诵	（动）	yínsòng	recite
20. 扫墓	（动）	sǎomù	seep a grave—pay respects to a dead person at his（her）tomb
21. 怀念	（动）	huáiniàn	cherish the memory of
22. 野餐	（名）	yěcān	picnic
23. 风筝	（名）	fēngzheng	kite
24. 娱乐	（动、名）	yúlè	recreation
25. 茱萸	（名）	zhūyú	the fruit of medicinal cornel（Cornus officinalis）
26. 佳节	（名）	jiājié	joyous festival
27. 心旷神怡		xīn kuàng shén yí	relaxed and happy
28. 荒野	（名）	huāngyě	the wilds
29. 菩提树	（名）	pútíshù	pipal tree，bodhi tree
30. 沉思	（动）	chénsī	meditate
31. 诵经		sòng jīng	chant the Buddhist sutra

二、专名　Proper Names

1. 屈原	Qū Yuán	name of a person
2. 左徒	Zuǒtú	name of an official rank
3. 三闾大夫	Sānlǘ dàfū	name of an official rank
4. 郢城	Yǐngchéng	name of a place
5. 汨罗江	Mìluó Jiāng	name of a river
6. 嫦娥	Cháng'é	name of a fairy
7. 广寒宫	Guǎnghángōng	the place where Chang'e lives
8. 李白	Lǐ Bái	name of a person
9. 苏轼	Sū Shì	name of a person

练习题

一、填空

1. 端午节是在农历的_____,俗称_____节。传说端午节是为了纪念战国时期的大诗人_____而形成的,所以又叫_____节。

2. 中秋节是在农历的_____,那天晚上,人们有_____和_____的风俗。

二、选择正确答案

下面哪种说法是错误的?

A. 赛龙舟是抢救屈原的一种象征性活动。

B. 端午节吃粽子跟农业生产有关。

C. 中秋节赏月跟农业活动有关。

D. 在中国人的心目中,月亮是团圆的象征。

答( )

三、回答问题

1. 中国传统节日有什么主要特点?(可参考"提示"试作简要回答)

2. 用汉语讲述嫦娥奔月的故事。

十六　丝绸之路

边城暮雨雁飞低,芦笋初生渐欲齐,
无数铃声遥过碛,应驮白练到安西。

这是唐代诗人张籍写的《凉州词》中的诗句,它描绘了中国古代西北部一条古道上常见的景象:一支支长长的骆驼队响着丁丁当当的驼铃,驮着满满的丝绸(白练),向西行进在大沙漠(碛)的古道上。这条古道就是著名的"丝绸之路"。

丝绸之路

古代丝绸之路东起长安(今西安),经过河西走廊、今新疆境内,越过葱岭(今帕米尔高原),再经过西亚,最后到达欧洲,全长约 7000 多公里。从公元前 2 世

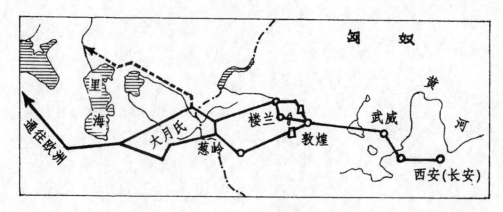

丝绸之路示意图

纪的西汉到公元 13 世纪,丝绸之路一直是中国古代最长的陆上国际商路,也是古代中国与外国交往的友谊之路。由于当时通过这条古道运送的物品中,数量最多、最受欢迎的是丝绸,因而欧洲人就把这条古道叫做"丝绸之路"。

中国——"丝国"

中国是世界上最早种桑养蚕、取丝织绸的国家。相传养蚕织绸是黄帝的妻子嫘祖发明的,人们称嫘祖为"先蚕"。考古工作者在山西省的一个原始社会新石器时期遗址中发现了人工切割过的半个蚕茧化石,在浙江省的新石器时期遗址中发现了盛在竹筐里的绢片、丝带和丝线。这些出土文物表明,4000 多年以前,中国人就已经养蚕织绸了。

商代的甲骨文中就有"桑"、"蚕"、"丝"、"帛"等字。在一片甲骨上还刻有"用三头牛祭蚕神"的内容。

周代,桑树的种植很普遍,《诗经》中有许多描写种桑的诗歌,其中有一首诗写着一块桑田有十亩那么大。

手拿丝绸的西亚商人

春秋战国时期,养蚕织绸成了老百姓的家庭手工业,出现了很多织绸的能工巧匠,据说有名的美人西施就是一位织绸能手。楚墓出土的帛画,展示了当时织绸的水平。

到了汉代,丝绸生产的技术水平更高了,当时,人们能织出质量很好的绢、纱、锦、绮、绫、罗、绸、缎等品种。长沙马王堆汉墓出土了 200 多件丝织品和麻织品,其中有两件丝织的纱衣,轻薄透明,重量都不到 50 克。汉代以后,丝绸品种越来越多,质量也越来越好。

汉、唐时期,中国丝绸通过丝绸之路传到西亚和欧洲,西方人见到这些华美的丝绸十分惊奇,说丝绸"像神话中的仙女一样美丽","像梦一样神秘"。古希腊人因此称中国"赛里斯"(Serse 丝国)。据西方史书记载,古代罗马帝国的恺撒大帝曾经穿着中国丝袍去看戏,轰动了整个剧场,人们光顾了欣赏这件丝袍,都忘了看戏了。

张骞与丝绸之路

说起丝绸之路,人们自然会想起 2000 多年前开辟这条道路的西汉外交家张骞。

西汉时,甘肃玉门关以西很大一块地区叫"西域"①,那里有大大小小几十个国家。那时候,中国北部的一个古老民族匈奴十分强盛,它征服了西域,并不断侵犯西汉领土。为了解除匈奴对西汉的威胁,西汉皇帝汉武帝派张骞出使西域,联络一个叫大月氏的国家,东西夹攻匈奴。

公元前 138 年,张骞带着 100 多人从长安出发,到西域去。没想到途中被匈奴捉住,扣留了 10 年。当张骞等人逃出来,到了大月氏的时候,大月氏已经迁移西边更远的地方,不想攻打匈奴了。张骞只好回到长安。回来时只剩下两个人。张骞虽然没有达到原来出使的目的,但是了解了很多西域的地理、物产和人民生活情况,并把这些情况报告了汉武帝。

公元前 119 年,张骞第二次出使西域。这次,他带着 300 多人,访问了西域的很多地方,并给西域带去了丝绸、铁器、漆器,以及丝织、打井、铸造铁器等技术,同时也把西域的葡萄、石榴、胡桃、胡萝卜种子带回长安。大月氏、安息(今伊朗)、身毒(今印度)等国家也派使者访问长安。

张骞两次出使西域,增强了汉朝与西域人民的了解和友好。

张骞出使西域以后,中国和西方各国的商人、牧民、僧人、旅行家开始不停地行走在丝绸之路上。

张骞辞别汉武帝出使西域

唐代著名僧人玄奘从长安出发,沿着丝绸之路,克服重重险阻到达印度,带回 650 多部佛经。这就是有名的"唐僧取经"。

元代初年,意大利旅行家马可·波罗来中国走的也是这条古道。马可·波罗在中国 17 年,写了一本有名的书《马可·波罗游记》。

在汉以后的一千多年时间里,丝绸之路一直是中国和西方经济文化交流的重要通道。中国的物产不断传入西方,西方的物产也不断传入中国,中国和西域各国在天文、历法、数学、医学、音乐、舞蹈方面也进行了广泛的交流,丝绸之路为中国和西方一些国家古代文明的发展发挥了重要作用。

充满魅力的丝绸古道

　　今天,中国境内的这条古老的交通大道已经失去了往日的作用,但是,这条古道上那数不清的古代遗物却以极大的魅力吸引着人们。古城西安的半坡遗址、秦始皇陵兵马俑坑、碑林^②、帝王陵墓、寺庙、佛塔等都闻名中外;汉代长城遗迹、被风沙吞没的楼兰、高昌^③等古城都有着神秘的吸引力;敦煌莫高窟、麦积山石窟更像古道上的明珠,闪耀着古代文明的光辉。

　　丝绸之路沿途的自然风光也是独特的诱人的。奔腾东去的黄河、一望无际的沙漠、终年积雪的高山、水草丰美的草原,加上那多如繁星的湖泊,组成了一幅丝绸之路的山水画长卷。唐诗"大漠孤烟直,长河落日圆"^④正是丝绸之路边塞风光的真实写照。

　　丝绸之路经过中国少数民族集中居住的地区。回族、蒙族、藏族、维吾尔族、哈萨克族、塔吉克族、柯尔克孜族人民祖祖辈辈居住在那里,他们独特的生活方式和文化传统给丝绸之路增添了更加迷人的色彩。

高昌古城遗址

　　丝绸之路是充满魅力的,它每年吸引着大批中外旅游者前去游览。近几年来,一些旅游团骑着马和骆驼,沿着古老的丝绸之路旅行,这真是件有趣儿的事,他们要亲身体验一下古代行人的艰辛,亲自探索一下丝绸之路的奥秘。

注　释

① 〔西域〕　在汉代,西域是指甘肃敦煌以西、葱岭东西的广阔地区。葱岭以西就是现在的中亚细亚、伊朗高原、小亚细亚等地。葱岭以东,就是中国新疆的天山南北。

　　"the Western Regions"——a Han Dynasty term for the vast area extending from the west of Dunhuang, Gansu to the east and west of the Congling Mountains. Lying to the west of the Congling Mountains were what are now Central Asia, the Iran plateau and Asia Minor. To the east of the Congling Mountains were the north and south feet of the Tianshan Mountains in Xinjiang, China.

② 〔碑林〕　位于陕西省西安市内。(详见 212 页)

　　"the Forest of Steles"——located in Xi'an, Shaanxi Province. (For details, see p.212)

③〔楼兰、高昌〕 中国西北部著名的古城,分别有2000年和1000多年的建城历史。楼兰在罗布泊西部,被称为"沙漠中的庞培城",原有的官殿、佛寺、民居都看不到了,只能看到一些房基、断墙和一座残破的佛塔。高昌城在吐鲁番盆地,现有土筑的城墙等遗迹。

"Loulan and Gaochang"——two well-known ancient cities in the northwest of China. Loulan, known as "Pompeii in the sands", was built 2000 years ago to the west of Lake Luobu. No traces of the original palaces, temples and houses can be found except a few house foundations, broken-up walls and a dilapidated pagoda. Gaochang was built 1000 years ago in the Turfan Depression. Ruins of city walls can still be seen.

④〔大漠孤烟直,长河落日圆〕 唐代诗人王维所作《使至塞上》一诗中的著名诗句。大漠指无边无际的大沙漠,长河指黄河。这两句诗很鲜明地描绘出独具特色的边塞风光。

"大漠孤烟直,长河落日圆"——an immortal line in a poem written by Wang Wei, a poet of the Tang Dynasty. "大漠" refers to a vast expanse of desert and "长河" refers to the Yellow River. The poet gave a vivid description of a unique scene in the frontier area with this line which describes a solitary wisp of smoke rising up straight on the desert, and the gorgeous setting sun over the Yellow River.

资　料

中 国 丝 绸

中国是丝绸的故乡,从公元前2世纪汉代开始,中国丝绸和织绸技术通过"丝绸之路"传入西亚、欧洲、东亚及东南亚各国。在古代,中国丝绸业从产量到质量一直处于世界领先地位。中国丝绸品种非常丰富,花纹也很复杂,很早以前就有绸、缎、绫、罗、锦、绢、纨等类别,每类又有很多品种,例如唐宋时期锦就有40多种。

但自近代以来,由于内忧外患,中国丝绸业的优势逐渐减弱,意大利、法国、日本等国迅速崛起。到本世纪初,日本的蚕茧和生丝产量都超过了中国。

中华人民共和国成立以来,中国的丝绸业得到全面的振兴与发展。到本世纪70年代,中国再次成为世界丝绸生产的第一大国。中国的自然条件是十分优越的,南方有成片的桑园,可以饲养桑蚕;北方有丰富的柞林,可以放养柞蚕。1990年全国桑蚕茧是938万担,柞蚕茧是108万担。现在,中国生丝产量占世界总产量的60%,生丝出口量占世界生丝贸易量的90%,绸缎出口占世界贸易量的50%。到1992年为止,中国除青海、西藏外,其他省、自治区、直辖市都有丝绸工业,全国共有丝绸企业1506个,丝绸职工达到80万人。现在生丝、绸缎、丝绸服装的出口市场已扩大到102个国家和地区,古老的丝绸之路延伸到世界各地。

玄 奘 取 经

玄奘(公元602~664年)原名陈祎,河南缑氏(今河南偃师县)人。他13岁出家为僧,玄奘是他的法名。他在青年时，读过很多佛经，并去过长安、成都等地，向著名的法师请教。学习中他发现他所看到的佛经翻译得不全，并感到许多佛教理论问题不能很好地解决，于是决心到佛教发源地天竺(今印度)去学习佛学。

玄奘25岁那年独自离开长安，沿着丝绸之路西行。当他出了玉门关走在大沙漠中时，他迷路了，有好几天没喝到一口水，后来昏倒在沙漠上。夜里他醒了，继续前进，找到水源。玄奘渡水翻山，经过几十个国家，终于走到了天竺。

玄奘在那烂陀寺跟著名法师戒贤学习。戒贤当时已有100多岁，听说玄奘不远万里来取经，很感动，就认真地给玄奘讲经。玄奘在天竺留学15年，经历70多国。回国前，他应邀出席规模宏大的经典教义答辩大会。参加这次大会的有天竺的18个国王、6000多个佛教僧侣。玄奘是大会的主讲人，18天的答辩会没有一个人能把他驳倒。于是，一个国王请玄奘坐在披着彩锦的大象上巡游，全城万众欢腾，玄奘誉满天竺。

公元645年，玄奘带着657部佛经回到长安。他用了19年的时间，翻译了佛经75部，共1335卷。他在长安主持建造了大雁塔，把佛经存放在塔里。玄奘还把中国古代重要的哲学著作——老子的《道德经》翻译成梵文(印度古文字)介绍给印度。他还奉唐太宗之命，写了《大唐西域记》，书中介绍了他经历的100多个国家、地区的情况。今天这本书已成为研究这些地区和国家古代历史以及当时中西交通的宝贵资料。

提 示

●丝绸之路的开辟和兴盛，体现了中华民族的一种"厚德载物"的精神和气度，"厚德载物"，就是说要对天下万物采取友善的态度，对于人类自己不仅对待本民族的人要友好相处，而且对待其他民族也要友好相处。古书《中庸》说："怀柔远人"，特别强调大国对周围小国的态度要友好，要学习他们好的东西，对于他们还做不到的事情，则要给予帮助。大国不要用武力欺负小国。汉唐等朝代的君王对西域各族人民就是这么做的。

●丝绸之路的畅通，不但使中国的物产、文化传到西方，也使西方的物产、文化(如西域的蔬菜、药材、花卉、乐器和印度佛教等)不断传入中国，从而促进了中国古代文明的发展。中国灿烂的古代文明是和善于吸收国外文明精华分不开的。丝绸之路的畅通，把中国、两河流域、希腊、罗马等世界上的文明中心联系在一起，这个意义是非常重大的。

在16世纪之前，中国的科学文化在世界上一直处于领先地位，中国愿意接受其他国家和民族的先进的东西，也愿意把自己先进的科学文化贡献给世界其他民族。这种"厚德载物"、"兼容并包"的精神，应该说是一种"开放型文化"的表现。

词 汇

一、生词　New Words and Expressions

1. 芦笋	(名)	lúsǔn	asparagus
2. 欲	(动)	yù	will be

3. 碛	（名）	qì	desert
4. 白练	（名）	báiliàn	silk
5. 骆驼	（名）	luòtuo	camel
6. 丁丁当当		dīngdīngdāngdāng	jingle
7. 驮	（动）	tuó	carry on the back
8. 蚕	（名）	cán	silkworm
9. 织绸		zhī chóu	produce silk
10. 切割	（动）	qiēgē	cut
11. 化石	（名）	huàshí	fossil
12. 能工巧匠		néng gōng qiǎo jiàng	skliful craftsman
13. 能手	（名）	néngshǒu	expert
14. 纱	（名）	shā	gauze
15. 绮	（名）	qǐ	damask
16. 绫	（名）	líng	damask satin
17. 罗	（名）	luó	silk gauze
18. 缎	（名）	duàn	satin
19. 联络	（动）	liánluò	come into contact with
20. 夹攻	（动）	jiāgōng	attack from both sides
21. 扣留	（动）	kòuliú	hold in custody
22. 迁移	（动）	qiānyí	move
23. 物产	（名）	wùchǎn	native produce
24. 漆器	（名）	qīqì	lacquerware
25. 葡萄	（名）	pútáo	grape
26. 石榴	（名）	shíliu	pomegranate
27. 胡桃	（名）	hútáo	walnut
28. 重重	（形）	chóngchóng	numerous
29. 险阻	（名）	xiǎnzǔ	dangers and difficulties
30. 遗物	（名）	yíwù	things left behind by the deceased
31. 魅力	（名）	mèilì	fascination, attraction
32. 吞没	（动）	tūnmò	swallow up
33. 闪耀	（动）	shǎnyào	radiate
34. 诱人	（形）	yòurén	attractive
35. 一望无际		yí wàng wú jì	a vast expanse
36. 终年	（名）	zhōngnián	all the year
37. 积雪		jī xuě	snow-capped
38. 体验	（动）	tǐyàn	experience
39. 探索	（动）	tànsuǒ	probe, explore

| 40. 奥秘 | （名） | àomì | mystery |

二、专名　Proper Names

1. 安西	Ānxī	name of a place
2. 张籍	Zhāng Jí	name of a person
3. 长安	Cháng'ān	name of a place
4. 河西走廊	Héxī Zǒuláng	Hexi Corridor
5. 葱岭	Cōng Lǐng	the Congling Mountains
6. 西亚	Xī Yà	West Asia
7. 嫘祖	Léizǔ	name of a person
8. 西施	Xīshī	name of a person
9. 马王堆汉墓	Mǎwángduī Hànmù	a tomb of the Han Dynasty at Mawangdui
10. 赛里斯	Sàilǐsī	Seres
11. 希腊	Xīlà	Greece
12. 罗马帝国	Luómǎ Dìguó	the Roman Empire
13. 恺撒大帝	Kǎisà Dàdì	Julius Caesar
14. 张骞	Zhāng Qiān	name of a person
15. 玉门关	Yùmén Guān	the Yumen Pass
16. 西域	Xīyù	the Western Regions
17. 汉武帝	Hàn Wǔdì	Emperor Wu of the Han Dynasty
18. 大月氏	Dàròuzhī	name of an ancient country
19. 身毒	Yuándú	name of an ancient country
20. 玄奘	Xuánzàng	name of a person
21. 意大利	Yìdàlì	Italy
22. 马可·波罗	Mǎkě·Bōluó	Marco Polo
23.《马可·波罗游记》	《Mǎkě·Bōluó Yóujì》	*the Travels of Marco Polo*
24. 楼兰	Lóulán	name of a place
25. 高昌	Gāochāng	name of a place
26. 哈萨克族	Hāsàkèzú	the Kazakh nationality
27. 柯尔克孜族	Kē'ěrkèzīzú	the Khalkhas nationality

练习题

一、填空

1. 古代丝绸之路东起 _____，经过 _____、_____，越过 _____，再经过 _____，最后到达 _____，全长约 _____ 公里。它是中国古代最长的一条陆上 _____。

2. 开辟丝绸之路的是_____时期的外交家_____。

3. 古代,通过丝绸之路运送的物品中,数量最多的是_____。

二、名词解释

丝绸之路

三、回答问题

为什么说丝绸之路为中国和西方一些国家古代文明的发展发挥了重要作用?

十七　中国陶瓷

陶瓷是陶器和瓷器的合称。陶瓷是中国古代劳动人民的伟大发明,它为中国文化增添了光彩,为世界文明做出了贡献。

中国陶瓷历史悠久,种类繁多,制作精美,历来受到中国人民和世界人民的喜爱。在唐宋以来的一千多年间,通过海上的"陶瓷之路"①,中国陶瓷源源不断地运输到东南亚、西亚、非洲、欧洲和美洲。外国人把陶瓷当作珍宝,称中国是"陶瓷之国"。英文中 China 一词,原义就是瓷器。

陶　　器

陶器制造在中国已有一万年的历史,考古工作者在江苏省发现了一万年前的陶器碎片,说明了这个事实。

6000 年前仰韶文化时期,生活在黄河流域的人们制造了很多红色陶器。他们用泥土做成各种形状的陶坯,用火烧成各种生活用具,有盆、罐、瓶等等。请看这个尖底瓶,样子多漂亮,这是一种很好用的汲水工具,尖底瓶入水后倾斜,很容易盛满水,用它运水,水也不容易流出来。尖底瓶显示了当时的制陶水平。由于当时陶器上多画着黑、白、红的纹饰和图画,所以人们把这种陶器叫做"彩陶"。

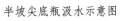

半坡尖底瓶汲水示意图

到了距离今天 4000 年的时候,人们又烧制出漆黑光亮的黑陶。黑陶器壁很薄,造型很美。黑陶中有一种"蛋壳陶",器壁竟和蛋壳一样薄,这实在叫人惊叹。黑陶的艺术性比较高,请看这件盛水用的黑陶"鹰尊",做得多么精巧。黑陶的品种很多,常见的有盆、壶、罐、瓶、碗、尊等。

中国古代帝王和贵族常把陶器作为死后的陪葬品。秦始皇陵兵马俑就是一种陪葬用的彩绘陶器。四川东汉古墓中出土的"击鼓说唱俑",形象生动可爱,人们欣赏时,好像听到了那精彩的说唱和

鹰尊(原始社会)

精美的彩陶

听众的笑声。

"唐三彩"是唐代烧制出的一种釉②色艳丽的陶器，它以黄、绿、蓝等色彩为主，风格很独特。在西安、洛阳的唐代古墓中发现了大量的唐三彩，说明这种陶器也是作陪葬用的东西。唐三彩有人物、动物，也有生活用品。唐代古墓中出土的"乐舞骆驼俑"，造型精美，色彩艳丽，已成为唐三彩中的珍品。唐三彩中，马的形象最多，也最有特色，现在来中国的外国人，都喜欢买几件唐三彩马带回自己的国家。

击鼓说唱俑(东汉)

宋代，中国南方出现了一种紫砂陶器，有紫黑色、红褐色、淡黄色几种。紫砂陶器古朴高雅，可以使用，也可以观赏。人们最喜欢紫砂壶，紫砂壶是茶具，用它泡茶不跑味，不烫手，使用的年代越久，泡出的茶越好喝，因此，被称为茶具中的"神品"。江苏省宜兴生产的紫砂壶最有名，宜兴是中国的"陶都"。

瓷　器

中国人的祖先在烧制、使用陶器的启发下，进一步发明了瓷器。瓷器是用瓷土作胎，胎上上釉，用高温（1200℃以上）烧制而成。瓷器比陶器坚硬，外观光亮好看，不吸水或很少吸水，敲打有清脆的金属声。这些可以看作瓷器的基本特点。

考古工作者在商周时期的遗址中发现了一些青色和黄绿色的釉陶，虽然比较粗糙，但是已经具备了瓷器的一些特点，人们叫它"原始青瓷"。

原始青瓷经过1500多年的发展，到了东汉晚期，真正的青瓷终于烧制出来，它表明瓷器已经诞生了。之后，白瓷、彩瓷又相继烧成。青瓷、白瓷、彩瓷是中国瓷器的主要品种。

140

青瓷

青瓷表面有一层淡雅的釉，颜色是青绿色或黄绿色，很像青色的美玉。在唐代，烧制青瓷最好的地方是南方的越窑③，越窑是早期青瓷的制造中心。越窑青瓷常常作为给皇帝进贡的瓷器，因而被称为"秘色瓷"④。宋代，南方又出现了一个以烧制青瓷著名的龙泉窑⑤，龙泉窑瓷器釉色淡雅柔和，翠绿如玉，产品曾大量运往国外。龙泉窑成为后期青瓷的制造中心。

青瓷莲花尊(南北朝)

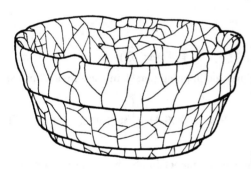

哥窑瓷器(宋代)

白瓷

正当南方烧制青瓷的时候，北方烧制出了白瓷。白瓷的瓷胎和釉色是白色的，烧制难度比较大，所以白瓷比青瓷出现得要晚一些，大约在南北朝时期才出现。白瓷烧制成功是中国制瓷历史上的一件大事，因为有了白瓷，就能在瓷器表面描绘彩色纹饰和图画了，这就为后来彩瓷的出现打好了基础。唐代，北方邢窑⑥的白瓷白得像雪一样，说明唐代的白瓷已十分成熟。到了宋代，北方又出现了一个烧制白瓷的定窑⑦，定窑的白瓷不但洁白如雪，而且上面还刻画着美丽的花纹。定窑是宋代"五大名窑"⑧之一。

彩瓷

一般来说，元代以前，中国瓷器以青瓷、白瓷等素瓷为主，从元代起，彩瓷多起来了，并成为元明清三代瓷器生产的主流。彩瓷是用颜色进行绘制的瓷器，彩瓷上不仅有精细的彩色纹饰，有的还画着完整的图画。

彩瓷中最有代表性的是青花瓷⑨。青花瓷白底蓝花，色彩淡雅清新，那蓝色的图画很像中国传统的水墨画。青花瓷一出现，就受到人们的喜爱，它传到西方时，引起西方人的惊喜。青花瓷是民族特色最浓的瓷器。

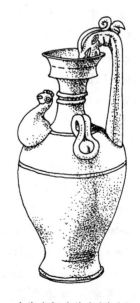

白瓷龙柄鸡首壶(隋代)

141

除青花瓷外,相继出现的白底红花的釉里红⑩、色彩艳丽的五彩瓷⑪、色彩柔和的粉彩瓷⑫,都达到了十分精美的程度。

瓷都景德镇

中国著名的瓷窑很多,最著名的是江西景德镇。早在宋代,景德镇就烧制出一种青中有白、白中有青的"影青瓷",使它的名气传遍了全国。它生产的青花瓷、白瓷、薄胎瓷质量很高,"白如玉,明如镜,薄如纸,声如磬",是对景德镇瓷器的赞誉。明清时期,景德镇成为中国制瓷业的中心。景德镇被称作中国的"瓷都"。

明代景德镇制瓷工场

今天,中国陶瓷在传统工艺的基础上,又有了新的发展和创新。一些仿古陶瓷烧制成功,现代陶瓷大量出现。现代陶瓷除了日用品以外,还有陶瓷建筑构件、陶瓷礼品、陶瓷壁画等很多新品种。

注 释

① 〔陶瓷之路〕 古代中国向国外输送陶瓷的海上航线。(详见 144 页)

"the Porcelain Route"——a sea route in ancient times for shipping porcelain ware from China to other countries.(For details, see p.144)

② 〔釉〕 瓷器表面的一层薄薄的透明体。用粘土、石灰等原料粉末加水调成。加进不同的金属氧化物,就能烧成不同的釉色。

"glaze"——a thin layer of glassy coating on the surface of a porcelain object. A glaze is primarily powdered clay and lime mixed with water. Different colours of glaze come from different metallic oxides added to it.

③ 〔越窑〕 唐代著名青瓷瓷窑。位于越州(今浙江余姚、绍兴等地)而得名。

"Yue Kilns"——famous celadon kilns in the Tang Dynasty. They got their names because they were built in Yuezhou (present Yuyao and Shaoxing in Zhejiang Province).

④ 〔秘色瓷〕 对越窑青瓷贡品的一种叫法。古代作为贡品的越窑青瓷只用于官廷,老百姓见不到,所以称"秘色"。

"celadon ware of a mysterious colour"——a name for the celadon ware produced in Yue Kilns, which were used only as tributes presented to the imperial palace. Common people could not see them at all. So they thought the celadon ware must be "mysterious in colour".

⑤ 〔龙泉窑〕 著名青瓷瓷窑。位于浙江龙泉县及其他一些县,窑址很多。从宋代到清代烧制青瓷长达 700 年。

142

"Longquan Kilns"——famous celadon kilns scattering in Longquan County and several other counties in Zhejiang Province. These kilns turned out celadon ware for 700 years from the Song Dynasty to the Qing Dynasty.

⑥ 〔邢窑〕 唐代著名白瓷瓷窑。位于邢州(今河北省内丘)而得名。

"Xing Kilns"——famous white-porcelain kilns in the Tang Dynasty. They were named after Xingzhou (present Neiqiu in Hebei Province) where they were built.

⑦ 〔定窑〕 宋代著名白瓷瓷窑。位于定州(今河北省曲阳)而得名。

"Ding Kilns"——famous white-porcelain kilns in the Song Dynasty. They were named after Dingzhou (present Quyang in Hebei Province) where they were built.

⑧ 〔宋代五大名窑〕 即官窑、汝窑、钧窑、哥窑、定窑。

"the five famous porcelain kilns of the Song Dynasty"——referring to Guan, Ru, Jun, Ge and Ding Kilns.

⑨ 〔青花瓷〕 釉下彩品种之一。即在瓷胎上用氧化钴描绘纹饰,然后上一层透明釉,高温烧成,纹饰成蓝色。

"blue-and-white porcelain"——a kind of underglaze décor. Design is painted with cobalt blue on the unglazed vessel, then glazed and heated to a very high temperature. After heating, the design becomes blue.

⑩ 〔釉里红〕 釉下彩品种之一。制作方法与青花瓷相同,不同处是用氧化铜描绘纹饰,烧后纹饰成红色。元代烧成。

"underglaze red"——a kind of underglaze décor originating in the Yuan Dynasty. The vessels are made in much the same way as blue-and-white porcelain ware, but copper oxide is used for the design, which becomes red after the vessels are heated in the kiln.

⑪ 〔五彩瓷〕 釉上彩品种之一。即把红、黄、绿、蓝、紫等色料绘在釉面上,烧制而成。明代烧成。

"polychrome overglaze décor"——a kind of overglaze décor originating in the Ming Dynasty. The vessels are decorated on the glaze with chemicals that give the desired colour after being heated in the kiln, such as red, yellow, green, blue, purple and so on.

⑫ 〔粉彩瓷〕 釉上彩品种之一,也叫软彩。同一种颜色有浓淡之分,图案层次丰富,色彩柔和,形象逼真。清代烧成。

"soft-coloured overglaze décor"——a kind of overglaze décor originating in the Qing Dynasty. The vessels are decorated with brilliant and delicate designs of soft colours. The images of the designs are true to life. Different shades of colours can be seen in the designs.

资　料

唐　三　彩

唐三彩是唐代的一种以黄、绿、蓝三种颜色为主的多彩低温釉陶器,历来受到人们的喜爱。

唐三彩同其他陶俑一样,主要作为殉葬的物品。唐代皇帝、皇亲、贵族,为了显示尊贵,专门用三彩陶器殉葬,这在当时是一种风尚。考古工作者在西安(唐代都城长安)、洛阳和其他一些地方发掘出很多唐三彩,这些精美的出土文物反映了唐代繁荣的文化和社会风貌。

在出土的唐三彩中,有马、骆驼、人物和各式各样的生活用品。其中,最美最多的是马,这说明唐代人很爱马。三彩马,不论是一米多高的大马,还是只有十几厘米高的小马,都制作得精美多姿:有的抬头站立,有的回头观望,有的仰首嘶鸣,有的低头饮食。由于人们非常喜欢唐三彩马,所以称它们为"唐马"。在出土的唐三彩中有两件造型相似的"乐舞骆驼俑",这两件唐三彩形体高大,装饰复杂,烧制的难度极大,是十分少见的三彩艺术珍品,现在它们分别收藏在中国历史博物馆和陕西省博物馆。

唐三彩色彩鲜艳光亮,变化自然,这是人们喜爱它的重要原因。唐三彩在釉彩使用方面有独特的工艺,它采用两次烧制(第一次烧制后再上釉进行第二次烧制),利用铅釉在高温下流动性强,往下流淌的特点,造成色彩融合、变化自然的艺术效果。

现在洛阳、西安等地都有专门生产仿制古代唐三彩的工厂,仿制的三彩马、三彩骆驼、三彩俑十分逼真。近几年这些工厂创造了很多新产品,其中有一种挂在墙上的三彩壁挂,装饰性很强,受到人们的欢迎。

哥窑的故事

哥窑是宋代"五大名窑"之一。哥窑的裂纹瓷器十分有名。

相传在浙江龙泉这个地方,有兄弟俩烧制瓷器,人们把哥哥章生一的瓷窑叫哥窑,把弟弟章生二的瓷窑叫弟窑。哥哥很会烧瓷器,他的瓷器人人都愿意买,于是,哥哥赚了很多钱。弟弟的瓷器烧得没有哥哥的好,瓷器总也卖不出去,弟弟很生气,他就开始想坏主意了。

一天,哥哥烧好一窑瓷器,灭了火去休息,想等窑里的温度降下来再出窑。弟弟觉得这是个好机会,就打了两桶冷水偷偷泼进哥哥的窑里,窑里的瓷器温度高达1000多度,突然遇到冷水,就噼噼啪啪地炸裂开了。当哥哥打开窑门准备出窑时,看到那些开裂的瓷器惊呆了,这是怎么回事?以前从来没发生过这种情况!可是当他拿起几件瓷器一看,发现瓷器并没有整个破碎,只是表面那层釉破裂了。他再仔细一看,那些密密麻麻的裂纹还挺好看。他把这些瓷器拿到市上去卖,特别受欢迎,一会儿的工夫就全卖光了。

后来,哥哥知道了这件事是弟弟干的,虽然也很生气,但从中也受到了烧制裂纹瓷器的启发。当然,他不是像弟弟那样向瓷器泼冷水,而是要研究瓷釉和瓷胎不同的膨胀力,也就是让瓷胎的膨胀力略大于瓷釉的膨胀力,把瓷釉胀裂,但不破碎,不脱落。最后,这种瓷器终于烧制出来了。

海上陶瓷之路

中国是陶瓷的故乡,中国在世界上享有"陶瓷之国"的美称。

中国陶瓷,特别是瓷器,从唐代中晚期开始从海上大量向国外输出,先后持续了1000多年的时间,中间很少间断,这在国际贸易史上是很少见的。人们把唐代及以后各代中国通往亚、非、欧、美的海上交通路线称为"海上陶瓷之路"。

瓷器是很容易破碎的东西,在古代,陆地上的交通工具主要是马和骆驼,长途运输是很不安全很不便利的。中国著名的瓷窑又多在沿海一带,所以运输瓷器自然要走海路了。那时中国运输瓷器的港口主要是广州、泉州、漳州(厦门)、澳门等。

海上陶瓷之路有多条航线,主要有:中国——波斯湾,中国——非洲,中国——好望角——欧洲,中国——印度尼西亚——美洲——欧洲。

海上陶瓷之路,沟通了全球的商品交往,也促进了全国生产技术和文化艺术的交流。它同陆地上的"丝绸之路"一样,对促进世界文明的发展做出了巨大贡献。

提　示

●陶瓷是中国古代劳动人民的一项伟大发明,对世界文明的发展产生过推动作用。

陶瓷是一种物质文化,是人类在与自然斗争中采取的一种物质手段。陶瓷制品从产生那天起就渗透到人类日常生活之中,而且至今仍是人类生活中的必用品,这说明陶瓷的实用价值是第一位的。随着人类物质生活的提高,陶瓷又渗入到人类的精神生活之中,又具有了一种欣赏价值,这种美的欣赏价值几乎更受古今中国人的重视。

●中国陶瓷是中国社会进步的重要标志之一,它与中国古代文化密切相关。如仰韶文化就是彩陶文化,龙山文化就是黑陶文化。人所共知,陶器是人类史前文化曾经普遍发生的现象;而瓷器的产生,则当属于中国古代物质文明长期发展的一种独特成果。总之,中国陶瓷与中国的物质文明、文化传统、时代习俗、欣赏习惯、审美情趣是紧密关联的。

词　汇

一、生词　**New Words and Expressions**

1. 陶瓷	(名)	táocí	ceramics
2. 繁多	(形)	fánduō	various types，a great variety
3. 源源不断		yuányuán bú duàn	continuously
4. 碎片	(名)	suìpiàn	piece
5. 坯	(名)	pī	roughcast
6. 罐	(名)	guàn	jar
7. 汲水		jí shuǐ	draw water
8. 倾斜	(动)	qīngxié	tilt
9. 纹饰	(名)	wénshì	decorating stripe
10. 漆黑	(形)	qīhēi	pitch-dark
11. 光亮	(形)	guāngliàng	bright
12. 尊	(名)	zūn	a kind of vessel for drinking in ancient China
13. 击鼓		jī gǔ	drum-beating
14. 釉	(名)	yòu	glaze
15. 艳丽	(形)	yànlì	colourful and beautiful

16. 紫砂陶	（名）	zǐshātáo	red stoneware
17. 褐色	（名）	hèsè	brown
18. 烫	（动、形）	tàng	burn, scald
19. 胎	（名）	tāi	roughcast
20. 清脆	（形）	qīngcuì	clear and resonant
21. 淡雅	（形）	dànyǎ	simple and elegant
22. 清新	（形）	qīngxīn	fresh and cool
23. 进贡	（动）	jìngòng	pay tribute (to an emperor)
24. 柔和	（形）	róuhé	soft
25. 翠绿	（形）	cuìlǜ	emerald green
26. 难度	（名）	nándù	degree of difficulty
27. 洁白	（形）	jiébái	spotlessly white
28. 主流	（名）	zhǔliú	main stream
29. 绘制	（动）	huìzhì	draw a design
30. 磬	（名）	qìng	chime stone
31. 赞誉	（动）	zànyù	praise
32. 创新	（动）	chuàngxīn	improvement
33. 仿古	（动）	fǎnggǔ	immitaion of the ancients
34. 构件	（名）	gòujiàn	component, member

二、专名　Proper Names

1. 东南亚	Dōngnán Yà	Southeast Asia
2. 美洲	Měizhōu	America
3. 江苏	Jiāngsū	Jiangsu Province
4. 宜兴	Yíxīng	name of a place
5. 越窑	Yuèyáo	Yue Kilns
6. 龙泉窑	Lóngquányáo	Longquan Kilns
7. 邢窑	Xíngyáo	Xing Kilns
8. 定窑	Dìngyáo	Ding Kilns
9. 江西	Jiāngxī	Jiangxi Province
10. 景德镇	Jǐngdézhèn	name of a place

练习题

一、填空

　　1. 6000 年前，中国人烧制出了一种红色陶器，上面多有彩色纹饰，这种陶器叫_____。4000 年以前，又烧制出了一种漆黑光亮的美丽陶器，这种陶器叫_____。

　　2. 原始瓷器出现在_____时期，瓷器的真正诞生是在_____晚期。

　　3. 中国瓷器的主要品种是_____、_____和_____。

4. 中国的"陶都"是_____,"瓷都"是_____。

二、选择正确答案

1. 下列陶瓷中,哪些是陶器?

A. 青花瓷   B. 紫砂壶   C. 白瓷

D. 唐三彩   E. 青瓷   F. 釉里红

答(　　)

2. 中华民族特色最浓的瓷器是哪种?

A. 青瓷   B. 白瓷   C. 彩瓷   D. 青花瓷

答(　　)

3. 中国瓷器三个主要品种产生的正确顺序是:

A. 白瓷→青瓷→彩瓷

B. 青瓷→白瓷→彩瓷

答(　　)

三、回答问题

1. 为什么说白瓷烧制成功是中国制瓷史上的一件大事?

2. 你能分辨陶器和瓷器吗? 请用实物试一试。

十八　中国烹调

烹调是中国传统文化中的瑰宝,在世界上享有盛誉。现在,欧洲、美洲、亚洲的很多国家都有中国饭馆。到中国来亲口尝一尝中国菜,享受一下中国菜的风味,已成为各国朋友的愿望。

悠久的烹调历史

远在原始社会时期,中国猿人就会用火烧肉烤肉吃熟食了,这可以看作原始烹调。古汉字的"炙"字就是用火烤肉的图景。

原始社会时期的陶器和奴隶社会时期的陶器、青铜器中,有很多是加热食物的炊具,如常见的鼎就是煮肉用的,相当于今天的锅。还有一种名叫甑的圆形陶器或青铜器,底部有一些透气的小孔,把它放在另一件煮食物的陶器或青铜器上,就可以蒸食物了。从烤食物到煮食物,再到蒸食物,表明中国人在饮食方面的进步,并为后来的多种多样的烹调方法打下了基础。

奴隶社会时期,奴隶主贵族常用羊、猪、牛、狗、鸡等肉食祭祀祖先和天神地神,祭祀之后,人们一起把这些食物吃掉,这大概是中

烤肉的原始人

国最早的大型宴会吧。古书还记载着周代的"八珍","八珍"是八种美味佳肴,这是中国人的祖先为后人留下的最古老的食谱。

进入封建社会以后,烹调技术提高了,菜的种类也多起来了。大诗人屈原在楚辞《招魂》中用诗的形式写出了很多精美的食品,那其实就是一份战国时期南方人的食谱。其中有用大米、小米、麦子做的主食,有用牛、羊、鸡、鸭、鱼做的菜肴。这些菜有咸的、酸的、甜的、苦的、辣的,看来,当时烹调已采用调味品了。从长沙马王堆汉墓出土的简册上可以看到,西汉时的精美菜肴达到了近百种。唐代的《食谱》[①]记载着 141 种菜的烹调过程。元明清时期,烹调技术已相当成熟。清代的《随园食单》[②]中记录的南方和北方的菜肴达到了 326 种。清代北京故宫里的"满汉全席"把南北菜肴和一些民族美食集于一宴,共有名菜 108 道(还

148

可以另外点菜),满族面食 44 种,还有各种点心水果。"满汉全席"是清代最高等级的国宴。

古代煮肉用的鼎

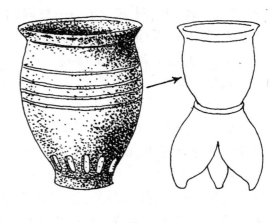

古代蒸食炊器甑

近年来,中国的厨师们在研究和继承古代烹调技术的同时,大胆创新,做出的菜肴更加丰美了。

中国菜肴的特点

陶灶(东汉)

厨师做菜的具体过程,就是烹调过程。"烹"是加热食物,使食物中的养料分解出来,香味散发出来;"调"是加入调味品,采用各种方法调制食物,一方面去掉食物中的腥味和油腻,另一方面增加美味,把单一滋味变成以某种味为主的复合滋味。

中国菜的特点主要有以下四个方面:

讲究色、香、味、形

中国菜很讲究色、香、味、形,就是说做好的菜要有漂亮的颜色,浓郁的香气,鲜美的滋味,美观的形状。人们吃菜主要是品尝滋味,所以味是最重要的,一般说来,味如果好,色、香也不会太差。中国菜的基本要求是色、香、味俱全。由此看来,中国烹调真可以说是一门艺术,难怪有人称烹调技术高的厨师是"美食艺术家"呢。

烹调方法多样

中国菜的烹调方法多达几十种,如煎、炒、烹、炸、烧、烤、炖、涮、蒸、拌……烹调的关键是掌握火候,就是要注意火力的大小和用火的时间长短,这也是烹调艺术的体现。

调味品丰富

调味品咸的有盐、酱油,甜的有糖、蜂蜜,酸的有醋,辣的有辣椒、葱、姜、蒜,香的有香油、香菜、酒,麻的有花椒,鲜的有味精。另外有些中药也可以作调味品。用调味品做的菜除了有香、甜、酸、辣、咸、鲜几种外,还有甜咸、酸甜、酸辣、麻辣、怪味等复合味,这是中国人民几千年来的杰出创造。

烹   调

菜肴品种繁多

中国菜的品种数以万计,难以统计。这一方面是由于烹调方法多样,另一方面是做菜的原料丰富。做菜的原料除了常用的肉类、鱼类和蔬菜外,还有很多山珍海味,像蘑菇、木耳、燕窝③、鱼翅④、海参、干贝等,都是很好吃的东西。

中国菜往往不只用一种原料,而总是把很多原料放在一起烹制。例如福建名菜"佛跳墙",把18种山珍海味放在一个空酒坛子中用火煨制,打开坛盖后,香气扑鼻,人们说如果不吃肉的佛闻到这香气也会跳过墙来尝鲜,因此有了"佛跳墙"这一菜名。四川有一种味道鲜美的汤,用了20多种原料,这就是有名的"兼善汤"。多种原料相配就能做成一种菜,谁能说清中国到底有多少种菜呢?

中 国 菜 系

中国民族众多,由于气候、物产和生活习惯的差别,人们的口味就不相同了。一般来说,南方人爱吃甜的,做菜放糖比较多;北方人爱吃咸的,做菜少不了盐;山东、四川、湖南人爱吃辣的,菜里常有辣椒;山西人爱吃酸的,做菜离不开醋。所以,中国历来有"南甜、北咸、东辣、西酸"的说法。

中国各地不同的菜肴风味,逐步形成了很多菜系。其中著名的有山东菜系、四川菜系、广东菜系、江苏菜系和北京菜系。每个菜系都有自己独特的地方风味,如麻、辣是四川菜的风味,鲜嫩、味纯是山东菜的风味,清淡、生脆是广东菜的风味,清淡、酥香是江苏菜的风味,脆、酥、香、鲜是北京菜的风味。每个菜系都有自己拿手的名菜,如山东菜糖醋黄河鲤鱼、四川菜宫保鸡丁、广东菜烤乳猪、江苏菜清蒸鲥鱼、北京菜烤鸭等等。现在,在中国大城市都能品尝到各个菜系的名菜,不过在北方有些菜一般见不到,如北方的城市中很难吃到广东名菜"龙虎斗"⑤,想吃只有去广东一带才行,因为"龙虎斗"的原料是蛇和猫,而这类东西北方人是不敢入口的。

注 释

① 〔《食谱》〕 唐代著名食谱,韦巨源著。
"食谱"——a famous cookbook of the Tang Dynasty, written by Wei Juyuan.
② 〔《随园食单》〕 清代著名烹调书,文学家袁枚(号"随园老人")著。这本书论述了烹调技术,记录了从明代到清初流行于南北的 326 种菜肴饭点。
"随园食单"——a famous Qing Dynasty book on cooking technique, written by Yuan Mei, a man of letters who styled himself "Suiyuan Old Man". This book records 326 dishes and foods popular in north and south China during the Ming and Qing Dynasties.
③ 〔燕窝〕 又称燕菜,属于海味类。是热带金丝燕在海边悬崖上,吐出体内半消化的鱼虾等混合唾液而凝结成的窝。
"edible bird's nest"——a sea food, nest of the oriental swift built on seaside cliffs with the bird's salivary sacretion mixed with half-digested fish and shrimps.
④ 〔鱼翅〕 属于海味类。是大鲨鱼身上的鳍。
"shark's fin"——a sea food, fin of large shark.
⑤ 〔龙虎斗〕 广东名菜。以蛇、猫为主要原料,分别象征龙与虎。
"dragon-fighting-tiger"——a delicious Guangdong dish with snake meat and leopard cat (Felis bengalensis)meat as the main ingredients, symbolizing dragon and tiger.

资 料

中 国 名 菜

中国遍地有名菜,品种之多世界第一。最著名的菜肴多集中在各大菜系。中国很早就有四大菜系之说,即四川、山东、江苏、广东四大菜系。后来又有八大菜系的说法,即在四大菜系基础上增加了福建、浙江、安徽、湖南四大菜系。北京在宫廷菜的基础上,吸收各地方菜系的精华,也形成菜系。下面简要介绍一下上述菜系的名菜。

四川菜:宫保鸡丁、怪味鸡丝、鱼香肉丝、干烧岩鲤、麻婆豆腐等。
山东菜:清汤燕窝、红烧海螺、干蒸加吉鱼、鸡腿扒海参、糖醋黄河鲤鱼等。
江苏菜:清蒸鲥鱼、清炖蟹肉狮子头、干炸银鱼、鸡汤煮干丝等。
广东菜:烤乳猪、龙虎斗、脆皮鸡、竹丝鸡烩王蛇等。
福建菜:佛跳墙、醉糟鸡、沙茶焖鸭块、菊花鲈鱼等。
浙江菜:叫化子鸡、龙井虾仁、西湖醋鱼、东坡焖肉等。

安徽菜:葫芦鸭子、符离集烧鸡、腌鲜桂鱼、雪冬烧山鸡等。
湖南菜:东安鸡、红煨鱼翅、麻辣子鸡、酸辣肚尖等。
北京菜:酱爆鸡丁、烤鸭、油爆双脆、燕窝鸡丝汤等。

中国宴席是怎样进行的

中国宴席为一席多菜,所以上菜就有个程序。了解这个程序不但可以帮助我们体会到中国宴席菜点品尝中的节奏,还可以使我们做好赴宴的心理准备,做到对宴席过程心中有数。

当然,中国宴席的上菜程序并不是固定不变的,这里仅介绍一般的程序。

第一程序是品尝冷菜。从口味上讲,冷菜可以慢慢品尝而口味不变。这一阶段人们可以边喝酒吃菜边聊天交流情感,大型宴会可以安排主人和客人致词。

第二程序是品尝炒菜(热菜)。因为热菜要趁热吃,所以品尝速度加快了,口味上由冷菜的以清淡为主而逐渐转向浓重。这时,宴会进入第一个高潮。

第三程序是品尝烧菜(热菜)。口味更浓重,节奏也更快了。宴会进入第二高潮。吃过烧菜,宾客们可以用餐巾擦擦手擦擦脸,稍微休息一下,为进入最后高潮做好准备。

第四程序是品尝主菜。主菜是一场宴席中最主要的菜,如烤鸭火锅等。这时宴席上气氛活跃,宾客往往互相敬酒,或拍照留念,或唱唱歌,由宾客演演小节目。如果是婚礼宴,新婚夫妇要在这个时候向来宾行礼,全场往往一片欢腾。人们畅快地品尝佳肴,宴席达到最高潮。

第五程序是素菜、清汤、点心、水果。口味甜淡,余味无穷。此时,宾客酒足饭饱,心满意足,宴席进入尾声。

提　示

●烹调(即烹饪),是中国饮食文化中最突出的一种。中国烹调是一种艺术,烹调过程是一种艺术创造过程。与西方烹调多倾向于营养学角度相比较,中国烹调则是倾向于艺术的,多从色、香、味、形去探求菜肴的外部表现,对营养方面的考虑,相对来说比西方要少些。

●古人说"闻香下马,知味停车",可见这"香"和"味"是烹调成功的重要因素,其中的"味"更是要放在首位的东西。突出"味"是中国烹调的重要特点。而美味的获得,并不是孤立的产物,而是多种因素的结合,即调和的结果。中国菜总是以色、香、味、形的美好和调和的适度为佳。应该看到,这正是中国哲学崇尚中庸、主张调和的思想在烹调活动中的表现,或者说,中国烹调方法带有浓郁的中国哲学的调和色彩和宽容性。

词　汇

一、生词　**New Words and Expressions**

1. 烹调　　　　　(动、名)　　　pēngtiáo　　　　　　cuisine, cooking

2. 盛誉	（名）	shèngyù	fame
3. 炙	（动）	zhì	roast
4. 炊具	（名）	chuījù	cooking utensils
5. 鼎	（名）	dǐng	an ancient cooking vessel with two loop handles and three or four legs
6. 甑	（名）	zèng	an ancient earthen utensil for steaming rice
7. 蒸	（动）	zhēng	steam
8. 美味佳肴		měiwèi jiāyáo	delicious food
9. 食谱	（名）	shípǔ	recipes, cookbook
10. 辣	（形）	là	hot
11. 调味品	（名）	tiáowèipǐn	seasoning, condiment
12. 腥味	（名）	xīngwèi	fish-like smell
13. 油腻	（名）	yóunì	greasy taste
14. 滋味	（名）	zīwèi	taste
15. 复合	（动）	fùhé	compound
16. 浓郁	（形）	nóngyù	rich
17. 鲜美	（形）	xiānměi	delicious
18. 俱全	（形）	jùquán	complete
19. 难怪	（副）	nánguài	no wonder
20. 煎	（动）	jiān	fry in shallow oil
21. 炒	（动）	chǎo	stir-fry
22. 炸	（动）	zhá	fry in deep oil
23. 涮	（动）	shuàn	instant-boil
24. 拌	（动）	bàn	mix and stir
25. 火候	（名）	huǒhou	duration and degree of cooking
26. 蜂蜜	（名）	fēngmì	honey
27. 辣椒	（名）	làjiāo	hot pepper, chilli
28. 蒜	（名）	suàn	garlic
29. 山珍海味		shānzhēn hǎiwèi	all kinds of delicacies from mountains and seas
30. 蘑菇	（名）	mógu	mushroom
31. 海参	（名）	hǎishēn	sea cucumber
32. 煨制	（动）	wēizhì	cook over a slow fire, simmer
33. 菜系	（名）	càixì	varieties of dishes
34. 鲜嫩	（形）	xiānnèn	fresh and tender
35. 酥香	（形）	sūxiāng	crisp and savoury
36. 海螺	（名）	hǎiluó	conch
37. 乳猪	（名）	rǔzhū	sucking pig

38. 鲥鱼	（名）	shíyú	hilsa herring

二、专名　Proper Names

1.《食谱》	《Shípǔ》	name of a book
2.《随园食单》	《Suíyuán Shídān》	name of a book
3.《招魂》	《Zhāo Hún》	name of a book
4. 福建	Fújiàn	Fujian Province

练习题

一、填空

1. 中国烹调历史悠久,从_____食物到_____食物,再到_____食物,表明了中国人在饮食方面的进步,并为后来发达的烹调打下基础。

2. 中国菜的基本要求是_____、_____、_____俱全,其中最重要的是_____。

3. 中国烹调有煎、炒、烹、炸等几十种方法,烹调的关键是_____,这也是烹调艺术的体现。

4. 能大概反映中国人口味的顺口溜是:南_____、北_____、东_____、西_____。

二、名词解释

烹调

三、确认正确答案并连线

麻、辣　　　　　四川风味

清淡、生脆　　　山东风味

清淡、酥香　　　广东风味

鲜嫩、味纯　　　江苏风味

四、回答问题

举例说明中国菜肴的四个特点。

十九　茶与饮茶

在中国有一种最普及的饮料,那就是茶。"开门七件事,柴米油盐酱醋茶",这句俗话说出了茶在中国人民日常生活中的重要地位。日日饮茶,闲暇品茶,客来敬茶,访友赠茶,是中国人几千年来的风俗和习惯。饮茶是中国古老文化的一部分。

中国——茶叶的故乡

中国是茶叶的原产地,是世界上最早发现茶树并利用茶叶的国家。

茶树是远古劳动人民在采集、食用野果、野菜、树叶的过程中发现的。茶叶最初被当作一种药材,叫"苦茶"。中国有一个古老的神话告诉了我们这个事实:"神农尝百草,日遇七十二毒,得茶而解"。神农氏真是一位远古时期的英雄,是他勇敢地试尝各种植物,确定某种植物有毒与无毒时,遇到了茶。在长期用茶治病的过程中,人们发现,茶不仅能治病,而且可以清热解渴,还有清香味道,于是茶自然成为人们喜爱的饮料了。茶从药过渡到一种饮料大约是在 2000 多年前的西汉时期。

陆　羽

饮茶最早出现在中国的西南地区。在远古时代,那里就有很多野生的古茶树。人们最初饮用野生茶,后来开始自己种植茶树。茶树适合在温暖潮湿的地方生长,因而人工种植茶树是在中国的南方,南方人饮茶的风气也最浓厚。过去北方不产茶,北方人喝的茶都是从南方运来的。现在,中国有 18 个省(区)种植茶树,中国已成为世界上最广阔的茶区。

公元 7 世纪,中国的茶叶传到日本、朝鲜,16 世纪以后,又陆续传入欧洲、美洲和非洲。现在全世界有 40 多个国家和地区种植茶树,茶叶同咖啡、可可一起,被称为世界三大饮料。

中国人民在长期的劳动生活中,积累了种茶、制茶、品茶的丰富经验,历代写出的茶书就有 100 多种,其中,唐代陆羽的《茶经》①是最有名的一部,也是世界上第一部茶书。人们称陆羽为"茶神"。

茶叶的种类及饮用

中国茶叶的种类很多,一般分为红茶、绿茶、乌龙茶、花茶和紧压茶五大类。红茶是一种经过充分发酵②的茶叶。茶水红艳,茶叶耐泡。红茶中以安徽的祁门红茶最有名。

绿茶是一种不经过发酵的茶叶。茶水翠绿,茶叶清香。名茶有杭州西湖的龙井茶,苏州太湖的碧螺春茶,安徽的毛峰茶等。

乌龙茶不需要充分发酵,是一种半发酵茶。乌龙茶干燥,好存放,所以陈茶最好,这与其他茶叶以鲜嫩的新茶为最好是不一样的。乌龙茶中以福建的武夷岩茶最有名气。

花茶是用红茶、绿茶和乌龙茶作原料,用各种香花熏制成的,它既有浓郁的茶味,又有鲜花的芳香。花茶中最有名的是福建的茉莉花茶。

藏族人喜欢喝酥油茶

紧压茶是经过蒸馏③,压制成各种形状的块茶,有砖形、圆饼形、碗形等。最好的紧压茶要数云南的普洱茶和四川的沱茶了。

中国地区广大,民族很多,在不同时代,不同地区,喝茶的习惯也不同。

古时候,人们喜欢煮茶饮用,煮茶时还要加些葱、姜、盐、桔子等配料。到了元代,人们喜欢泡茶饮用,里边也不加配料了。泡茶饮用十分方便,而且能品到茶叶的本味,我们今天多数人采用的就是泡茶的方法。

茶具

一般来说,北方人爱喝花茶,江苏、浙江一带的人爱喝绿茶,福建、广东一带的人爱喝乌龙茶,边疆各少数民族爱喝紧压茶。蒙古族人喝茶,要在水里放进奶和盐,成为奶茶。藏族人喝茶,喜欢加入酥油和盐,叫做酥油茶。

中国人饮茶一向讲究用水,只有水好,才能沏出名茶的本味来。例如,要喝出西湖龙井茶的本味,必须要用虎跑泉的水沏泡,别的水是不行的。中国人认为,饮茶最好用泉水,其次用江河的水,再其次是井水,用自来水沏茶,味道就差多了。

饮茶用的茶具也很讲究。茶具要小一点的,最好是用陶瓷的,玻璃的也可以,金属茶具人们一般是不用的。

在中国,饮茶也是一门艺术,那种用大碗大口喝的做法,只能解渴,是得不到茶的本味的。喝茶要慢慢品尝茶叶的味道,这叫"品茶"。怎样品茶呢?可以这样做:茶冲泡好后,先把茶杯捧到鼻子下边闻一会儿,这叫"闻香";接着欣赏一会儿杯里的茶,这叫"观色";然后喝一小口含在嘴里,细细品尝茶叶的味道,最后再慢慢喝下去,这叫"赏味"。

饮 茶 风 俗

在古代,饮茶是一种高雅的活动,文人作诗作画往往都离不开茶,他们认为作诗作画要有意境④,芳香的茶能使诗人和画家进入一种美好的意境,使人产生创作灵感。文人喜欢茶,还写了很多茶诗,有人估计,历代著名的茶诗有几千首。

宋代文人在斗茶

唐宋时期,文人们喜欢"斗茶",大家一起品茶,评出茶的好坏来,谁的茶最好,就感到十分光彩,如果自己的茶不如人家的好,就感到丢了面子。宋代皇宫里常有斗茶活动,据说皇帝赵佶⑤就是一个喜欢斗茶的人。现在广东、福建一带有一种饮茶的方法,叫"功夫茶",这种功夫茶很可能是从斗茶演变而来的。

古时候,男女结婚有以茶为礼的习俗。订婚时,女方要接受男方的赠茶,这叫"受茶"。古典小说《红楼梦》中,王熙凤对林黛玉说:"你既然吃了我们家的茶,还不给我们家当媳妇?"说的就是受茶。现在,茶叶作为礼品互相赠送,已经是各族人民加深感情的一种方式,客来敬茶更成为中国人日常生活中最常见的事情了。

现在,广州人和扬州人有喝早茶的习惯,早晨起床后,人们就纷纷进了茶楼、茶馆,边饮茶边吃早点边聊天,轻松而愉快。上海人和杭州人喜欢喝晚茶,吃完晚饭,泡上茶,几个人坐在一起品茶聊天,充满生活乐趣。在中国,四川的茶馆最多,从早到晚,茶馆里总是坐满了人。

注 释

① 〔《茶经》〕 中国古代最重要的茶书,唐代人陆羽作。书分三卷,对种茶、制茶、饮茶方法、茶的种类、饮茶用具、水质以及饮茶风俗都作了详细的介绍。《茶经》对茶文化的发展,影响深远。

"茶经"——the most important book on tea in ancient China, written by Lu Yu of the Tang Dynasty. The book was in three volumes with detailed account on how to grow, prepare and drink tea as well as on the classification of tea, studies of tea utensils, analysis of water to make tea with and the custom of tea drinking. The book has had a far-reaching influence on the development of tea culture.

② 〔发酵〕 复杂的有机化合物在微生物的作用下,分解成比较简单的物质。

"fermentation"——the process of breaking down complex molecules in organic compounds into simple substances through the action of microorganisms.

③ 〔蒸馏〕 把液体加热,使液体变成蒸汽,再使蒸汽冷却变成液体。蒸馏是为了除去原来液体中的杂质。

"distillation"——the process of turning a liquid into vapour by heating and then cooling and condensing the vapour so as to produce a pure or refined substance.

④ 〔意境〕 指文学艺术作品通过形象描写,表现出来的某种境界和情调。

"artistic conception"——a scene along with a certain state of mind and emotion that a literary or artistic work produces through vivid depiction.

⑤ 〔赵佶〕 (公元 1082～1135 年)北宋皇帝,即宋徽宗。喜欢书法和绘画,在中国美术史上是一位很有成就的人物。

"Zhao Ji"(A.D. 1082—1135)——Emperor Huizong of the Northern Song Dynasty, keen on calligraphy and painting, distinguishing himself by his brilliant achievement in the history of Chinese art.

资 料

功 夫 茶

"功夫茶"是广州和福建一些地方的一种饮茶方法,它可能是从古代上层社会的"斗茶"演变而来的。

泡制"功夫茶"要用乌龙茶(最好的品种是"铁观音")。水最好用泉水,最差的也得是井水,自来水一般是不用的。茶具讲究用宜兴的小紫砂壶,大小如同拳头。茶杯是只能盛一口茶的小白瓷杯,以江西景德镇的产品为最佳。

泡制"功夫茶"有一整套严格的步骤:

一、客人坐好以后,主人要把茶叶拿出来,向客人们介绍茶叶的名称、特点,客人们传递茶叶并欣赏闻味。

二、主人把茶叶放进已用开水烫好的茶壶中,所放的茶叶是茶壶容量的2/3,数量多得叫人吃惊。

三、冲茶讲究高冲,要在茶壶上方25厘米左右的高度把开水冲入壶中,茶叶要在壶中翻滚,用壶盖把溢出壶口的浮沫刮去,然后把盖盖好。泡茶期间还应不断地用开水浇壶身,为的是加温,把茶的精美味道泡出来。

四、把烫好的小茶瓷杯摆成一排,主人提起壶,壶嘴紧挨着茶杯,依次来回倒茶,这样可以使每一杯茶的浓淡一样。茶壶里的茶水快没有时,也要把茶水一滴一滴地滴在各杯之中。

五、向客人敬茶。第一杯茶要给老人或最尊敬的客人。

六、品茶。这是"功夫茶"最讲究的一环。主人和客人拿起茶杯要闻香、观色、赏味,在细品慢饮中体会"功夫茶"色香味的妙处。

饮过一壶后,再按照上面步骤饮第二壶、第三壶……饮过"功夫茶"的人都说饮"功夫茶"是一种美的享受。

龙井茶的传说

很久很久以前,杭州龙井村还是一个荒凉的小山村。村子里住着几十户穷苦人家,村边住着一个老婆婆。老婆婆无儿无女,每天自己照管屋子后面的18棵老茶树。这位老人可善良呢,她虽然过着穷苦的日子,却总是关心别人,常常煮茶给过路的穷人喝。

有一年的除夕,下起了大雪,老婆婆正在烧茶,门外来了一个白胡子白头发的老头儿。老头儿问:"你烧茶做什么?"老婆婆说:"给过路的穷人喝。"老头儿说:"你是一个好人,会有好报的。"他指着墙角的破石臼说:"这个石臼是个宝贝,你很快就会富有了。"老婆婆笑着说:"别说笑话了,要是宝贝,你就拿走吧。"老头儿说:"你可别后悔,明天我就来搬走。"说完,就冒着大雪走了。

第二天,老头儿带着几个人来搬石臼,他一看石臼就急了,说:"宝贝呢? 你给弄哪去了?"老婆婆指着石臼说:"这不是吗?"老头儿说:"我是说石臼里面的垃圾,那些脏东西才是宝贝呢!"老婆婆说:"我怕石臼太脏,把它们全倒在屋后的18棵老茶树根上了。"老头儿走到屋后一看,只见树根上都是垃圾,就说:"也好,今后你就照管好这些茶树吧。"

第二年春天,奇怪的事情发生了。老婆婆屋后的这18棵茶树,枝粗叶茂,长满了绿绿的嫩芽,散发着浓郁的茶香味。老婆婆用这些嫩芽制成茶叶,烧出的茶水别提多好喝了。邻居们都跑来了,他们把老婆婆的茶树种子种在附近的山上,不久,龙井一带漫山遍野就都是茶树了。人们都喜欢喝龙井村的茶,并亲切地称它为"龙井茶"。

后来,杭州又发现了"虎跑泉"。用虎跑泉水泡龙井茶,色香味绝佳。现在人们称龙井茶和虎跑泉水是"杭州双绝"。

●中国是茶叶的故乡,饮茶是中国人的传统习惯。与酒一样,茶与饮茶也是一种"文化"。茶文化融诗词、书法、绘画、歌舞种种艺术为一体,集哲学、历史、宗教、民俗、礼仪、医学等为一堂,具有一种独特而高雅的东方色彩。

●茶是中国文化中最使人感到亲切的一部分,它与人们的生活、情感紧密关联。以茶松弛精神、以茶纯洁心灵、以茶丰富生活、以茶联络感情,已成为中国人的共识。茶在建立人世间和谐方面有一种微妙的不可替代的作用,而所谓"和谐",又正是中国文化的精髓。我们如果从这个角度来看茶文化,对茶文化会有深一层的认识。

词 汇

一、生词　New Words and Expressions

1. 普及	（名）	pǔjí	popular
2. 饮料	（名）	yǐnliào	drink, beverage
3. 酱	（名）	jiàng	a collective name for sauces and jams
4. 闲暇	（名）	xiánxiá	leisure time
5. 品茶		pǐn chá	sample tea
6. 赠	（动）	zèng	present
7. 药材	（名）	yàocái	medicine
8. 苦茶	（名）	kǔtú	a bitter edible plant
9. 毒	（名）	dú	poison
10. 解渴	（动）	jiěkě	quench one's thirst
11. 过渡	（动）	guòdù	gradually become
12. 野生	（形）	yěshēng	wild
13. 发酵	（动）	fājiào	ferment
14. 陈茶	（名）	chénchá	old tea
15. 熏制	（动）	xūnzhì	smoke, fumigate
16. 配料	（名）	pèiliào	flavouring ingredients
17. 茉莉	（名）	mòlì	jasmine
18. 蒸馏	（动）	zhēngliú	distil
19. 酥油	（名）	sūyóu	butter
20. 沏	（动）	qī	infuse
21. 赏味		shǎng wèi	enjoy the flavour
22. 冲泡	（动）	chōngpào	make(tea)
23. 意境	（名）	yìjìng	artistic conception
24. 灵感	（名）	línggǎn	inspiration
25. 光彩	（形）	guāngcǎi	honoured
26. 丢面子		diū miànzi	lose face

160

27. 媳妇	（名）	xífu	wife

二、专名　Proper Names

1. 陆羽	Lù Yǔ	name of a person
2.《茶经》	《Chájīng》	name of a book
3. 安徽	Ānhuī	Anhui Province
4. 祁门	Qímén	name of a place
5. 苏州	Sūzhōu	name of a place
6. 太湖	Tài Hú	name of a lake
7. 龙井	Lóngjǐng	name of a famous tea
8. 赵佶	Zhào Jí	name of a person
9. 王熙凤	Wáng Xīfèng	a female character in《红楼梦》
10. 广州	Guǎngzhōu	Guangzhou
11. 扬州	Yángzhōu	Yangzhou
12. 上海	Shànghǎi	Shanghai

练习题

一、填空

1. 中国是饮茶最早的国家。茶最初被当作治病的药材,称为＿＿＿＿＿。后来发现,茶不仅能治病,而且可以＿＿＿＿＿＿,还有＿＿＿＿＿＿,于是就成为人们喜爱的饮料了。

2. 世界上第一部茶书是唐代人＿＿＿＿＿写成的,书的名字叫＿＿＿＿＿＿。

3. 中国茶叶种类很多,一般分为＿＿＿＿＿、＿＿＿＿＿、＿＿＿＿＿、＿＿＿＿＿和＿＿＿＿＿五大类。

4. 一般来说,＿＿＿＿＿人爱喝花茶,＿＿＿＿＿人爱喝绿茶,＿＿＿＿＿爱喝乌龙茶,＿＿＿＿＿人爱喝紧压茶,＿＿＿＿＿人喜欢喝奶茶,＿＿＿＿＿人爱喝酥油茶。

二、选择正确答案

1. 中国人饮茶讲究用水,下面的哪种水最好?

A. 泉水　　　B. 江河水　　　C. 井水　　　D. 自来水

答（　　）

2. 正确的品茶顺序是:

A. 闻香→赏味→观色

B. 赏味→闻香→观色

C. 闻香→观色→赏味

答（　　）

三、回答问题

在中国,饮茶也是一种文化,而且是中国文化中使人最感亲切的一部分。请就这个问题谈一谈你的看法。

二十 中 国 酒

1915年,中国人带着茅台酒、泸州老窖酒、绍兴黄酒去巴拿马参加万国博览会,由于酒瓶简陋,没有引起人们的注意。这时,一位聪明的中国人把一瓶茅台酒狠狠地摔到地上,酒瓶碎了,顿时,醇香的酒气飘满了展览大厅。在这次博览会上,中国酒获得了4块金牌。

酒 的 历 程

酒的历程是一个复杂而有趣的问题。

中国历来有黄帝造酒和仪狄[①]造酒的传说,而民间流传最广的是杜康造酒的故事。传说杜康是周代的一个牧羊人,有一次放羊时,他把盛着小米粥的竹筒丢了。半个月后,当他找到竹筒,里面的小米粥已经变成散发香气的美酒。杜康十分惊喜,从此不再放羊,开始酿酒,并开了一个酒店。后来,"杜康"就成为酒的别名了。

其实,酒的出现比这些传说要早得多。

古代酿酒图

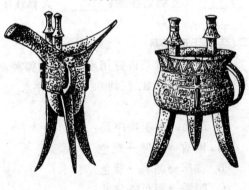

黑陶酒杯和彩陶酒壶(原始社会)　　　　青铜酒器(商代)

162

酒是一种用果实或粮食经过发酵制成的饮料。自然界很早就存在着天然果酒，这是野生果实成熟后，堆积在一起，自然发酵形成的，受天然果酒的启发，原始社会的人用自然发酵法造出了人工果酒。

随着农业的出现，人们又用粮食发酵，经过压榨，造出了酒精浓度极低的粮食酒，这种酒的味道清淡如水。在大汶口文化②和龙山文化③遗址，出土了不少造酒和饮酒的陶器，证明5000年以前，中国人已经能酿造低度粮食酒了。

商周时期，造酒业已十分发达，酿出了多种低度粮食酒。甲骨文、金文的"酒"字，以及丰富多彩的青铜酒器，表明了这种情况。商代人喝酒是很有名的，尤其是后期的统治者，喝酒几乎到了疯狂的程度，他们整天喝酒，很少管理国家的事情。后代人说，商朝灭亡是由于酒的缘故。

蒸馏器的出现，是中国酒历程中重要的一页。酒经过加热蒸馏，水分减少了，酒精度提高了，这种经过蒸馏的高度粮食酒就是著名的白酒。白酒出现得比较晚，时间大约在宋代，至今只有800多年。

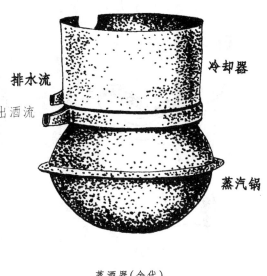

排水流

出酒流

冷却器

蒸汽锅

蒸酒器(金代)

从自然发酵法酿造的人工果酒到低度粮食酒，再到经过蒸馏的高度粮食酒，这大约就是中国酒的发展历程。

中国著名酒类

黄酒，这是一种古老的酒类，属于低度粮食酒。黄酒用糯米作原料，经过糖化④、发酵、压榨而成。黄酒酿好后，要存放好多年才取出饮用。黄酒颜色黄亮，香气浓郁，味道很好。它的酒精浓度比较低，一般仅在10～20度之间，可是它的营养价值却是各酒类中最高的。著名的黄酒有绍兴的加饭酒、花雕酒、状元红酒等。

白酒，这是中国最有代表性的酒类，属于高度粮食酒。白酒以淀粉为原料，经过糖化、发酵、蒸馏而成。白酒没有颜色，酒精浓度比较高，一般在40度以上，有的高达65度，可以点火燃烧，所以又叫"烧酒"。著名的白酒有贵州茅台酒、四川泸州老窖酒、山西汾酒、贵州董酒等。

此外，葡萄酒、啤酒、药酒，也都是很有名的酒类。

神奇的中国酒

在中国,酒时时可见,处处可见。从古代到现代,在政治、经济、文学艺术、军事、医药等各个领域中,都能见到它的踪迹。

李白醉酒

一位将军用酒激励战士英勇杀敌

酒可以引发诗情画意。古代很多有名的诗人、画家、书法家都跟酒有密切的关系。三国时的诗人曹操⑤喜欢喝酒,他的诗句"何以解忧,惟有杜康"已成为千古名句。"斗酒诗百篇"的唐代大诗人李白更喜欢喝酒,有人说从李白的诗中能闻到酒的香气。宋代文学家欧阳修自号"醉翁",他酒后写出了著名散文《醉翁亭记》。晋代书法家王羲之⑥一边喝酒一边写出了书法名作《兰亭序》。唐代书法家张旭⑦和怀素⑧的草书名作,据说都是在喝醉酒后写出的。唐代画家吴道子⑨作画之前,总是要先喝几大杯酒。

在军事上,酒有鼓舞士气的作用。中国古代有这样的故事:一位将军带领军队要去攻打敌人,他只有一壶酒,就把酒倒入河中,士兵们喝了有酒味的河水,士气大振,结果打败了敌人。

酒确实是一种神奇的东西,天冷时喝一点酒,会感到温暖;工作一天后喝一点儿酒,会消除疲劳;遇到高兴的事畅饮美酒,会使心情更兴奋;遇到不愉快的事,可以借酒浇愁,得到一些安慰;亲朋好友聚会,酒能加深感情增进友谊;当然,逢年过节就更离不开酒了。

共饮一坛酒是藏族的习俗

164

"酒逢知己千杯少。"中国人请客时,主人总是把客人的酒杯倒得满满的,这样做是为了让客人多喝酒,这是"以酒为礼"的传统习惯。为了让别人多喝酒,酒宴上还常常做一些游戏,如对诗、猜谜语、划拳⑩等等。跟其他比赛不同的是,输的人要喝酒,这叫"敬酒不吃,吃罚酒"。酒宴上的游戏会使气氛更加欢乐。

　　酒能给人带来欢乐,也会给人带来麻烦和苦恼。有些人喝酒太多,危害了身体健康;有些人喝醉了酒,胡打乱闹,甚至惹出灾祸。所以喝酒要适量,千万不要喝醉了。

注　释

① 〔仪狄〕　传说是夏初大禹时代的人。她曾用桑叶包饭的发酵方法造出了酒,并把酒献给了大禹。

"Yi Di"——a woman, supposed to live in the time of Yu(禹) at the early stage of the Xia Dynasty. It is said that she presented to Yu the liquor she made through fermentation by wrapping rice in mulberry leaves.

② 〔大汶口文化〕　中国新石器时代晚期的一种文化,距今5000年左右。前期处于母系氏族公社阶段,中后期处于父系氏族公社阶段。分布在山东及江苏一带,因首先发现于山东泰安大汶口而得名。

"the Dawenkou Culture"——a culture of the late Neolithic Age 5000 years ago in China, relics of which were first unearthed in Dawenkou, Tai'an, Shandong Province. Its social pattern was matriarch commune at the early stage, and patriarch commune at the intermediate and last stages. Its area of distribution was what is now Shandong and Jiangsu.

③ 〔龙山文化〕　中国新石器时代晚期的一种文化,距今4000年左右。属于父系氏族公社阶段。龙山文化分布地区广泛。经济生活以农业为主,畜牧业较发达。制陶技术水平较高,陶器以黑陶为代表,所以龙山文化又称为"黑陶文化"。

"the Longshan Culture"——a widely distributed culture of the Neolithic Age 4000 years ago in China in the stage of patriarch commune, during which agriculture became the mainstay of economic life and stock-raising and pottery-making were also developed. It is also known as "the Black Pottery Culture", since black pottery was typical of that period.

④ 〔糖化〕　淀粉在酵素的作用下变成糖。

"saccharification"——a process in which starch is converted into sugar through the action of enzyme.

⑤ 〔曹操〕　三国时的文学家、军事家。由于明代长篇小说《三国演义》对他有大量描写,所以曹操在中国是一位家喻户晓的人物。

"Cao Cao"——a writer and strategist of the period of the Three Kingdoms. Cao Cao is known far and wide in China, because he is one of the main characters in the popular novel "三国演义" written in the Ming Dynasty.

⑥ 〔王羲之〕　东晋时著名书法家。各种书体都写得很好,其中行书写得最好,被称为"书

圣"。

"Wang Xizhi"——a well-known calligrapher of the Eastern Jin Dynasty, an expert in all styles of handwriting, especially in the running-hand script. He was honoured as "Master of Calligraphy".

⑦ 〔张旭〕 唐代书法家。擅长写狂草。他的字笔画相连，神采飞扬，被称为"草圣"。张旭好喝酒，常在醉后写出得意之作。代表作品有草书《古诗四帖》等。

"Zhang Xu"——a Tang Dynasty calligrapher specializing in a wildly forceful cursive hand filled with life and vigour. He was honoured as "Master of Cursive Hand". Zhang was fond of drinking. Many of his outstanding works came out after he was drunk. "古诗四帖" is representative of his work.

⑧ 〔怀素〕 唐代书法家、僧人。擅长写狂草。也是一位逢写必喝酒的人。他的名作是《自叙帖》。

"Huai Su"——a Tang Dynasty calligrapher and a Buddhist monk, good at wildly forceful cursive hand. He also drank while writing. His well-known work was "自叙帖".

⑨ 〔吴道子〕 唐代画家。善于画人物画，他画的人物神情逼真，衣褶飘动，立体感很强。人称"画圣"。代表作品有《天王送子图》等。

"Wu Daozi"——a Tang Dynasty painter specializing in figure painting. The figures he painted, resembling live persons in real clothes, manifest a striking three-dimensional effect. Wu was honoured as "Master of Painting". "天王送子图" is representative of his work.

⑩ 〔划拳〕 喝酒时两人同时伸出手指并各说一数字，谁说的数目跟双方所伸手指的总数相符，谁就算赢，输的人喝酒。

"finger-guessing game"——a drinking game which requires each of the two persons in the game to stretch out a number of fingers and, at the same time, guess the number of all the fingers stretched out by the two persons. The one who guesses right wins the game. The loser is made to drink as a punishment.

资　料

中国名酒
茅台酒

茅台酒是中国最著名的白酒，也是世界名酒之一。它是中国举行国宴招待贵宾的必备饮料。在中国，茅台酒一直享有"第一美酒"的美誉。

茅台酒产于贵州省赤水河边的茅台镇。赤水河是由山泉汇合而成，水质甜美，没有污染，为酿造茅台酒创造了良好的条件。茅台酒用优质小麦和高粱作原料，蒸煮、发酵后，分八次蒸馏，每月蒸馏一次。酿好的酒还要在陶瓮存放好几年，才能拿出来饮用。茅台酒的酿造时间长达五六年。

茅台酒一开瓶，满室飘香。现在，中外朋友都为能喝上一杯茅台酒而感到荣幸。

绍 兴 黄 酒

绍兴黄酒是历史悠久、品种繁多的酒类。绍兴黄酒以糯米作原料,采用水质甘美的鉴湖水制成,色泽黄亮、香气浓郁。酿好的黄酒装进陶坛里,用泥封口,放进地窖中贮藏,一般要贮存3~5年,多的10~20年,所以又叫"老酒"。著名的品种有加饭酒、花雕酒、状元红酒、香雪酒等。加饭酒是因为制造时加入的糯米数量特别多而得名的,它是绍兴黄酒中最好的酒。花雕酒的得名也很有意思,按照绍兴风俗,母亲生了女儿,在女儿满月时要酿造黄酒,把酒放入雕刻有五彩花纹或图画的陶坛中,在窖中贮藏十几年,等到女儿出嫁时才取出来,款待客人或作为女儿的陪嫁,所以又叫"女儿酒"。因为酒坛是雕刻着花纹的,就有了花雕酒的名称。

葡 萄 酒

葡萄酒是用葡萄酿制的一种果酒,起源于亚洲古国巴比伦和亚述,西汉时通过丝绸之路传到中国。中国的葡萄酒在古代酿造得已经相当好了,唐诗中就有"葡萄美酒夜光杯"的佳句。

葡萄多种在长江以北,因此北方的葡萄酒最好。现在中国最大的葡萄酒产地是山东省烟台市,那里的张裕葡萄酒厂生产的红葡萄酒、味美思和金奖白兰地中外闻名。此外,北京的中国红葡萄酒,青岛的白葡萄酒以及天津中法合作生产的干白葡萄酒也都是十分有名的。

国家名牌白酒

白酒是中国最有代表性的酒类。近年来,以茅台酒为首的一批著名白酒,多次获得国家金质奖,下面列出的是在1989年全国第五届评酒会上获金质奖的17种白酒。它们是:茅台酒、汾酒、五粮液、洋河大曲、剑南春、古井贡酒、董酒、西凤酒、泸州老窖酒、全兴大曲、双沟大曲、黄鹤楼酒、郎酒、武陵酒、宝丰酒、宋河粮液、沱牌曲酒。

诗 一 首

酒　艾　青	**WINE**　Ai Qing
	Translated by Wang Wenyuan
她是可爱的	*She is lovely*
具有火的性格	*With the character of fire*
水的外形	*And the form of water*
她是欢乐的精灵	*She is a merry spirit*
哪儿有喜庆	*Where there is a happy event*
就有她光临	*There she'll find herself*
她真是会逗	*She's so good at teasing*
能让你说真话	*That she can make you speak the truth*

掏出你的心	And bare your heart
她会使你	She'll make you
忘掉痛苦	Forget your troubles
喜气盈盈	Drink then, to love
喝吧,为了胜利	Drink then, to victory
喝吧,为了友谊	Drink then, to friendship
喝吧,为了爱情	Drink then, to love
你可要当心	But you must take care
在你高兴的时候	When you feel jolly
她会偷走你的理性	She'll steal your reason away
不要以为她是水	Don't take her for water
能扑灭你的烦忧	That will put out your worries
她是倒在火上的油	She is the oil poured on the fire
会使聪明的更聪明	That'll make the wise even wiser
会使愚蠢的更愚蠢	And the foolish even more foolish

提 示

●酒是人类创造的一种物质,作为一种物质文化,中国酒显示了中国酒文化的特殊性。造酒之初,西方人选用了葡萄来酿酒,虽然中国最早也有人工果酒,但中国酒的主流是粮食酒,中国人用粮食来酿酒,选择了自己的道路。

●作为一种精神文化,中国酒的作用异常广泛和强大。酒与社会生活、文学艺术、人的审美思想的密切关系,构成了不同于西方的中国酒文化的特色。儒家在酒上重礼、重实用;道家在酒上重情、重乐趣,儒道两家关于酒的思想,深刻地影响着中国酒文化的特点。

词 汇

一、生词 New Words and Expressions

1. 博览会	(名)	bólǎnhuì	fair
2. 简陋	(形)	jiǎnlòu	simple and undecorated
3. 狠狠	(副)	hěnhěn	with great force
4. 醇香	(形)	chúnxiāng	mellow
5. 历程	(名)	lìchéng	historical development
6. 粥	(名)	zhōu	gruel

168

7. 酿酒		niàng jiǔ	make wine or liquor
8. 别名	（名）	biémíng	another name
9. 堆积	（动）	duījī	accumulate
10. 酒精	（名）	jiǔjīng	alcohol
11. 压榨	（动）	yāzhà	press
12. 缘故	（名）	yuángù	cause
13. 疯狂	（形）	fēngkuáng	crazy
14. 浓郁	（形）	nóngyù	strong, rich
15. 淀粉	（名）	diànfěn	starch
16. 踪迹	（名）	zōngjì	trace
17. 醉	（动）	zuì	be drunk
18. 士气	（名）	shìqì	morale
19. 解忧		jiě yōu	dispel sorrow
20. 畅饮	（动）	chàngyǐn	drink freely
21. 加深	（动）	jiāshēn	deepen
22. 增进	（动）	zēngjìn	promote
23. 知己	（名）	zhījǐ	close friend
24. 借酒浇愁		jiè jiǔ jiāo chóu	drown one's sorrows in drink
25. 对诗		duì shī	poem-composing contest
26. 苦恼	（名）	kǔnǎo	sorrow
27. 灾祸	（名）	zāihuò	disaster, calamity
28. 适量	（形）	shìliàng	appropriate amount

二、专名 Proper Names

1. 茅台	Máotái	name of a place
2. 泸州	Lúzhōu	name of a place
3. 绍兴	Shàoxīng	name of a place
4. 巴拿马	Bānámǎ	Panama
5. 仪狄	Yí Dí	name of a person
6. 杜康	Dù Kāng	name of a person
7. 大汶口文化	Dàwènkǒu Wénhuà	the Dawenkou Culture
8. 龙山文化	Lóngshān Wénhuà	the Longshan Culture
9. 贵州	Guìzhōu	name of a place
10. 曹操	Cáo Cāo	name of a person
11. 欧阳修	Ōuyáng Xiū	name of a person
12.《醉翁亭记》	《Zuìwēngtíng Jì》	name of a prose
13. 晋代	Jìndài	the Jin Dynasty
14. 王羲之	Wáng Xīzhī	name of a person
15.《兰亭序》	《Lántíng Xù》	name of a prose

16. 张旭	Zhāng Xù	name of a person
17. 怀素	Huái Sù	name of a person
18. 吴道子	Wú Dàozǐ	name of a person

练习题

一、填空

1. 中国酒的历程是从_____到_____,再到_____。

2. 大约_____年以前,中国人就酿造出低度粮食酒;经过蒸馏的高度粮食酒大约是在_____代酿造出来的,至今只有_____年历史。

3. 中国最古老的酒类是_____酒,最有代表性的酒类是_____酒。

4. 在中国的酒宴上,主人总是把客人的酒杯倒得满满的,这是_____的传统习惯。

二、确认下列名酒的酒类,并连线

贵州茅台酒

山西汾酒   黄酒

四川泸州老窖酒

绍兴加饭酒   白酒

绍兴花雕酒

金奖白兰地酒   葡萄酒

烟台红葡萄酒

三、回答问题

为什么说中国酒是一种神奇的东西?

二十一 中国古代诗歌(一)

中国是一个诗国,中华民族是喜爱诗歌的民族。自古以来,中国人就有用诗歌抒情的传统。中国古代诗歌作品丰富,诗人众多,艺术成就辉煌,在世界诗坛上占有重要的地位。

从3000年前的《诗经》到楚辞、乐府民歌,再到唐诗、宋词、元曲①,中国的诗歌就像一条诗的长河向前奔流。在这条诗的长河中,民歌的数量最多,还有一部分是文人的作品。

中国诗歌注重抒情,讲究意境和韵律,富有绘画美和音乐美,深受中国人民和世界人民喜爱。

《诗 经》

《诗经》是中国诗歌长河的源头,是中国最早的一部诗歌总集。《诗经》收集了从西周到春秋时期500年间的305篇作品。诗歌题材广泛,语言朴素生动。这些中国最早的诗多以四个字为一个诗句,也许是年代久远的缘故,文字不太好懂。《诗经》中的诗都能配上音乐唱出来,于是按音乐分成了"风"②、"雅"③、"颂"④三部分。"风"中大部分是民歌,"雅"和"颂"中多是统治阶层的作品。

人们最喜欢"风"中的民歌,这些民歌感情真挚,语言比较通俗,从中能看到古代劳动人民耕作的艰辛、丰收的欢乐、爱情的追求、生活的理想,以及对奴隶主贵族的憎恨和反抗。有一首叫《硕鼠》的诗,记录了奴隶们反抗奴隶主贵族的愤怒的呼喊:

《诗经·采葛》插图

硕鼠硕鼠, (大老鼠啊大老鼠,)

无食我黍! (别再吃我的黄黍!)

三岁贯汝, (多年把你喂足,)

莫我肯顾。 (我的死活你一点儿也不顾。)

逝将去汝, (我要离开你另找出路,)

适彼乐土。 (搬到那边的乐土。)

乐土乐土, (乐土啊乐土,)

171

爰得我所！（那才是我安身生活的地方。）

请听,奴隶们把残酷剥削他们的奴隶主贵族比作贪吃的大老鼠,这种比喻是多么恰当啊!

下面是一首爱情诗《采葛》：

彼采葛兮，　　（那个采葛的好姑娘啊,）
一日不见，　　（一天一日不见她,）
如三月兮。　　（好像三月长又长啊。）

彼采萧兮，　　（那个采萧的好姑娘啊,）
一日不见，　　（一天一日不见她,）
如三秋兮。　　（好像三秋长又长啊。）

彼采艾兮，　　（那个采艾的好姑娘啊,）
一日不见，　　（一天一日不见她,）
如三年兮。　　（好像三年长又长啊。）

这首爱情诗写一个青年男子对一个少女的怀念,诗歌感情纯真,通过反复歌唱,使怀念的情意步步加深。

《诗经》以朴素优美的语言、恰当的比喻、反复的歌唱,造成诗的意境和形象,这种艺术手法,对以后的诗歌影响极大。

楚　辞

战国时期,楚国出现了中国第一位大诗人——屈原。屈原吸收南方民族的特点,采用楚国方言,创造了一种新的诗歌——楚辞。楚辞诗句自由,不再像《诗经》那样每句四个字,这就扩大了诗歌的表现力;句中和句尾常用"兮"字来表示语气;诗中常有神奇的想像和神话传说。这些特点,很利于表达诗人的思想感情。

屈原以火一般的感情写出了很多优秀的诗歌,流传到现在的有 25 首,其中以《离骚》最著名。《离骚》共有 373 句,2478 字,是中国古代最长的抒情长诗。

在《离骚》中,诗人叙述了自己的身世、政治理想、遭遇及受迫害后的心情,抒发了对楚国对人民的热爱之情。请看：

长太息以掩涕兮，　　（我长叹一声禁不住流下眼泪啊,）
哀民生之多艰！　　　（我哀怜人民的生活这样多灾多难!）

诗人对政治理想的追求是非常感人的,他写道：

路漫漫其修远兮，　　（我要走的路是多么长远啊,）

《离骚》插图

吾将上下而求索。　（我将上天下地去追求我的理想。）

《离骚》不但感情奔放，而且想像神奇，诗人可以自由地在天上坐车行走，让凤凰和龙为他拉车，把风、雨、雷、电、云、月作为侍从，想像神奇而美妙。

乐 府 民 歌

乐府民歌出现在汉代，是国家乐舞管理机构"乐府"所收集的民歌。这些流传在民间的诗歌语言朴素、活泼，所反映的社会内容十分广泛。

东汉末年的《孔雀东南飞》[5]是乐府民歌最有名的诗篇。这首诗描述了一对

《孔雀东南飞》插图

青年男女的悲剧故事,全诗1700多字,是中国古代最长的叙事诗。

南北朝时期的乐府民歌成就也很高,在众多作品中,最著名的是《木兰辞》。诗歌叙述了女英雄花木兰女扮男装,替父从军的故事。语言通俗生动,有音乐美感。请阅读花木兰从军路上的一段诗句:

旦辞爷娘去,暮宿黄河边。不闻爷娘唤女声,但闻黄河流水鸣溅溅。旦辞黄河去,暮宿黑山头,不闻爷娘唤女声,但闻燕山胡骑声啾啾。

《木兰辞》这首优秀的民歌,与东汉末年的《孔雀东南飞》被称为乐府民歌的双璧,千百年来,一直为人民所传诵。

《木兰辞》插图

注　释

① 〔元曲〕 一种可以演唱的韵文形式。盛行于元代,所以叫元曲。

"Yuan Qu(元曲)"——a type of verse that could be put to music, popular in the Yuan Dynasty, hence the name Yuan Qu.

② 〔风〕 《诗经》的组成部分之一。又名《国风》,是15个国家的民歌,共160篇。

"Feng(风)"——"Folk Ballads", a section of "诗经". This section consists of 160 ballads from fifteen states.

③ 〔雅〕 《诗经》的组成部分之一。主要为奴隶主贵族宴乐时的乐歌,共105篇。

"Ya(雅)"——"Dynastic Hymns", a section of "诗经". This section consists of 105 songs, most of which were for entertaining slave owners at feasts.

④ 〔颂〕 《诗经》的组成部分之一。奴隶主贵族祭祀时的乐歌,共40篇。

"Song(颂)"——"Sacrificial Songs", a section of "诗经". This section consists of 40 songs for sacrificial ceremonies attended by slave owners.

⑤ 〔《孔雀东南飞》〕 东汉末年的长篇叙事诗。故事内容是:庐江府小吏焦仲卿和妻子刘兰芝感情很好。可是焦仲卿的母亲不喜欢媳妇,把刘兰芝赶回娘家。刘兰芝回娘家后被逼改嫁,刘兰芝悲愤地投河自杀,焦仲卿听说后也上吊而死。

"孔雀东南飞"——one of the longest narrative ballads at the end of the Eastern Han Dynasty. Jiao Zhongqing was a petty official in the prefecture of Lujiang. He and his wife Liu Lanzhi loved each other devotedly. Jiao's mother who did not like Liu sent her away. Her parents tried to compel her to marry another man. Driven by grief and indignation, she drowned herself in a river. Having learned of her tragic death, Jiao hanged himself.

诗 歌 欣 赏

《诗经》一首

木瓜（卫风）

投我以木瓜,报之以琼琚。匪报也,永以为好也。
投我以木桃,报之以琼瑶。匪报也,永以为好也。
投我以木李,报之以琼玖。匪报也,永以为好也。

说明： 这是一首描写爱情的诗歌。这首诗歌运用相同格式、反复歌唱的手法,表现了男女青年纯朴而真挚的爱情。

乐府民歌二首

上邪（汉乐府民歌）

上邪! 我欲与君相知,长命无绝衰。
山无陵,江水为竭,冬雷震震,夏雨雪,天地合,乃敢与君绝!

说明： 这是一首情诗。诗中的女主人公对天发誓,一连用了五件不可能出现的事情来表明自己忠贞的爱情。

敕勒歌（北朝乐府民歌）

敕勒川,阴山下。天似穹庐,笼盖四野。
天苍苍,野茫茫。风吹草低见牛羊。

说明： 这首南北朝时期的乐府民歌,仅用了 27 个字,就出色地描绘出辽阔壮丽的草原景象,并反映了北方民族的游牧生活和精神面貌。

陶渊明诗一首

种豆南山下

种豆南山下,草盛豆苗稀。
晨兴理荒秽,带月荷锄归。
道狭草木长,夕露沾我衣。
衣沾不足惜,但使愿无违。

说明： 陶渊明是东晋大诗人。这首五言诗写诗人早出晚归的劳动生活,表现了诗人对劳动的热爱和过朴素生活的感受。诗句自然优美,充满诗情画意。

词　汇

一、生词　New Words and Expressions

1.	抒情	（动）	shūqíng	express one's feeling
2.	诗坛	（名）	shītán	poetry circles
3.	注重	（动）	zhùzhòng	attach importance to
4.	韵律	（名）	yùnlǜ	rhyme scheme
5.	阶层	（名）	jiēcéng	social stratum
6.	真挚	（形）	zhēnzhì	sincere
7.	通俗	（形）	tōngsú	easy to understand
8.	艰辛	（形）	jiānxīn	hardship
9.	憎恨	（动）	zēnghèn	hate
10.	硕鼠		shuò shǔ	big rat
11.	黍	（名）	shǔ	millet
12.	汝	（代）	rǔ	you
13.	逝	（动）	shì	determine
14.	爰	（代）	yuán	where
15.	葛	（名）	gé	name of a herb
16.	萧	（名）	xiāo	name of a herb
17.	艾	（名）	ài	name of a herb
18.	纯真	（形）	chúnzhēn	genuine
19.	迫害	（动）	pòhài	persecute
20.	太息	（动）	tàixī	sigh
21.	掩涕		yǎn tì	shed tears
22.	漫漫	（形）	mànmàn	very long
23.	修远		xiū yuǎn	very long
24.	求索		qiú suǒ	pursue
25.	奔放	（形）	bēnfàng	bold
26.	凤凰	（名）	fènghuáng	phoenix
27.	悲剧	（名）	bēijù	tragedy
28.	女扮男装		nǚ bàn nán zhuāng	a woman disguising as a man
29.	从军		cóngjūn	join the army
30.	溅溅	（象声）	jiànjiàn	an onomatopoeic word
31.	啾啾	（象声）	jiūjiū	an onomatopoeic word
32.	传诵	（动）	chuánsòng	spread by word of mouth or widely read

二、专名　Proper Names

1.	《离骚》	《Lísāo》	name of a literary work

176

2.《孔雀东南飞》	《Kǒngquè Dōngnán Fēi》	name of a literary work
3.《木兰辞》	《Mùláncí》	name of a literary work
4. 黑山	Hēi Shān	name of a place
5. 燕山	Yān Shān	name of a place

练习题

一、填空

1. 自古以来，中国人就有用诗歌_____的传统。中国古代诗歌数量最多的是_____，还有一部分是_____的作品。

2. 中国诗歌注重_____，讲究_____和_____，富有_____和_____。

3.《诗经》收集了从西周到春秋时期的_____篇作品，分成_____、_____、_____三部分。

4. 中国古代最长的抒情诗是_____，最长的叙事诗是_____。

二、选择正确答案

确认中国古代诗歌正确的发展顺序：

A. 楚辞→乐府民歌→诗经→唐诗→宋词→元曲

B. 诗经→楚辞→乐府民歌→唐诗→宋词→元曲

答（　　）

三、回答问题

楚辞的艺术特点有哪些？

二十二 中国古代诗歌（二）

唐 诗

唐代是诗歌的黄金时代,唐诗代表了中国古代诗歌的高峰。我们今天能看到 2200 多位唐代诗人所作的近 5 万首诗歌。这些诗歌内容丰富,广泛而深刻地反映了唐代的社会生活,并具有极高的艺术价值。

唐诗的形式和风格丰富多彩。唐代不仅有前代的句式自由的诗歌,而且还创造了句式固定整齐的新体诗,这就是律诗①和绝句②。这种新体诗对音韵、格律③要求严格,把中国古代诗歌音节和谐、文字精练的艺术特色推到一个新的高度,成为古代抒情诗的典型形式。

唐诗具有一种形式美和音乐美,请试读下面这首五言绝句《春晓》:

春眠不觉晓,处处闻啼鸟。

夜来风雨声,花落知多少!

李白诗意境

这首孟浩然写的著名唐诗,句式整齐,音调优美,很便于朗读。全诗只用了 20 个字,就把春天的美和诗人的喜悦心情表现出来了。

田园诗与边塞诗

唐代的著名诗人很多,有些人以写田园山水诗著名,像王维④、孟浩然⑤等人笔下的田园风光和大自然景色都十分优美。王维是这样描绘江南山村风光的:

空山新雨后,天气晚来秋。

明月松间照,清泉石上流。

读着这优美诗句,我们好像在观赏一幅秀丽的风光图画。人们都喜欢王维的诗,称他的诗是"诗中有画"。

还有些诗人喜欢写边塞诗,边塞诗雄奇壮美,能生动地展现边疆的自然风光和战斗生活。高适⑥、岑参⑦等诗人的边塞诗写得最出色。请看岑参的诗:

北风卷地白草折,胡天八月即飞雪。

178

忽如一夜春风来,千树万树梨花开。

诗人展现给读者的是一幅变化无常的边塞图景:猛烈的北风吹断了地上的白草,边塞的八月竟然下起了大雪。顿时,大地变成白茫茫的一片,就好像来了一阵春风,吹开了雪白的梨花。

唐代三大诗人

唐代最著名的诗人是李白、杜甫和白居易。

李白,字太白。他一生大部分时间生活在唐朝最强盛的时期。李白喜欢游览名山大川,写了大量赞美祖国山河的诗篇。他写长江的浩渺无际:

孤帆远影碧空尽,惟见长江天际流。

写黄河万里奔腾的气势:

君不见黄河之水天上来,奔流到海不复回。

写庐山瀑布飞泻的壮丽景象:

飞流直下三千尺,疑是银河落九天。

李白一生写了1000多首诗,他的诗气势宏大,想像丰富,感情奔放。人们称他为"诗仙"。

杜甫

杜甫诗《石豪吏》插图

杜甫,字子美。他生活在唐朝由强盛转向衰落的时期。杜甫去过很多地方,还在都城长安住过十年,对社会的黑暗十分了解。一年冬天,他从长安回家乡探望亲人,到家后才知道他的小儿子已经饿死了。悲痛中,他想起皇帝和贵族们饮酒作乐的情景,就愤怒地写下千古名句:

朱门酒肉臭,路有冻死骨。

国家的战乱、人民的痛苦,使他写出了大量不朽的诗篇,著名的"三吏"、"三别"⑧、《春望》等就是其中的代表作。杜甫写了1400多首诗,他的诗语言精练,感情深沉,意境悲壮。因为杜甫的诗反映了当时的历史面貌,所以后人称他的诗为"诗史"。人们喜欢杜甫的诗,热爱杜甫,称他为"诗圣"。

白居易,字乐天。他生活在唐朝衰落的时期。白居易一生写了3600多首诗,他的诗揭露了社会的黑暗,反映了人民的痛苦。白居易的诗通俗易懂,据说他写完诗,常常先念给老婆婆听,再不断修改,直到老婆婆听懂为止,所以他的诗在民间流传很广。千古名句"野火烧不尽,春风吹又生"就是白居易写的。

宋　词

宋代是词的黄金时代。词是又一种新体诗歌,唐代已在民间流行。词是按不同的格式填写的,句子有长有短,便于歌唱。与诗相比,词通过长短不齐的句子,能更具体更细致地描写某些事物,抒发某种心情。我们来欣赏一首宋代女词人李清照⑨写的《如梦令》⑩:

常记溪亭日暮,沈醉不知归路。

兴尽晚回舟,误入藕花深处。

争渡,争渡,惊起一滩鸥鹭。

这首词记叙了女词人年轻时的一件趣事:一个夏天的傍晚,女词人在小溪边的亭中饮酒,没想到喝醉了。等她坐上小船回家时,天色已经很晚,她迷了路,小船划到荷花丛中。她很着急,就快速划船,划水的声音使一群水鸟受惊飞上了天空。女词人用了33个字,展现了一个有声有色的画面,同时还写出了她年轻时的平静生活和愉快心情。

由于词便于描写事情和抒发感情,所以宋代的文人们很喜欢写词。有一本《全宋词》,里面收集了1330位词人写的近两万首词。宋代最著名的词人有苏轼、辛弃疾⑪、柳永⑫、李清照等。苏轼、辛弃疾等人的词豪迈奔放,柳永等人的词优美抒情,

苏轼词《赤壁怀古》插图

李清照的词情真动人。这些不同的艺术风格,使宋词显得多彩多姿。

注　释

① 〔律诗〕 形成于唐代。全诗八句。每句五字的,称五言律诗;七字的称七言律诗。在平仄、对仗、押韵方面有严格的规定。

"*Lüshi*"——a poem of eight lines, each containig five or seven characters, with strict tonal and antithesis patterns and a strict rhyme scheme. The poem originated in the Tang Dynasty.

② 〔绝句〕 形成于唐代。全诗四句。每句五字的,称五言绝句;七字的称七言绝句。在平

仄、押韵方面的要求与律诗相同,对仗要求不严格。

"*Jueju*"——a poem of four lines, each containing five or seven characters, with a strict tonal pattern and rhyme scheme as in *Lüshi*, but not so strict in antithesis pattern. Such poems first appeared in the Tang Dynasty.

③ 〔格律〕 诗、词、曲等关于字数、句数、平仄、押韵等方面的格式和规则。

"*gelü*"——referring to rules and forms of classical poetic composition with respect to numbers of lines and characters, tonal patterns, rhyme schemes, etc.

④ 〔王维〕 唐代诗人、画家。所写的田园山水诗充满诗情画意,边塞诗写得也很好。著名作品有《山居秋暝》、《终南山》等。

"Wang Wei"——a poet and painter of the Tang Dynasty. His idyllic poems give a vivid description of picturesque pastoral sceneries. His frontier poems are also well-written. His well-known works are "山居秋暝","终南山",etc.

⑤ 〔孟浩然〕 唐代田园诗人。善于写五言诗。代表作有《过故人庄》、《春晓》等。

"Meng Haoran"——a pastoral poet of the Tang Dynasty. He was good at writing poems with five characters in each line. His best known works are "过故人庄","春晓",etc.

⑥ 〔高适〕 唐代边塞诗人。他的诗豪迈悲壮。代表作有《燕歌行》等。

"Gao Shi"——a poet of the Tang Dynasty, a prominent figure of the school of frontier poetry. His poems are full of pathetic but heroic spirit. His main works include "燕歌行" and so on.

⑦ 〔岑参〕 唐代边塞诗人。擅长七言诗。诗歌雄奇壮美。代表作有《白雪歌送武判官归京》等。

"Cen Shen"——a poet of the Tang Dynasty, specializing in frontier poetry, good at writing poems with seven characters in each line. His poems give a vivid description of the magnificent frontier view. Among his outstanding works are "白雪歌送武判官归京" and so on.

⑧ 〔"三吏""三别"〕 杜甫的诗歌《石壕吏》、《潼关吏》、《新安吏》和《新婚别》、《垂老别》、《无家别》。

"three '*officers*' and three '*partings*'(三吏三别)"——abbrievations for the titles of six poems written by Du Fu of the Tang Dynasty. Three "*officers*"(三吏) refers to three poems, the titles of which end in the character 吏(officer), and likewise three "*partings*"(三别).

⑨ 〔李清照〕 南宋著名女词人。善于用白描手法抒情,语言清新自然,情真动人。代表作有《声声慢·寻寻觅觅》、《永遇乐·落日镕金》等。

"Li Qingzhao"——a female *ci* poet of the Southern Song Dynasty, good at expressing her emotion in simple and plain language. Her style is original and natural, and her lyrics genuine and touching. Her best known works are "声声慢·寻寻觅觅","永遇乐·落日镕金",etc.

⑩ 〔《如梦令》〕 词牌。词牌不是题目,它只表示某词的句数、字数、韵调、平仄。《如梦令》全词33字。

"*Ru Meng Ling*"——one of the names of the tunes to which *ci* poems are composed. Such names are not titles of poems. They only indicate numbers of lines and characters, tonal patterns and rhyme schemes. For example, "*Ru Meng Ling*" fixes a total number of 33 characters to a *ci* poem.

⑪ 〔辛弃疾〕 南宋爱国词人,与苏轼同为豪放词派的代表。代表作有《永遇乐·京口北固

亭怀古》等。

"Xin Qiji"——a patriotic *ci* poet of the Southern Song Dynasty. He and Su Shi were both outstanding *ci* poets of the bold and unconventional school. Xin's main works include "永遇乐·京口北固亭怀古" and so on.

⑫〔柳永〕 北宋著名词人。作品多写都市生活,词句优美抒情,很受市民喜爱。代表作有《雨霖铃》等。

"Liu Yong"——a famous *ci* poet of the Northern Song Dynasty. His works focus on urban life. With beautiful and emotional lines his poems appeal very much to urban people. The poem "雨霖铃" is representative of his works.

资料

诗词欣赏
唐诗四首

在唐诗中,全诗四个诗句的叫绝句,每句五字的叫五言绝句(简称五绝),每句七字的叫七言绝句(简称七绝);全诗八个诗句的叫律诗,每句五字的叫五言律诗(简称五律),每句七字的叫七言律诗(简称七律)。

山居秋暝　　王维

空山新雨后,天气晚来秋。
明月松间照,清泉石上流。
竹喧归浣女,莲动下渔舟。
随意春芳歇,王孙自可留。

说明　这是一首优美的田园诗。这首五言律诗用优美的诗句,描绘出秋天傍晚雨后山村的美丽景色和山村人民欢乐的劳动生活,表达了诗人对大自然的热爱之情。这首诗历来被誉为"诗中有画"的杰作。

从军行　　王昌龄

青海长云暗雪天,孤城遥望玉门关。
黄沙百战穿金甲,不斩楼兰终不还。

说明　这是一首著名的七绝边塞诗。这首诗描绘了边塞壮观的风光,抒发了将士坚决杀敌卫国的豪情壮志,读后令人精神振奋。

望庐山瀑布　　李白

日照香炉生紫烟,遥看瀑布挂前川。
飞流直下三千尺,疑是银河落九天。

说明　这首七绝用夸张、比喻的手法和动静结合的画面,写出了庐山瀑布的壮观与优美,表达了诗人对祖国美好山河的一片深情。

春望　　杜甫

国破山河在,城春草木深。

感时花溅泪,恨别鸟惊心。

烽火连三月,家书抵万金。

白头搔更短,浑欲不胜簪。

说明　这是一首著名的五言律诗。诗人通过对春天景物的描绘,抒发了关心国家命运,思念家人的沉痛心情。

宋 词 一 首

念奴娇　赤壁怀古　　苏轼

大江东去,浪淘尽,千古风流人物。故垒西边,人道是:三国周郎赤壁。

乱石穿空,惊涛拍岸,卷起千堆雪。江山如画,一时多少豪杰!

遥想公瑾当年,小乔初嫁了,雄姿英发。羽扇纶巾,谈笑间,强虏灰飞烟灭。

故国神游,多情应笑我,早生华发。人生如梦,一尊还酹江月。

说明　这是苏轼最杰出的词作,也是豪放词派的代表作之一。这首词通过对长江和赤壁雄伟景色的描绘,以及对历史英雄人物周瑜的形象刻画,表达了诗人对英雄的怀念和敬仰,抒发了自己年老而事业未成的心情。词句长短不齐,这正是词便于描写事物和抒发感情的特点。

现代词一首

沁园春　雪　　毛泽东

北国风光,千里冰封,万里雪飘。望长城内外,惟余莽莽;大河上下,顿失滔滔。

山舞银蛇,原驰蜡象,欲与天公试比高。须晴日,看红装素裹,分外妖娆。

江山如此多娇,引无数英雄竞折腰。惜秦皇汉武,略输文采;唐宗宋祖,稍逊风骚。

一代天骄,成吉思汗,只识弯弓射大雕。俱往矣,数风流人物,还看今朝。

说明　这是现代大诗人毛泽东1936年2月写的一首词,是现代写景抒情的著名词作。诗人所写的景壮观秀丽,所抒的情气势磅礴。

提　示

●中国是诗的国度。中国文学最早的形式是诗。从《诗经》开始,中国人的祖先就选择了简洁、反复歌唱的诗歌来表达朴素的情感和纯朴的理想。这种抒情性在具有现实主义的《诗经》中是很鲜明的。《诗经》之后的两千多年间,诗——抒情诗形成了中国文学的抒情传统,并始终是中国诗歌的主流。

在诗的创作中,现实主义与浪漫主义是最主要的创作方法,并推动着中国诗歌的发展。

中国原始艺术是诗、乐、舞的结合体,这大约是中国诗歌具有音乐美、形式美、节奏感的原因。

● 中国古代诗歌的发展历程犹如长河奔流,从未中断。从《诗经》、楚辞到汉赋、乐府民歌,再到唐诗、宋词、元曲,几千年来,一种诗歌样式衰落了,另一种诗歌样式又兴盛起来,此起彼伏,并不断出现高峰,这在世界文学史上是绝无仅有的奇观。

词　汇

一、生词　New Words and Expressions

1. 黄金时代		huángjīn shídài	golden age
2. 音韵	（名）	yīnyùn	rhyme
3. 和谐	（形）	héxié	melodious
4. 精练	（形）	jīngliàn	succinct
5. 典型	（名）	diǎnxíng	model
6. 眠	（动）	mián	sleep
7. 啼	（动）	tí	sing, chirp
8. 边塞	（名）	biānsài	frontier
9. 雄奇壮美		xióngqí zhuàngměi	vivid and picturesque
10. 折	（动）	zhé	break
11. 顿时	（副）	dùnshí	immediately
12. 白茫茫	（形）	báimángmáng	vast expanse of whiteness
13. 浩渺无际		hàomiǎo wú jì	long and mighty
14. 天际	（名）	tiānjì	horizon
15. 碧空	（名）	bìkōng	azure sky
16. 飞泻	（动）	fēixiè	rush down in torrents
17. 银河	（名）	yínhé	the Milky Way
18. 衰落	（动）	shuāiluò	decline
19. 探望	（动）	tànwàng	pay a visit to
20. 战乱	（名）	zhànluàn	chaos caused by war
21. 深沉	（形）	shēnchén	deep
22. 沈醉	（动）	chénzuì	get dead drunk
23. 藕	（名）	ǒu	lotus root
24. 鸥鹭	（名）	ōulù	gulls and egrets
25. 荷花丛	（名）	héhuācóng	a thick growth of lotus
26. 豪迈	（形）	háomài	bold

二、专名　Proper Names

1. 王维	Wáng Wéi	name of a person
2. 孟浩然	Mèng Hàorán	name of a person

3. 高适	Gāo Shì	name of a person
4. 岑参	Cén Shēn	name of a person
5. 杜甫	Dù Fǔ	name of a person
6. 白居易	Bái Jūyì	name of a person
7. 庐山	Lú Shān	name of a place
8. 李清照	Lǐ Qīngzhào	name of a person
9.《如梦令》	《Rúmènglìng》	one of the names of the tunes to which *ci* poems are composed
10.《全宋词》	《Quán Sòngcí》	name of a book
11. 辛弃疾	Xīn Qìjí	name of a person
12. 柳永	Liǔ Yǒng	name of a person

练习题

一、填空

1. 唐代是_____的黄金时代,宋代是_____的黄金时代。

2. 唐代出现了一种新体诗_____和_____。这种新体诗对音韵、格律要求很严格,成为古代抒情诗的典型形式。

3. 唐代最著名的三大诗人是_____、_____和_____。

4. 词便于_____和_____,所以宋代文人们很喜欢写词,著名的词人有_____、_____、_____、_____等。

二、确认下列诗句的作者并连线

明月松间照,清泉石上流。　　　　　　　　　　李白

忽如一夜春风来,千树万树梨花开。　　　　　　杜甫

野火烧不尽,春风吹又生。　　　　　　　　　　白居易

飞流直下三千尺,疑是银河落九天。　　　　　　王维

朱门酒肉臭,路有冻死骨。　　　　　　　　　　岑参

三、回答问题

1. 简单谈谈李白诗与杜甫诗的不同艺术风格。

2. 与唐诗比,宋词有哪些特点? 试举例说明。

二十三　中国古代小说

在中国古代文学艺术的百花园里开放着一朵鲜艳的文学之花——小说。

小说是通过描绘故事情节和人物形象来反映社会生活的一种文学样式。中国古代小说一般采用民间口头传说或历史资料,经过加工创作而成。

古代小说发展历史

远古时期,中国有很多口头传说的神话故事,这些神话故事是中国小说的起源。后来,出现了一些寓言故事①和历史文学②作品,里面已经有了故事情节和人物形象的描绘,这些作品为小说的产生作了准备。

小说产生在魏晋南北朝时期。那时候,有一种志怪小说③,用文言文写神灵鬼怪和民间传说故事。还有一种志人小说④,写的多是真人真事。这两种小说都很短小,但故事情节完整,描写生动。

到了唐代,出现了传奇小说⑤,它标志着中国小说已经成熟了,唐代传奇小说内容广泛,爱情故事、历史故事成了重要题材。同时,小说的篇幅长了,情节曲折生动,人物形象也更鲜明了。

宋代说书图

宋代,住在城里的人们喜欢到茶馆、酒楼去听民间艺人说书,这样就出现了很多用口语写的话本小说⑥。话本小说最初是说书人表演时用的脚本,后来成了人民大众娱乐的读物。宋代话本小说有短篇,也有长篇。短篇多写城市生活,以爱情故事为主,主角主要是妇女、商人、手工业者等普通人物;长篇讲的是历史故事。宋代以前,写小说用文言文,而宋代话本小说用的是白话文,由于口语化的语言生动活泼、通俗易懂,所以很受人民大众欢迎。宋代白话小说的出现是中国小说发展历史上的一件大事,它的口语化的语言形式,为后来明清小说的繁荣,开辟了一条新路。

明代和清代,小说发展到了高峰时期。

186

明 清 小 说

明代和清代,小说空前繁荣起来,产生了100多部优秀的长篇小说和大量的短篇小说。

长篇小说

四大文学名著《三国演义》、《水浒传》、《西游记》、《红楼梦》是这一时期的杰出成就。

明代小说《三国演义》是中国最早的长篇历史小说,罗贯中根据历史材料和民间传说加工创作而成。这部120回的小说,描写了东汉末年和三国时期曹操、刘备、孙权三个封建统治集团的政治和军事斗争,反映了当时动乱的社会。罗贯中很善于描写战争,大大小小40多场战争写得有声有色,其中"赤壁之战"写得最精彩。作者用了8回的文字,生动地描绘了宏伟的战场、众多的人物、复杂的矛盾和激烈的战斗,像"草船借箭"、"借东风"等故事,情节曲折,场面惊心动魄。小说中有400多个人物,很多人物的性格非常鲜明,如诸葛亮的智慧、张飞的勇猛、关羽的忠义、曹操的狡诈,都给读者留下了深刻的印象。

《水浒传》是明代的一部长篇英雄小说,用白话文写成。施耐庵根据民间流传的北宋晚期宋江领导的农民起义的故事加工创作而成。小说写了这次农民起义的过程,塑造了108位被逼上梁山的英雄好汉的形象,歌颂了农民的斗争精神。书中的武松、林冲、李逵、鲁智深等已成为中国人心目中的英雄。"逼上梁

《三国演义》插图

山"也已成为一句成语,表示走投无路,不得不反抗的意思。《水浒传》有 120 回本、100 回本、71 回本多种。

《水浒传》插图

《西游记》插图

　　《西游记》是明代的一部长篇神话小说,是吴承恩根据民间流传的唐僧取经的故事创作的,共有 100 回。小说描写了孙悟空、猪八戒、沙和尚保护唐僧去西天取经的艰难经历,他们遇到了 81 难,战胜了形形色色的妖魔鬼怪,最后取回了佛经。小说充满了神奇色彩。人们最喜爱美猴王孙悟空,他神通广大,会 72 种变化,他勇敢机智,什么都不怕。孙悟空大闹天宫、龙宫借宝、三打白骨精的故事一直为人们所传诵。孙悟空是一位神话英雄,他的形象,实际上反映了人民反抗封建统治,勇于斗争的精神。

　　《红楼梦》是中国古代最杰出的长篇小说。这部清代长篇白话小说,以一对贵族青年男女贾宝玉与林黛玉的爱情悲剧为中心,写出了贾、王、史、薛四个封建大家族的衰亡过程,揭露了封建礼教和封建制度的罪恶。小说结构宏大,情节复杂,描写细腻,人物形象栩栩如生,在几百个人物形象中,贾宝玉、林黛玉、薛宝钗、凤姐、尤三姐、刘姥姥等,已成为不朽的艺术典型。小说的语言丰富、自然、优美,用词准确传神。作者的知识非常丰富,使《红楼梦》的内容涉及了中国传统文化的各个方面。《红楼梦》被称为中国封建社会的"百科全书"。

曹雪芹

188

《红楼梦》有 120 回，著名文学家曹雪芹写了前 80 回，他去世后，有一位叫高鹗的文学家写了后 40 回。

短篇小说

明清两代短篇小说成就也很高。明代最著名的白话短篇小说主要有《喻世明言》、《警世通言》、《醒世恒言》（简称"三言"）和《初刻拍案惊奇》、《二刻拍案惊奇》（简称"二拍"）。这类小说题材广泛，主要反映城市市民阶层的生活和情趣，被称为"市民文学"。

清代最优秀的短篇小说是蒲松龄的《聊斋志异》。书中有近 500 个故事，故事的主角多是神鬼狐妖，情节十分奇异。作品通过谈鬼说狐，深刻揭露了封建社会的丑恶现实。例如故事《画皮》，写一个恶鬼，披上画作美女的外皮，欺骗善良的人，含意很深刻。书中也有很多感情真挚、诚实善良的神鬼狐妖，使人感到可亲可敬。《聊斋志异》用文言文写成，语言优美生动，是中国古代文言小说中成就最高的一部作品。

《红楼梦》插图

注 释

① 〔寓言故事〕 一种有劝谕性和讽刺性的小故事。

"fable"——a short tale intended to give moral teaching and sarcastic implication.

② 〔历史文学〕 这里指《左传》《史记》等古代书籍。

"historical literary works"——here referring to "左传"，"史记" and other classical works.

③ 〔志怪小说〕 魏晋南北朝时期流行的一种文言小说，因内容大多描写神灵鬼怪而得名。《搜神记》是这种小说的代表。

"stories about ghosts and fairies"——stories describing ghosts and spirits, written in classical Chinese, popular during the Wei and Jin and the Northern and Southern dynasties. "搜神记" is representative of such stories.

④ 〔志人小说〕 魏晋南北朝时期流行的一种文言小说，因内容多记录人物的轶闻琐事而得名，也称轶事小说。《世说新语》是这种小说的代表。

"stories about people"——stories recording events associated with real persons, also known as anecdotes, written in classical Chinese, popular during the Wei and Jin and the Northern and Southern dynasties. "世说新语" is representative of such stories.

⑤ 〔传奇小说〕 唐代盛行的一种文言短篇小说，因故事情节奇异而得名。

"legendary tales"——referring to short fantastic tales written in classical Chinese, popular in the

Tang Dynasty.

⑥〔话本小说〕 宋代盛行的白话小说。这类小说因是民间说话〔说书〕艺人所用的脚本而得名。

"scripts for story-telling"——stories written in spoken style, used as scripts for story-telling, popular in the Song Dynasty.

曹雪芹和《红楼梦》

　　曹雪芹(约公元 1715~1764 年)是清代著名文学家,名霑,雪芹是他的号。他的祖先原是汉族人,明朝末年编入满洲正白旗。曹雪芹的曾祖、祖父、父亲三代,都担任经办宫廷纺织用品的江宁织造业。清代皇帝康熙 6 次巡视南方,有 5 次住在曹家。曹雪芹出生在这样一个与皇室关系密切的封建官僚家庭里,少年时代有过一段豪华的生活。后来,他的父亲被朝廷免职,家产抄没,13 岁的曹雪芹随全家由南京迁到了北京。那时曹家在北京的生活是十分贫困的。曹家社会地位和生活方面的明显变化,使曹雪芹的思想感情也发生了巨大变化,他对社会的黑暗和罪恶的认识也比别人更深刻。于是,他决心用笔把这种罪恶和黑暗写出来,他用了 10 年的时间写出了深刻批判封建统治的长篇小说《红楼梦》,可惜他只写了 80 回就在贫困中去世了,当时还不到 50 岁。据说当时只有几位好朋友草草埋葬了这位伟大的作家。

　　《红楼梦》的手抄本在社会上流传了 30 年后,高鹗续完了后 40 回,并用活字印刷出版,这就是今天看到的 120 回的《红楼梦》。

　　《红楼梦》一出世,惊动了整个社会,封建统治者害怕它,多次禁止人民阅读。可是人民喜欢阅读它、谈论它,当时社会上流传这样的话:"开谈不说红楼梦,纵读诗书也枉然!"随着对《红楼梦》的研究,社会上出现了一种研究《红楼梦》的专门学问,叫"红学"。这样深远巨大的影响,在中国文学史上是任何一部小说不能与它相比的,在世界文学史上,《红楼梦》也占有重要地位。

　　今天,在北京香山有曹雪芹旧居陈列馆,供人们参观游览。

古代著名小说书目选介

魏晋南北朝志怪小说:

　　《搜神记》(干宝)　　　　　　　　《搜神后记》(陶潜?)

　　《神异经》(东方朔?)　　　　　　《列异传》(曹丕?)

　　《博物志》(张华?)　　　　　　　《拾遗记》(王嘉)

　　《幽明录》(刘义庆)　　　　　　　《冥祥记》(王琰)

　　《冤魂志》(颜之推)

魏晋南北朝志人小说：

《世说新语》(刘义庆)　　　　　《西京杂记》(葛洪)

《郭子》(郭澄之)　　　　　　　《小说》(殷芸)

唐传奇小说：

《霍小玉传》(蒋防)　　　　　　《李娃传》(白行简)

《莺莺传》(元稹)　　　　　　　《柳毅传》(李朝威)

《枕中记》(沈既济)　　　　　　《南柯太守传》(李公佐)

《长恨歌传》(陈鸿)　　　　　　《古镜记》(王度)

宋话本小说：

《京本通俗小说》　　　　　　　《宣和遗事》

《新编五代史平话》　　　　　　《大唐三藏取经诗话》

明清小说：

《三国演义》(罗贯中)　　　　　《西游记》(吴承恩)

《水浒传》(施耐庵)　　　　　　《红楼梦》(曹雪芹)

《金瓶梅》(笑笑生〔贾三近〕)　《儒林外史》(吴敬梓)

《封神演义》(许仲琳)　　　　　《喻世明言》(冯梦龙)

《警世通言》(冯梦龙)　　　　　《醒世恒言》(冯梦龙)

《初刻拍案惊奇》(凌濛初)　　　《二刻拍案惊奇》(凌濛初)

《聊斋志异》(蒲松龄)

提　示

●小说是通俗文学的一种。在文学表现方面，小说比诗歌、散文更自由、生动、细腻，更适于反映复杂的社会生活，特别是语言的通俗、浅近，极容易为人民大众所接受。因而，自魏晋南北朝小说正式产生以来，小说的数量、质量都有很大的发展和提高，并终于在明清两代形成高峰。

●在中国，小说的出现要比诗歌、散文等文学样式晚，它的兴起是在封建社会后期。这种现象与古代鄙视小说的传统观念有关。公元1世纪东汉史学家班固在《汉书·艺文志》中说："小说家者流，盖出于稗官(小官)，街谈巷语、道听途说之所造也。"可以看出，这位著名史学家是很看不起小说的。认为它不真实，是粗浅的。班固还借用孔子的话，把小说看作"小道"，是不能与儒家经典著作相提并列的。史学家对小说的成见，对后代影响极大，以致一千多年后的明清两代，坚持这种"史家成见"的人还很多。然而小说所具有的社会教育意义、生活娱乐功能，以及人民大众对小说的喜爱，使小说创作从未中断。中国人小说观念的转变，即把小说看作正统文学，大约是19世纪末、20世纪初的事情了。

●宋代话本小说的出现是中国古代小说发展史上的一件意义重大的事。宋代话本小说在故事情节、人物描写、语言运用等方面都曾对明清小说产生过重大影响，特别是白话小说的文体，一改历来的文言，通篇用通俗生动的口语化的白话语言叙述，这就使中国古代文学跃上了一个新阶段。国内一些学者认为，宋代话本小说的艺术价值并不比明清小说差，因为小说的艺术真谛正在于作品语言的口语化。

词　汇

一、生词　New Words and Expressions

1. 小说	（名）	xiǎoshuō	novel
2. 情节	（名）	qíngjié	plot
3. 样式	（名）	yàngshì	form
4. 寓言	（名）	yùyán	fable
5. 神灵鬼怪		shénlíng guǐguài	ghosts and fairies
6. 题材	（名）	tícái	theme
7. 篇幅	（名）	piānfú	length
8. 大众	（名）	dàzhòng	the masses
9. 有声有色		yǒu shēng yǒu sè	vivid and dramatic
10. 矛盾	（名）	máodùn	conflict
11. 激烈	（形）	jīliè	fierce
12. 曲折	（形）	qūzhé	complicated
13. 场面	（名）	chǎngmiàn	scene
14. 惊心动魄		jīng xīn dòng pò	exciting
15. 勇猛	（形）	yǒngměng	valiant
16. 狡诈	（形）	jiǎozhà	tricky，cunning
17. 起义	（动）	qǐyì	revolt
18. 走投无路		zǒu tóu wú lù	have no way out
19. 妖魔鬼怪		yāomó guǐguài	monsters
20. 神通广大		shéntōng guǎngdà	have great supernatural power
21. 机智	（形）	jīzhì	resourceful
22. 衰亡	（动）	shuāiwáng	decline
23. 栩栩如生		xǔxǔ rú shēng	lifelike
24. 不朽	（形）	bùxiǔ	immortal
25. 涉及	（动）	shèjí	touch upon
26. 丑恶	（形）	chǒu'è	ugly，hideous
27. 可亲可敬		kěqīn kějìng	respectabe

二、专名　Proper Names

1. 魏晋	Wèi Jìn	the Wei and Jin Dynasties
2. 南北朝	Nán-Běi Cháo	the Northern and Southern Dynasties
3. 罗贯中	Luó Guànzhōng	name of a person
4. 刘备	Liú Bèi	a character in "三国演义"

192

5. 孙权	Sūn Quán	a character in "三国演义"
6. 赤壁	Chìbì	name of a place
7. 诸葛亮	Zhūgě Liàng	a character in "三国演义"
8. 张飞	Zhāng Fēi	a character in "三国演义"
9. 关羽	Guān Yǔ	a character in "三国演义"
10. 施耐庵	Shī Nài'ān	name of a person
11. 宋江	Sòng Jiāng	a character in "水浒传"
12. 梁山	Liáng Shān	name of a place
13. 武松	Wǔ Sōng	a character in "水浒传"
14. 林冲	Lín Chōng	a character in "水浒传"
15. 李逵	Lǐ Kuí	a character in "水浒传"
16. 鲁智深	Lǔ Zhìshēn	a character in "水浒传"
17. 吴承恩	Wú Chéng'ēn	name of a person
18. 唐僧	Tángsēng	a character in "西游记"
19. 孙悟空	Sūn Wùkōng	a character in "西游记"
20. 猪八戒	Zhūbājiè	a character in "西游记"
21. 沙和尚	Shāhéshang	a character in "西游记"
22. 贾宝玉	Jiǎ Bǎoyù	a character in "红楼梦"
23. 薛宝钗	Xuē Bǎochāi	a famale character in "红楼梦"
24. 凤姐	Fèngjiě	a famale character in "红楼梦"
25. 尤三姐	Yóu Sānjiě	a famale character in "红楼梦"
26. 刘姥姥	Liúlǎolao	a famale character in "红楼梦"
27. 高鹗	Gāo È	name of a person
28. 蒲松龄	Pú Sōnglíng	name of a person

练习题

一、填空

1. 中国小说产生在_____时期,小说成熟时期是在_____代,到了_____代,小说发展到了高峰时期。

2. 中国古代四大文学名著是_____、_____、_____、_____。

3. "三言"、"二拍"是_____代优秀的短篇小说,《聊斋志异》是_____代优秀的短篇小说。

二、确认下列小说的类型并连线

《三国演义》　　　　长篇英雄小说

《水浒传》　　　　　长篇历史小说

《西游记》　　　　　古代百科全书式的长篇小说

《红楼梦》　　　　　长篇神话小说

确认下列小说的作者并连线

《三国演义》　　　罗贯中

《水浒传》　　　　蒲松龄

《西游记》　　　　曹雪芹

《红楼梦》　　　　施耐庵

《聊斋志异》　　　吴承恩

三、回答问题

1. 有人说明清两代是小说的黄金时代，这种说法对吗？为什么？

2. 介绍一下你读过的一部（篇）中国小说的故事情节和人物。

二十四 中 国 画

中国画简称"国画",是中国各族人民共同创造的传统绘画。中国画属于东方绘画体系,有鲜明的中华民族的艺术特色。

源远流长的中国画

6000多年前,中国人的祖先就在陶器上画画了,他们在陶器上画了人物、鱼、鹿、花、叶等装饰图案,这些画古朴生动,非常有趣。后来,人们又在墙上、丝帛上、宣纸上画出了更多更美的画。几千年来,中国出现的优秀画家和优秀作品就像天上的星星一样,多得数也数不清。

鹳鱼石斧图
（6000年前画在彩陶上的画）

龙凤引魂升仙图帛画
（战国时期的作品,为中国较早的人物画）

中国画是用毛笔、墨、中国画颜料在宣纸、丝帛等材料上画的画。

中国画按题材可以分成三种:人物画[①]、山水画[②]、花鸟画[③]。其中,人物画出现得最早,但后来最发达的是山水画,这与中国人热爱大自然有一定的关系。（山水画图例见插页）

中国画的绘画方法也分成三种：工笔画④、写意画⑤、半工半写画。其中写意画是中国画的主流。

中国画的艺术特点

中国画的艺术特点是多方面的。

形神兼备　追求神似

早在1500多年前，东晋大画家顾恺之⑥就提出"以形写神"、"形神兼备"的主张，意思是，中国画不仅要描绘好对象的外形，而且还要"神似"。例如一幅人物画，人画得很像，这还不能算好画，如果从画中能看出人的神情或性格来，才算是一幅好画。顾恺之画人物很注意表现人的神情，他说要画出人的神情，应该画好人的眼睛。据说顾恺之画人物，有时几年不画眼睛，目的是为了长期观察对象的神情。古代有一个"画龙点睛"的故事，说的就是这个道理。现代画家徐悲鸿⑦画马很有名，他画的马不完全像真马，却比真马更有神气，更让人喜爱。

墨竹图（清代郑板桥画）

奔马（现代徐悲鸿画）

"神似"一直是中国画家追求的目标。

簪花仕女图(唐代周昉画,古代优秀的人物画)

立意在先　构图灵活

"立意"就是确定意境和主题。意境是画面形象表现出的一种境界和情调。中国画是一种表现意境的艺术。画中国画以前,画家一定要先立意,然后再构图绘画。

清明上河图(部分)(宋代张择端画,有色长卷画,古代绘画杰作)

构图就是安排画面。中国画构图灵活,常常采用"散点透视"的方法,这与西洋画⑧的"定点透视"不同。"定点透视"只有一个视点,就好像画家站在一个地方不动,画下眼前见到的事物;"散点透视"的视点很多,就好像画家边走边画,可以把东南西北、春夏秋冬的各种景象都画进一幅画里。宋代大画家张择端⑨画的《清明上河图》⑩,就是用"散点透视"构图,一幅长长的画把北宋都城汴京两

墨虾图（现代齐白石画）

岸的繁华景象都画进去了。再如现代巨幅国画《江山如此多娇》，画面上既有中国北方雪景，又有南方春色；既可以看到高山、平原，又能望见长城、黄河和大海。这样的画，用西洋构图方法是画不出来的。

在构图方面，中国画还讲究虚实的运用。中国画家认为，画中有笔墨或笔墨浓重的地方是"实"，没有笔墨或笔墨轻淡的地方是"虚"，画面借助虚实对比来增强形象的鲜明性和趣味性。现代大画家齐白石⑪的《墨虾图》只画虾不画水，墨虾的背景是白纸，却使人感到虾正在水中游动。

讲究笔墨技巧

"笔墨"是中国画的术语，是指用笔用墨的基本功和画面效果，同作为工具讲的笔、墨不是一个意思。"笔墨"是中国画的生命。

用笔，就是勾画线条的方法。线条是中国画造型的重要手段，线条能表现物体的体积和质感。中国画线描技法很丰富，仅画人物的衣褶，古代就有 18 种线条，称为"十八描"。古代有一位叫曹仲达⑫的画家，他画的衣服就像贴住人的身体一样，很有体积感；还有一位画家叫吴道子，他画的衣服就像随风飘动一样，很有运动感。后来，人们喜欢用"曹衣出水，吴带当风"来形容这两种不同的用笔特点。

中国画的用笔跟书法的用笔有很相通的地方，古代就有"书画同源"的说法。书法用笔要求连贯有力，字要一口气写完，国画的用笔也有这种要求；书法线条可以表达人的感情，国画的线条也是这样，如流畅的线条能给人一种愉快的感觉，时常停顿的线条会给人一种焦急或忧伤的感觉。在中国，很多大画家也是

198

大书法家。

除了勾画线条，画中大块的墨色和色彩也是非常讲究用笔的。

用墨，目的是表现物体的色彩和明暗。中国画家认为"墨分五色"[13]，墨就是颜色，浓淡变化的水墨完全可以代替色彩。如齐白石画的墨虾，没有其他色彩，但那浓淡变化的墨色，却使人产生了有色彩的感觉，虾的形体层次丰富，有透明和立体的效果，虾像活的一样。

中国画在用墨的同时也可以用其他颜色，但是中国画用颜色与西洋画不一样，西洋画要画出物体的色彩在光源下产生的变化，而传统中国画只要画出物体本来色彩就行了。如果有变化，一般也只是同一种色彩的浓淡变化。所以，中国画又是一种"以墨为主，以色为辅"的绘画，没有墨的中国画是很少见的。

奔牛图（现代吴作人画）

讲究诗书画印的结合

中国画十分讲究诗文、书法、印章和绘画的结合。中国画家常常在画上写上画题、画家姓名和作画的时间，有时还要写上一首诗或一段文章。这些诗文可以补充和丰富画的意境和主题，使画面充满诗情画意。中国画家还喜欢在画上盖一个或几个红色印章。印章有装饰画面和平衡画面的作用。

此外，中国画还要进行装裱[14]。装裱俗称"裱画"，这是中国画的最后一道工序，它能给画面增添光彩。中国人认为，没经过装裱的画不能算最后完成的画，这在世界绘画艺术上也是独一无二的。

注 释

① 〔人物画〕 中国画门类之一。以描绘人物形象为主的绘画。人物画在中国出现得较早。

"Chinese figure painting"——a kind of traditional Chinese painting in which prominence is given to portrayal of persons. Figure painting began long ago in China.

② 〔山水画〕 中国画门类之一。以描绘山河等自然景色为主的绘画。最早作为人物画的

背景,到唐代开始成为独立的画种。

"landscape painting"——a kind of traditional Chinese painting which focuses on depicting scenery, e.g. mountains and rivers. It had served as the background for figure painting until the Tang Dynasty when it gradually developed into an independent category of painting.

③ 〔花鸟画〕 中国画门类之一。以描绘花草、竹石、鸟兽、鱼虫为主的绘画。花鸟画出现得比较早,成为独立的画种是在唐代。

"flower-bird painting"——a kind of traditional Chinese painting highlighting fauna and flora, such as flowers and grasses, bamboo and rocks, birds, cats, tigers, fish, insects and so on. Flower-bird painting became an independent category in the Tang Dynasty although it appeared much earlier.

④ 〔工笔画〕 中国画传统画法之一。工笔相对"写意"而言,用笔工整细腻,注意细部描绘。按使用颜色的浓淡,工笔又可分为工笔重彩和工笔淡彩两种。

"*gongbi* painting"——referring to a traditional method in which Chinese paintings are executed. In contrast to *xieyi* (free sketch), it lays stress on careful and delicate brushwork and close attention to detail. In terms of colours used in the paintings *gongbi* can be classified into "rich-colour *gongbi*" and "light-colour *gongbi*".

⑤ 〔写意画〕 中国画传统画法之一。相对"工笔"而言。用笔不求工整,注重神态表现。笔法简练,韵味十足,表现力强。写意画是中国画的主流。

"free sketch"——a method in which traditional Chinese painting is executed. In contrast to *gongbi* which stresses careful strokes, free sketch lays emphasis on simple, charming and bold brushwork as well as on expressiveness. Free sketch represents the main stream of traditional Chinese painting.

⑥ 〔顾恺之〕 东晋大画家。喜欢画人物肖像及神仙、佛像、山水等。现存《女史箴图》、《洛神赋图》等宋代的摹本。

"Gu Kaizhi"——a great painter of the Eastern Jin Dynasty who specialized in drawing portraits of humans as well as gods, Buddha and landscape. The Song Dynasty facsimiles of his "女史箴图" and "洛神赋图" are still in good preservation today.

⑦ 〔徐悲鸿〕 中国现代著名画家、美术教育家。中国画、西洋画画得都很好,以画马闻名。代表作有《群马图》、《愚公移山》等。

"Xu Beihong"——a celebrated modern painter of China and a master of fine arts who achieved eminence both in traditional Chinese painting and in Western painting, best known for his painting of horses. His outstanding works are "群马图", "愚公移山", etc.

⑧ 〔西洋画〕 指西方的各种绘画。可分为铅笔画、油画、水彩画、水粉画等。简称西画。

"Western paintings"——referring to all kinds of drawings of the Western countries, such as pencil sketch, oil painting, watercolour, gouache, etc.

⑨ 〔张择端〕 宋代画家。绘画精细,善于画复杂、宏大的热闹场面。代表作有《清明上河图》、《西湖争标图》等。

"Zhang Zeduan"——a painter of the Song Dynasty, specializing in creating magnificent scenes of complicated and bustling activities with his careful and delicate brushwork. His best known works are "清明上河图" and "西湖争标图".

⑩ 〔《清明上河图》〕 宋代有色绢画。(详见 202 页)

"清明上河图"——a coloured traditional Chinese painting on silk, done in the Song Dynasty. (For details, see p.202)

⑪ 〔齐白石〕(公元 1863~1957 年)现代著名画家。在诗、书、画、印几个方面都取得很高的成就。一生画了上万件作品,其中以花草、鱼虫最为人喜爱。中国政府称他为"人民艺术家"。1955 年齐白石获"国际和平奖金"。

"Qi Baishi"(A.D. 1863—1957)——a celebrated modern painter who achieved great success in painting, calligraphy, poetry and seal engraving. He completed over 10,000 works, among which paintings of flowers and grasses, aquatic animals, and insects enjoy great popularity. The Chinese government honored him as "people's artist". In 1955 he won "the international peace award."

⑫ 〔曹仲达〕 南北朝时画家。擅长画佛教人物。所画的人物衣服紧瘦,线条有力。

"Cao Zhongda"——a painter during the period of the Northern and Soutern Dynasties, who was good at painting Buddhist figures. The figures he painted were usually in closely-fitted garments, executed with bold lines.

⑬ 〔墨分五色〕 中国画表现技法之一。指作画时用水调墨形成的五种墨色。五色指焦、浓、重、淡、清,或指浓、淡、干、湿、黑。

"five shades of colour in a painting"——referring to the five shades of colour in traditional Chinese painting done with Chinese ink mixed with water in different proportions. The five shades are generally graded as very dark, dark, heavy, light and very light.

⑭ 〔装裱〕 中国画表现技法之一。俗称裱画。用纸或丝帛作衬托,把字画装潢起来,装上画袖,使字画美观耐久。

"mounting"——the process of making a scroll by pasting a piece of handwriting or painting on paper or silk backing so as to make it beautiful and durable.

资 料

两幅古老的长沙楚墓帛画

　　湖南省博物馆珍藏着两幅中国最古老的卷轴画,一幅是《龙凤引魂升仙》帛画,另一幅是《人物驭龙》帛画。

　　《龙凤引魂升仙》帛画于 1949 年在湖南长沙陈家大山楚墓中出土。画面上有一个穿着绣花长袍的女子侧面站立,她双手合在一起,好像在祈祷。在她的上方画着一只展翅飞翔的凤,她的前方画着一条向上腾飞的龙。用这样的一幅画给死人陪葬,究竟表达什么意思呢?关于它的内容,专家们说法很不一样。现在多数专家认为,画中的女子就是墓中的主人,这幅画是主人希望龙凤引导她的灵魂早日升到天堂。

　　《人物驭龙》帛画是 1973 年在长沙子弹库楚墓中发现的。这幅画描绘一个穿着长袍,手握长剑的男子站在龙舟上,他的上方有华盖,龙舟的尾部有一只鹤,龙舟的下边有一条鱼。人物的帽带向后飘动,表示龙舟正在水中快速行进。专家们认为,这幅画也是表现引魂升天这一内容的。

这两幅帛画，都富有浪漫主义色彩。从绘画技法上看，两幅画主要采用墨线勾画，略加颜色，线条古朴有力，形象十分生动。可以看出，远在2000多年前的战国时期，中国的绘画就形成了以线条为主的独特风格。

齐白石画《蛙声十里出山泉》

中国画一向讲究意境和情趣。现代大画家齐白石是创造意境和情趣的能手。欣赏齐白石的画是一种艺术享受，他笔下的花鸟鱼虫总是那么可爱，他的画造型简练质朴，笔墨纵横雄健，色彩鲜明热烈。他善于把大笔写意的花卉与工笔精细的草虫巧妙地结合在一起，使画面妙趣横生。下面讲一个齐白石用画创造意境的故事。

1952年，齐白石89岁高龄时，有一天，作家老舍去拜访他，请他以清代诗人查慎行的诗句"蛙声十里出山泉"为题画一幅画。"蛙声十里"是听觉形象，绘画是视觉形象，要用视觉形象引起欣赏者的听觉感受，这太难画了。但是善于表现意境的齐白石老人经过几天的精心构思，把这幅画画出来了。当老舍观赏这幅高4尺的画时，连声叫道："好画！好画！"

这幅画上，没有一只青蛙，画的是山中乱石间的一道泉水，急流中有几条摆着尾巴游泳的小蝌蚪。画面上虽然没有青蛙，但是意在画外，蝌蚪和山泉已经巧妙地使观赏者产生联想，人们好像看到青蛙，听到十里山泉的一片蛙声。这情景交融、意境深远的图画，怎能不使老舍大为叹服呢？

清明上河图

宋代画家张择端画的《清明上河图》是中国古代绘画的杰作。这幅画在绢上的有色长卷，长528厘米，高24.8厘米，分为城郊、汴河和街市三大段，生动地描绘了北宋都城汴梁（今开封）汴河两岸商业活动的繁荣景象。

打开画卷，第一大段展示的是城郊春季田野风光：荒野老树，农屋田地，田间农民在耕作。路上人们在行走。路上那一队队行人中，有挑东西的、有抬轿的、有骑马的，他们都是要到城里去的人。这一段图画给人一种非常宁静的感觉。

随着行走的这一队队人，就进入画卷的中段。中段展现的是汴河两岸热闹的景象：河上停泊着很多漂亮的大木船，两岸有很多商店、茶馆、酒馆。一座名叫"虹桥"的巨大拱形木桥横跨两岸。桥上人来人往，车马喧闹，河中一条大船正驶向桥洞。这一段是全画最精彩的地方，也是人最多的地方。

最后一大段是街市景象：街道两边都是商店，仔细看，有酒楼、肉铺、绸布店等等。商店里人们在买卖东西，商店外也进行着交易。街道上的人很多，有赶车的、抬轿的、牵骆驼的、挑担子的、骑马的、闲逛的，真是形形色色，百态具备。

有人统计，全图共画了740多个人物，60多匹马、驴，20多件车轿，20多只船，30多座楼屋。这些人物和事物都画得精细生动，画面繁杂而不乱，越仔细看越有意思。

《清明上河图》是国画艺术的瑰宝，是了解研究宋代社会的极珍贵的形象资料。这幅画的真迹现收藏在北京故宫博物院。

这里还要提及的是,现在流传于世的《清明上河图》有 30 多幅,中国大陆藏有 10 多幅,台湾藏有 9 幅,美国藏有 5 幅,法国藏有 4 幅,英国和日本各藏有 1 幅。在这么多幅画中,哪一幅是真迹呢? 目前,中国和外国大多数专家认为,北京故宫博物院中的《清明上河图》为张择端的真迹是比较可信的。

提 示

●西洋画注重"形似",以写实为主;中国画注重"神似",以写意为主。中国画从来不以"形似"为满足,它的追求一直放在"神似"上。中国画家一贯主张以形写神,形神兼备,认为缺乏"神似"的作品形不成画的意境。中国历代画家对此论述很多,如"不求形似,求神似"、"论画以形似,见与儿童邻"等等。

●中国画的最高境界是"意境",即通过画面形象表现某种情调。情调是画家的思想和情感的抒发,是感染读者的东西。欣赏中国画的过程,实际上就是对意境和笔墨技法(笔墨趣味)的体味并获得审美感受的过程。因而可以说,中国画是一种抒情的画。

●"书画同源"是中国画相当重要的特征。"笔墨"是中国画的生命。

●西方人称中国画是奇妙的艺术。今天看来,这种奇妙正是数千年中国优秀文化孕育的结果。文学(素养)、哲学(对立统一)、美学(笔墨)已成为中国画艺术的三大支柱。可见,创作和欣赏中国画不是一件容易的事,是需要有多方面修养的,这大概就是中国艺术的奇妙之处吧。

词 汇

一、生词 **New Words and Expressions**

1. 简称	(名)	jiǎnchēng	abbreviation
2. 颜料	(名)	yánliào	colours
3. 发达	(形)	fādá	developed, advanced
4. 形神兼备		xíng shén jiān bèi	likeness both in appearance and in spirit
5. 神似	(形)	shénsì	alike in spirit
6. 以形写神		yǐ xíng xiě shén	express the spirit through portraying the appearance
7. 神情	(名)	shénqíng	spirit
8. 立意	(名)	lìyì	conception of a painting
9. 构图	(名)	gòutú	composition of a painting
10. 灵活	(形)	línghuó	flexible
11. 情调	(名)	qíngdiào	emotion
12. 透视	(名)	tòushì	perspective
13. 视点	(名)	shìdiǎn	angle of view
14. 虚实		xū shí	light and heavy shades of colour
15. 借助	(动)	jièzhù	make use of

16. 技巧	（名）	jìqiǎo	craftsmanship，skill
17. 基本功	（名）	jīběngōng	basic skill
18. 勾画	（动）	gōuhuà	draw the outline of
19. 造型	（名）	zàoxíng	shaping
20. 技法	（名）	jìfǎ	skill
21. 体积	（名）	tǐjī	size
22. 质感	（名）	zhìgǎn	quality
23. 线描	（名）	xiànmiáo	line drawing
24. 衣褶	（名）	yīzhě	pleat
25. 相通	（动）	xiāngtōng	have a lot in common
26. 连贯	（形）	liánguàn	coherent
27. 流畅	（形）	liúchàng	free and smooth
28. 停顿	（动）	tíngdùn	pause
29. 焦急	（形）	jiāojí	anxiety
30. 忧伤	（形）	yōushāng	grief
31. 层次	（名）	céngcì	shades of colour
32. 辅	（形）	fǔ	secondary
33. 诗情画意		shī qíng huà yì	poetic and picturesque
34. 平衡	（动）	pínghéng	balance
35. 装裱	（动）	zhuāngbiǎo	mount
36. 独一无二		dú yī wú èr	unique

二、专名 Proper Names

1. 顾恺之	Gù Kǎizhī	name of a person
2. 徐悲鸿	Xú Bēihóng	name of a person
3. 张择端	Zhāng Zéduān	name of a person
4.《清明上河图》	《Qīngmíng Shànghé Tú》	name of a painting
5. 汴京	Biànjīng	name of a place
6.《江山如此多娇》	《Jiāngshān Rúcǐ Duōjiāo》	name of a painting
7. 齐白石	Qí Báishí	name of a person
8. 曹仲达	Cáo Zhòngdá	name of a person

练习题

一、填空

1. 中国画的题材可以分成三种：_____、_____、_____。

2. 中国画的绘画方法也分成三种：_____、_____、_____。其中_____是中国画的主流。

3. 中国画追求的目标是_____；中国画的生命是_____。

4．中国画构图运用的主要是＿＿＿＿＿＿透视。

5．为了使画面充满诗情画意，中国画十分讲究 ＿＿＿＿＿＿、＿＿＿＿＿＿、＿＿＿＿＿＿ 和 ＿＿＿＿＿＿的结合。

二、名词解释

1．中国画

2．"笔墨"

三、回答问题

1．怎样理解中国画是一种"以墨为主，以色为辅"的绘画？

2．观赏一幅中国画，简单分析一下它的艺术特色。

二十五 中国书法艺术

中国书法是汉字的书写艺术,历史十分悠久。汉字起源于图画,汉字书法是一种独特的线条艺术。作为艺术,中国书法有很强的观赏性,这种观赏性已经超过了它的实用性,这在世界上是独一无二的。

美妙的线条艺术

中国书法的美,主要是线条的美。汉字是由笔画组成的,而笔画是由线条来表现的。我们可以从线条和由线条组合的形体看出不同的书体和风格,获得不同的美感。

3000年前,当中国人的祖先用线条组成能表达意思的"图画",并用刀刻在龟甲和兽骨上时,书法艺术创造就开始了。这种很像图画的文字就是甲骨文。甲骨文线条细瘦、硬直,有一种古朴的美。

石鼓文(战国)

金文是刻铸在青铜器上的文字,线条比甲骨文粗重,字形比较丰满。金文也有一种古朴的美。

喜欢中国书法的人都知道石鼓文①,它是战国时期的一种优秀的书法作品。石鼓文刻在10个鼓形石头上,笔画比甲骨文、金文简化些,线条粗壮,古朴生动。

秦始皇时期出现的小篆是一种非常漂亮的字,字形是长圆形,左右对称,线条粗细一样,有一种圆笔曲线的美。小篆是秦始皇的丞相李斯创造的。据说,为秦始皇歌功颂德的《峄山刻石》②、《泰山刻石》③、《琅玡台刻石》④,就是李斯写的。

峄山刻石上的小篆(秦代)

秦汉时期的隶书是快写小篆形成的。隶书字形扁平,笔画有了波势,并有了轻重粗细的变化。隶书表现的是一种方笔直线的美。了解隶书艺术,我们可以欣赏《礼器碑》⑤、《曹全碑》⑥等作品。

颜真卿的楷书(唐代)

柳公权的楷书(唐代)

楷书是书法作品中最常见的书体,由隶书发展而来。楷书字形方正工整,笔画线条丰满美观,把书法艺术推向了一个新高度。唐代是楷书最繁荣的时期,出现了很多写楷书的大书法家,其中颜真卿⑦、柳公权⑧、欧阳询⑨最有名气,他们三人加上元代的赵孟頫⑩,被称为中国古代的四大楷书家。从书法风格上看,他们的不同风格也体现在笔画线条上,例如颜真卿的字(人称颜体)笔画肥壮,柳公权的字(人称柳体)笔画瘦硬。人们把他们两人的不同书法风格形象地说成是"颜筋柳骨"。

张旭的草书(唐代)

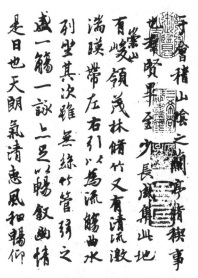

王羲之的行书《兰亭序》(东晋)

最能体现线条艺术美的是草书。草书线条飞舞,笔画相连,生动而有气势,能尽情地抒发书法家的感情,表现书法家的性格。草书中有一种狂草,写出的字像狂风暴雨,艺术欣赏性比较高。古代狂草的代表作品有唐代张旭的《古诗四帖》和怀素的《自叙帖》等。

行书也是书法中最常见的书体。行书没有楷书那么工整,但也不像草书那么草率。东晋书法家王羲之的行书十分优美,他写的《兰亭序》在古代被称为"天下第一行书"。王羲之的草书也很出色。人们称王羲之为"书圣"。

独特的书写工具

中国书法成为一种独特的艺术,还和使用的工具有直接的关系。笔、墨、纸、砚是中国书法的独特工具,人们把这四种工具叫做"文房四宝"。

笔,就是毛笔,是书写汉字的主要工具。中国很早就有毛笔了,据说新石器时期彩陶上的花纹和图画,就是用毛笔画的。商代甲骨文也是先用毛笔写好后再用刀刻。常见的毛笔笔头是羊毫和狼毫,羊毫较软,适宜写大字,狼毫较硬,适宜写小字。好的毛笔,笔头尖,笔毛柔软有弹性,能写出粗细、刚柔、浓淡、干湿等不同的线条来。中国最好的毛笔是浙江省湖州制作的,这就是著名的"湖笔"。

墨,就是书写汉字的颜料,黑色,一般为长方块形。墨的发明也很早,甲骨文中就有用墨书写的字。好墨颜色黑而有光泽,写出的字永远不掉色。安徽省徽州生产的"徽墨"名气最大。

纸,是书写汉字的重要材料。纸的种类很多,最好的是宣纸,宣纸吸墨,能表现书法的韵味。宣纸是安徽省宣城的特产,已经有 1800 年的历史,所以在各种宣纸中,"徽宣"最受欢迎。

砚,俗称砚台,是磨墨的工具,砚台的历史也很久远。砚台有石砚、陶砚、玉砚、瓷砚多种,现在最常用的是石砚。在石砚中,最有名的是广东省肇庆生产的"端砚"。

怎样练好书法

欣赏中国书法是一种艺术享受,如果自己拿起毛笔来写一写,那更是一种愉快的事。

练习书法应该从摹写开始,先选择一种字帖,然后把透明的纸放在字帖上,用毛笔描写。经过一段时间的摹写,就可以临帖了。临帖是看着字帖写,这是学习书法的一个好方法。

书写汉字首先要写好汉字的各种笔画。古代书法家有一个经验,就是多次

拿毛笔的正确姿势

点　横　提　撇　钩　　折　撇　捺　竖

永字八法

地写"永"字,"永"字包括了汉字的八个基本笔画,"永"字写好了,那么汉字的笔画也就掌握了,这种方法就是著名的"永字八法"。

初学书法,可以先写楷书,楷书是练字的基础,练好楷书,再练别的书体,就容易多了。

当然,练好书法不是一件容易的事,一定要勤学苦练才行。中国的许多著名书法家都是经过长时间的勤学苦练才成功的。传说欧阳询为了临一座古碑上的字,在碑前临了三天。王羲之练字练了二十年,他练字洗笔的池水都被墨染黑了,成了一个"墨池"。

注　释

① 〔石鼓文〕 战国时期秦国的刻石。在 10 个鼓形石墩上刻着秦国君王游猎情况的 10 首四言诗文。原文 700 多字,现在只剩下 200 多字了。这 10 个石鼓现存北京故宫博物院。

"inscriptions on drum-shaped stone blocks"——relics of the State of Qin in the Warring States Period. There were all together ten drum-shaped stone blocks inscribed with ten poems describing the monarch's hunting. Seven hundred Chinese characters were inscribed, but now only two hundred remain. These ten stone blocks are now preserved in the Palace Museum of Beijing.

② 〔峄山刻石〕 秦代刻石。公元前 219 年,秦始皇登山东峄山,立碑刻字,李斯用小篆书写。这是首次为秦始皇歌功颂德的刻石。现存宋代重刻的残石。

"Inscribed Stone on Mount Yi"——relic of the Qin Dynasty. In 219 B.C. when Qin Shihuang, the first emperor of the Qin Dynasty, was touring Mount Yi in Shandong, a stone tablet—the first of its kind inscribed with writtings in praise of the emperor—was erected on the mountain. The writings were carved in Li Si's *xiaozhuan* (small-seal style of calligraphy). Now only the broken replica of the Song Dynasty is extant.

③ 〔泰山刻石〕 秦代刻石。公元前 219 年,秦始皇登泰山,由李斯用小篆书写,刻在泰山

顶上。原文 200 多字,现仅剩下 10 个字。

"Inscription on Mount Tai"——relic of the Qin Dynasty. In 219 B.C. while Qin Shihuang was touring Mount Tai, about 200 Chinese characters written in *xiaozhuan* (small-seal style of calligraphy) by Li Si were engraved on the top of Mount Tai. Now only ten of the original characters remain.

④ 〔琅玡台刻石〕 秦代刻石。公元前 219 年,秦始皇登山东琅玡台,由李斯用小篆书写,刻在琅玡台上。现存秦二世时的刻石,共 86 字,藏中国历史博物馆。

"Inscribed Stone on Langyatai"——relic of the Qin Dynasty. In 219 B.C. Qin Shihuang made a tour of Langyatai in Shandong, the description of which was copied by Li Si in *xiaozhuan* (small-seal style of calligraphy) and engraved on Langyatai. The stone with 86 Chinese characters extant today was engraved at the time of the second emperor of the Qin Dynasty. It is now kept in the Museum of Chinese History.

⑤ 〔礼器碑〕 东汉碑刻。碑上的隶书字艺术性很高,是学习汉隶的最佳模本。

"*Li Qi* Stone Tablet"——relic of the Eastern Han Dynasty. The tablet was inscribed with *lishu* (Chinese characters in the official style of calligraphy popular in the Han Dynasty) of very high artistic value. It is the best model for learning *lishu*.

⑥ 〔曹全碑〕 东汉碑刻。刻制的隶书笔画流畅,形体秀美。现保存在陕西省博物馆。

"Cao Quan Stone Tablet"——relic of the Eastern Han Dynasty. The tablet was inscribed with beautiful and graceful characters in *lishu*. Now it is kept in the Museum of Shaanxi.

⑦ 〔颜真卿〕 唐代书法家。以楷书闻名,人们称他的字为"颜体"。代表作有《颜勤礼碑》等。

"Yan Zhenqing"——a calligrapher of the Tang Dynasty, specializing in *kaishu* (regular style of Chinese calligraphy). His style is known as "颜体(the Yan Style)". The Tablet of Yan Qinli(颜勤礼碑) is representative of his work.

⑧ 〔柳公权〕 唐代书法家。楷书写得最好,人们称他的字为"柳体"。代表作有《玄秘塔碑》、《神策军碑》等。

"Liu Gongquan"——a calligrapher of the Tang Dynasty, specializing in *kaishu* (the regular style of Chinese calligraphy). His style is known as "柳体(the Liu Style)". The Tablet of Xuanmita(玄秘塔碑) and the Tablet of Shencejun (神策军碑) are representative of his work.

⑨ 〔欧阳询〕 唐代书法家,也是书法理论家。擅长楷书,人们称他的字为"欧体"。代表作有《九成宫醴泉铭》等。

"Ouyang Xun"——a Tang Dynasty calligrapher and theoretician of Chinese calligraphy, specializing in *kaishu*(the regular style of Chinese calligraphy). His style is known as "欧体(the Ouyang Style)". "九成宫醴泉铭"is representative of his work.

⑩ 〔赵孟頫〕 元代书法家、画家、文学家,小篆、隶书、行书、草书写得都很好,最有特点的是楷书,人称"赵体"。

"Zhao Mengfu"——a calligrapher, painter and writer of the Yuan Dynasty. He was good in nearly all styles of calligraphy such as smallseal style, official style, running hand and cursive hand, especially in his regular style, known as "the Zhao Style".

古代书法家的故事

王羲之与《兰亭序》

王羲之是东晋的大书法家,他的书法艺术博采众长,自成一家,篆、隶、草、行、楷各种书体都写得非常好。历代书法家都十分崇拜他,人们称他为中国的"书圣"。

提起王羲之,人们自然会想到他的行书代表作品《兰亭序》。公元353年农历三月三日,王羲之和当时名士谢安等41人,在兰亭(今浙江绍兴)聚会,大家边喝酒边作诗,共作了30首。乘着酒兴,王羲之拿起毛笔为诗集写了一篇序,这就是著名的《兰亭序》。

这篇序,生动地描绘了兰亭的秀丽风光,抒发了聚会的欢乐之情。全序共28行,324个字。观赏《兰亭序》是一种美的享受,打开书卷,只见笔飞墨舞,气象万千,字字都有特色。其中"之"字共有20个,但结构写法没有一个相同。据说,王羲之自己也很喜欢这件作品,以后他曾多次重写,但总也比不上原作。

我们现在看到的《兰亭序》是唐代书法家们的摹本,《兰亭序》原作被唐朝皇帝唐太宗带进陵墓殉葬了。后来唐太宗的陵墓被盗,从此,这件珍贵的书法艺术品就不知去向了。

王献之与十八缸水

东晋大书法家王献之,是王羲之的第七个儿子,他的字也写得非常好,民间流传着他向父亲学习书法的故事。

王献之小时候曾向父亲请教写字的秘诀,父亲指着院里的18口大水缸说:"你把这18口缸里的水写完就知道了。"

王献之人小志大,他真的照着父亲的字描画起来。他先从横、竖、点、撇、捺开始,练了整整两年。当他把这些笔画拿给父亲看时,只见父亲笑着直摇头。王献之又练了两年,父亲见了还是直摇头。王献之没有灰心,继续练字,他开始临写完整的字,一写就是四年。没有想到,父亲见到这些字还是直摇头,只是见到有个"大"字下部分写得太松散了,用笔在下边点了一个点,成了一个"太"字。王献之把字又让母亲看,母亲仔细看了半天,说:"我儿练字三千日,只有一点像羲之。"王献之惊呆了,原来母亲指的那一点,正是父亲加在"大"字下边的那一点。

王献之很惭愧,继续下苦功夫练字,相传,王献之写光了院子里的18缸水,最后终于成为晋代有名的书法家。后人把他与他父亲王羲之的名字放在一起,称他们父子为"二王"书法家。

欧阳询临古碑

欧阳询是唐代著名的大书法家,人们称他的字为"欧体"。

欧阳询练字非常刻苦,而且还善于吸取别人的长处。有一天,欧阳询骑着马去看望一个朋友,忽然看见道边有一块石碑,下面刻的字非常有气势,他停下马,弯下腰仔细看,原来是西晋书法家索靖写的。欧阳询看了半天,才离去。可是,只走了不长的路,就又回来了,只见他翻身跳下马,在碑前仔细观赏起来。已经到中午了,他仍不忍离去,后来感到站得太累了,就把皮衣铺在地上,坐在上面继续观赏。他一边用心琢磨字形笔法,一边用手指在地上临写。天黑了,欧阳询兴致正浓,他实在不愿离去,就躺在碑旁睡了一夜。第二天天刚亮,又继续临摹。就这样一连过了三天,当欧阳询感到对索靖的笔法已经掌握时,才骑上马高高兴兴地看朋友去了。

西安碑林

碑林,就是石碑集中在一起,多得像树林的意思。一两块碑石立在一个地方,是不能称为碑林的。

中国很早就有立碑记事、立碑树传的做法,所以古代人刻写的石碑是非常多的。为了保存一些优秀的石碑,人们就把石碑集中起来加以保护,这样,就形成了碑林。中国的碑林很多,其中最大的是西安碑林。

西安碑林是宋代元佑五年(公元 1090 年)为保存唐代的《开成石经》建立起来的,以后各代又增添了不少的碑刻,形成了庞大的碑林。

现在西安碑林有 6 个陈列室、6 个碑廊和 1 个碑亭,共陈列了从汉代到清代的优秀碑刻1000 多块,数量居全国第一。

在这里,我们可以看到著名的唐代《开成石经》。《开成石经》就是《十三经》,刻制在 114块石碑上,共有 68 万字。这里还是书法爱好者欣赏、学习书法艺术的好地方。我们可以看到中国历代大书法家,如王羲之、颜真卿、柳公权、欧阳询、赵孟頫、张旭、怀素等人亲自书写的碑石,著名的汉代名碑《曹全碑》、唐代名碑《玄秘塔碑》、《唐三藏圣教序碑》等都在这里。书法爱好者还可以欣赏到唐玄宗、宋徽宗、清康熙等皇帝的书法真迹。

所有这些,不仅可以说西安碑林是一个书法艺术的宝库,而且可以说是一个大型的石头书图书馆。

提　示

●线条是中国造型艺术的根基和主要特征,是中国人特有的审美情趣。原始社会末期,中国人就对线条这一种造型艺术的基本构件有了较为深刻的把握,并注入了热烈的情感。众多彩陶纹饰、彩陶刻画符号和岩画造型可为物证。

中国书法就是线条造型艺术。中国书法凭借线条的曲直运动和空间构造,表现出种种形体姿态、动势和情感、意趣。我们这里强调线条的作用,更多的是从欣赏角度来谈的,因为书法给人的美感首先来自线条的美,结构的美也是靠线条来表现的。离开汉字的方块形结构就不会有汉字的书法艺术,而离开线条,就什么也谈不上了。

●欣赏和了解中国书法,不能忽略所使用的工具,书法工具决定着书法的表现形式和特征,没有毛笔、墨、宣纸等书法工具和材料,就不会有中国书法艺术;用不好这些工具和材料,也不会产生优秀的书法作品。因而强调书法工具的作用,正是强调中国书法艺术的独特性。

词 汇

一、生词　New Words and Expressions

1. 书写	（动）	shūxiě	writing
2. 实用	（形）	shíyòng	functional
3. 书体	（名）	shūtǐ	style, script
4. 美感	（名）	měigǎn	aesthetic feeling
5. 丰满	（形）	fēngmǎn	plump
6. 对称	（形）	duìchèn	symmetrical
7. 丞相	（名）	chéngxiàng	prime minister
8. 扁平	（形）	biǎnpíng	short and thick
9. 名气	（名）	míngqì	fame
10. 筋	（名）	jīn	tendon, muscle
11. 狂风暴雨		kuángfēng bàoyǔ	violent storm
12. 帖	（名）	tiè	book containing models of handwriting for learners to imitate
13. 工整	（形）	gōngzhěng	careful and neat
14. 草率	（形）	cǎoshuài	swift and cursive
15. 砚	（名）	yàn	inkslab, inkstone
16. 适宜	（形）	shìyí	suitable
17. 弹性	（名）	tánxìng	elastic
18. 光泽	（名）	guāngzé	lustre, sheen
19. 掉色		diào sè	fade
20. 韵味	（名）	yùnwèi	hidden charm
21. 磨墨		mó mò	prepare ink for brush writing by rubbing an ink stick on an inkslab with water
22. 摹写	（动）	móxiě	trace over characters printed in a model of handwriting
23. 临帖		lín tiè	copy a model of handwriting
24. 勤学苦练		qín xué kǔ liàn	work regularly and train hard

二、专名　Proper Names

1. 李斯	Lǐ Sī	name of a person
2. 峄山	Yì Shān	name of a place
3. 琅玡台	Lángyátái	name of a place
4. 曹全	Cáo Quán	name of a person
5. 颜真卿	Yán Zhēnqīng	name of a person

213

6. 柳公权	Liǔ Gōngquán	name of a person
7. 欧阳询	Ōuyáng Xún	name of a person
8. 赵孟𫖯	Zhào Mèngfǔ	name of a person
9. 徽州	Huīzhōu	name of a place
10. 肇庆	Zhàoqìng	name of a place
11. 湖州	Húzhōu	name of a place

练习题

一、填空

1. 从欣赏角度看,中国书法是一种美妙的_____艺术,中国书法的美,主要指_____的美。

2. 最常见的书体是_____书和_____书,最能体现线条艺术美的是_____书。

3. "文房四宝"是_____、_____、_____、_____。

二、选择

1. 确认下列书体的线条特点并连线

甲骨文　　　　　线条粗细一样,有一种圆笔曲线美

金文　　　　　　线条较粗重,有一种古朴美

小篆　　　　　　线条细瘦硬直,有一种古朴美

隶书　　　　　　线条飞舞相连,有一种飘动美

楷书　　　　　　线条丰满美观,有一种方正工整美

草书　　　　　　线条粗细不一,有波势,有一种方笔直线美

2. 下面哪种说法是错误的?

A. 甲骨文是中国最早的书法作品。

B. 为秦始皇歌功颂德的刻石是用楷书写的。

C. "颜筋柳骨"是形容颜真卿和柳公权不同的书法风格。

D. 独特的中国书法艺术与书法工具有直接的关系。

答(　　)

三、回答问题

你喜欢中国书法吗？请说一说怎样才能练好书法。

二十六 京 剧

　　京剧是中国传统戏剧中的瑰宝。京剧产生在清代,至今已有近200年的历史了。京剧广泛地吸收了徽剧①、汉剧②等地方戏剧的精华,成为一种把歌唱、舞蹈、音乐、朗诵、武术融为一体的综合性戏剧表演艺术。因为它诞生在北京,所以称作"京剧"。京剧剧目丰富、流派众多、流传广泛,是中国地方戏剧中最有代表性的剧种。

虚拟的表演方法

　　京剧的表演跟电影、话剧、歌剧的表演不一样,它完全不受时间和空间的限制,采用的是一种虚拟的方法。虚拟就是以"虚"代"实"的意思。例如舞台上没有"实"的门、车、船、山、马,而演员用手式、身段、步法可以把生活中的开门、进门、坐车、划船、登山、骑马表现出来。演员用手做出开门的动作就表示了开门,手拿一根漂亮的马鞭就表示了骑马,拿着两面画着车轮的旗子在台上走就表示了坐车,四个兵卒在台上一站就代表了千军万马,演员在台上走一圈就表示走了很长的路。

划船　　　　　　　　　　　　骑马

模仿生活动作的虚拟的表演方法,是中国戏剧的最大特点。舞台上的那些象征性的程式③动作,不但能把剧情和人物动作交代得明明白白,而且能使观众在合理的想像中得到美的艺术享受。例如京剧《三岔口》④表现两个英雄在黑夜中摸索和搏斗,舞台上灯光明亮,观众通过演员的武打动作,想像到这是很黑很黑的夜间。再如表现酒宴的场面,主人说一声"酒宴摆下",客人们拿起空酒杯,在音乐声中做一饮而尽的动作,音乐停止,客人们纷纷站起来说"告辞了",这场酒宴就结束了,观众看了也十分满足。

表 演 程 式

京剧的表演程式,是把古代生活加以提炼、夸张、美化而形成的,其表现手段可以概括为唱、念、做、打四个方面。

唱,就是唱腔。唱腔主要有"西皮"⑤、"二黄"⑥,一般来说,西皮音高响亮,二黄音低浑厚。

念,就是说话,也叫"说白"。有以湖北语调为主的音乐化的"韵白"和接近北京口语的"京白"。剧中多数角色用韵白,幽默人物和少数民族首领多用京白。

做,指表情、手势和身段。这是一种根据生活中的真实动作,经过加工、美化而形成的舞蹈动作。

打,指武打,是武术与舞蹈结合在一起的精彩表演。

唱、念、做、打,都是为了表达人物的心理、感情和性格,塑造出鲜明生动的舞台人物形象。

行 当

行当就是角色的分类,主要是根据剧中人物的性别、年龄、身份、地位、性格划分的。京剧行当分生、旦、净、丑四类。

生,是剧中的男角色。其中有胡子的中、老年人叫老生,没有胡子的少年叫小生,会武艺的叫武生。

旦,是剧中的女角色。分青衣、花旦、武旦、老旦等几种。青衣多表现性格文静的青年或中年妇女,花旦表现性格活泼的少女或少妇,武旦表现会武艺的女子,老旦表现老年妇女。

净,又叫"花脸",是剧中的男角色。多表现性格豪放、动作粗犷的人。

丑,又叫"小花脸",多表现反面人物,有时也可以表现正面人物。丑角语言幽默,表演滑稽,惹人发笑。丑角分文丑和武丑两种。

化装与服装

京剧各种角色的化装是不一样的,其中净角、丑角的"脸谱"和旦角的"贴片子"最有特色。

脸谱是中国戏剧演员面部化装的一种谱式。京剧净角的脸谱是用各种色彩

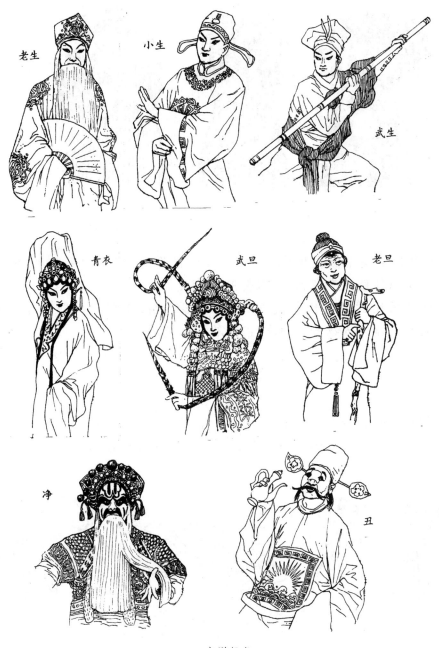

京剧行当

在脸上勾画出一定的图案,主要是把眉、眼、鼻、嘴、额五个部位加以夸张、变形或美化,用来显示人物的性格,增强戏剧效果。剧中人物的脸谱在构图、色彩方面往往是固定的,不能随意变动,例如我们不能把包公⑦的脸谱画在张飞⑧的脸上。从色彩上看,一般红色表示忠诚勇敢,黑色表示刚强公正,白色表示阴险狡诈,金银色表示神话中的神怪。丑角的脸谱最简单,一般在鼻梁处画上一块白粉就行了。

张飞　　　　　窦尔敦　　　　　廉颇

净角脸谱

　　旦角的贴片子是用假发做成各种发片,贴在脸的两边,用来改变和美化脸型。贴片子可以使瘦人变胖,也可以使胖人变瘦。

　　京剧服装采用的是明代服装样式,色彩很艳丽,在灯光照射下十分好看。京剧服装要符合剧中人物的身份和性格,也不能随意变动。

音　乐

　　京剧的音乐是管弦乐和打击乐的合奏。管弦乐以胡琴为主,月琴、二胡等为辅。有时还用唢呐、笛子吹出美妙乐曲。京剧的音乐最有特色的是打击乐,

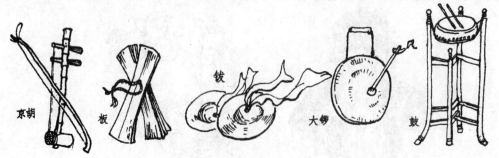

京胡　　　板　　　钹　　　大锣　　　鼓

京剧乐器

各种大小不同的锣和鼓合力齐奏,造成强烈的音响和节奏,能使观众精神振奋,激动不已。整个乐队的指挥是打板鼓的鼓师。

演员与观众

京剧是一门综合性的表演艺术,因而,京剧演员要具备比较好的自然条件。一个好演员必须要扮相好,身材好,嗓子好,眼睛要富于表情,腰、腿、手指要灵活。任何一个好演员都要经过长期的基本功训练。

有突出成就的艺术家的表演艺术,往往形成流派。如梅兰芳⑨的表演艺术叫"梅派",马连良⑩的表演艺术叫"马派"。

在中国,喜欢京剧的观众是相当多的,他们懂京剧,会看戏,对同一个剧目往往百看不厌。他们之中有很多"戏迷",戏迷都有自己崇拜的演员,这很像狂热的"足球迷"崇拜马拉多纳⑪,那种热情是难以形容的。

目前,中国的京剧艺术仍在发展之中,在演传统剧目的同时,京剧舞台上出现了一些现代京剧,现代京剧给京剧艺术带来了活力。

京剧艺术大师梅兰芳

注　释

① 〔徽剧〕 安徽地方戏曲剧种,流行于安徽、江苏、浙江等地区。腔调以"二黄"为主。

"Anhui Opera"——a type of opera of Anhui Province, popular in Anhui, Jiangsu and Zhejiang provinces. *Erhuang* is its main tune.

② 〔汉剧〕 湖北地方戏曲剧种,流行于湖北、湖南、陕西等地区。腔调以"西皮"为主。

"Wuhan Opera"——a local opera that originated in Hubei Province. It is popular in Hubei, Hunan and Shaanxi provinces. *Xipi* is its main tune.

③ 〔程式〕 一定的格式。表演程式是中国戏曲的突出特征之一。

"stylization"——the stylized performance, one of the leading characteristics of Chinese operas.

④ 〔《三岔口》〕 戏曲传统剧目。剧情是宋代将领焦赞因杀人被发配,途中住在三岔口的一个旅店里,有两位暗中保护焦赞的武士黑暗中发生了误斗。这是一出精彩的武打戏。

"三岔口"——a traditional Beijing opera. The story is set in the Song Dynasty. Jiao Zan, a general, was accused of murder and condemned to exile. On his way to the remote area, he put up at an inn for the night. Two warriors who volunteered to secretly protect Jiao ran into one another in the dark. The two had an amusing fight by mistake. This is an excellent Beijing opera of acrobatic fighting.

⑤ 〔西皮〕 戏曲声腔,曲调最初来自西北的秦腔,用胡琴伴奏。

"Xipi"——an opera tune with huqin (Chinese violin) accompaniment. It originated from the westernized (referring to western China) Shaanxi opera.

⑥ 〔二黄〕 戏曲声腔,由安徽、湖北两地的曲调结合而成,用胡琴伴奏。

"Erhuang"——an opera tune, the blending of the tunes of Anhui and Hubei provinces, accompanied by huqin.

⑦ 〔包公〕 宋代人,姓包名拯。经后世文学家、戏剧的艺术创造,成为封建社会除恶安良的清官典型。

"the Revered Mr Bao"——an official in the Song Dynasty, named Bao Zheng. He was later dramatically portrayed in literary works and dramas as the type of official in feudal society who was honest and upright, combatting the evil and redressing the innocent.

⑧ 〔张飞〕 古代小说《三国演义》中的人物,以勇猛豪爽著名,是深受人民喜爱的艺术形象。

"Zhang Fei"——a character in "三国演义"popular for his valiancy and straightforwardness.

⑨ 〔梅兰芳〕 (公元1894~1961年)著名京剧旦角演员。(详见221页)

"Mei Lanfang"(A.D. 1894—1961)——a celebrated performer of Beijing Opera, specializing in the role of dan(female character). (For details, see p.221)

⑩ 〔马连良〕 现代著名京剧生角演员。唱、念、做均有独特艺术风格。代表剧目有《借东风》、《十老安刘》等。

"Ma Lianliang"——a celebrated contemporary performer of Beijing Opera, specializing in the role of sheng(male character), his singing, reciting and acting were all executed in a distinctive artistic style of his own. "借东风" and "十老安刘"are representative of his performances.

⑪ 〔马拉多纳〕 即迭戈·马拉多纳。阿根廷著名足球运动员。

"Maradona"——Diego Maradona, a well-known Argentine football player.

资 料

京剧是怎样形成的

谈到京剧的形成,人们就要提起"四大徽班进京"这件事。1990年是四大徽班进京200周年,在北京举行了规模空前的京剧演出纪念这个日子。

明末清初,北京很盛行戏剧演出。那时在北京舞台上经常有昆曲、秦腔、京腔等戏剧表演。清代乾隆五十五年(公元1790年),来自安徽安庆的徽剧"三庆"戏班进入北京,为乾隆皇帝祝寿演戏,戏演得非常成功,受到皇帝的奖赏,也受到喜欢看戏的北京观众的欢迎。后来，"四喜"、"春台"、"和春"三个徽剧戏班也入京演戏。徽剧用它那优美的唱腔、丰富的剧目和高超的艺术水平征服了北京观众。从此,徽剧班就在北京长期留了下来。

大约在道光初年,徽剧演员与来自湖北的汉剧演员同台演出,这样就使以西皮为主的湖北汉调与以二黄为主的安徽徽调逐渐融合,形成了一种新声腔——皮黄腔(京剧的基本声腔)。聪明的徽剧演员还吸收了北京人喜爱的昆曲、秦腔等戏剧的一些剧目、曲调和表演方法,在语言上大量吸收北京语调,还确立了胡琴为音乐伴奏的主要乐器。这样,自徽班进京后,经过五十多年艺人们的努力,一个具有完整艺术风格和表演体系的剧种——京剧就逐步形成了。

有趣的是,"京剧"这个名称的得名,不是在北京,而是在上海。本世纪初,上海的舞台上经常演出来自北京的这种新剧,上海的观众就叫它"京"戏,这样,就有了"京剧"这个名称。

京剧表演艺术大师梅兰芳

本世纪 20 年代,北京流行这样一句诗"万人空巷看梅郎",这个梅郎就是中国著名旦角演员梅兰芳。这句诗反映了中国人民对这位艺术大师的景慕心情。

梅兰芳(公元 1894～1961 年),原籍江苏省泰州,1894 年生于北京。梅兰芳的祖父和父亲都是著名的京剧演员。梅兰芳 8 岁开始学戏,11 岁就上台演出了。在此后的 50 多年的艺术生活中,从配角到主角,他上演过的传统剧目将近 400 出,编演新戏 30 多出,为中国的京剧艺术做出了杰出的贡献。

梅兰芳对艺术创作非常认真,对经常上演的剧目总是不断进行修改,对每一句台词、每一个身段,都要反复推敲,直到自己满意为止。在梅兰芳的代表剧目《霸王别姬》中,有一大段虞姬舞剑的表演,这段舞剑就是他的成功创造。为了舞好剑,他曾向武术老师学习了一套太极剑,每天用真剑练习,因此在舞台上舞起假剑,十分得心应手。在《贵妃醉酒》这出戏里,梅兰芳通过唱腔、动作和表情,把戏中杨贵妃的性格和复杂的感情变化都恰当地表现了出来。特别是在杨贵妃喝酒这段戏中,梅兰芳有层次地用了四种不同的饮酒动作:掩袖慢饮——不掩袖饮——一饮而尽——任情滥饮,形象地表现了杨贵妃醉酒的过程和她的心理变化。表演动作优美,情态逼真,十分感人。

梅兰芳是唱旦角的,他嗓音甜美,身段好看,看梅兰芳演戏是一种美的艺术享受。梅兰芳善于吸收其他许多优秀旦角演员的技艺,还善于把各种旦角(青衣、花旦、武旦)的表演艺术融合在一起。这样,经过他多年的演出实践,形成了独具风格的、流传广泛的"梅派"艺术。梅兰芳的代表剧目主要有《游园惊梦》、《霸王别姬》、《穆桂英挂帅》、《宇宙锋》、《贵妃醉酒》等。这些剧目都已成为"梅派"的保留剧目。

现在,梅兰芳所开创的"梅派"艺术已被后人继承下来。梅兰芳的艺术生活和艺术创造,在中国戏剧艺术发展史上将永远放射着灿烂的光芒。

提 示

●京剧以突破时空界线的虚拟表演方法、唱念做打为表现手段的"程式",以及从化装到表演的艺术夸张,构成了独特的京剧艺术特征。而虚拟方法、表演程式、艺术夸张正是中国传统戏曲的突出的特征。

●京剧起源于民间,流传于民间,有着极其深厚的群众基础;在京剧发展过程中,因有大批文人参与,京剧又受到中国古典诗词及传统审美观念的影响,使京剧又具有了民间艺术和古典艺术的双重品格,因而京剧有着极强的生命力。京剧还要向前发展,京剧的改革和创新,将给这个惯于反映封建时代生活的剧种以新的活力。

词 汇

一、生词 New Words and Expressions

1. 戏剧	(名)	xìjù	opera
2. 精华	(名)	jīnghuá	essence
3. 融为一体		róng wéi yì tǐ	blend…into one
4. 诞生	(动)	dànshēng	originate
5. 剧目	(名)	jùmù	theatrical pieces
6. 流派	(名)	liúpài	school
7. 虚拟	(动)	xūnǐ	imaginary
8. 限制	(动)	xiànzhì	limit
9. 手式	(名)	shǒushì	gesture
10. 身段	(名)	shēnduàn	posture
11. 步法	(名)	bùfǎ	footwork
12. 模仿	(动)	mófǎng	imitate
13. 程式	(名)	chéngshì	stylized performance
14. 交代	(动)	jiāodài	make clear
15. 摸索	(动)	mōsuǒ	grope
16. 搏斗	(动)	bódòu	struggle
17. 武打	(动)	wǔdǎ	acrobatic fighting
18. 一饮而尽		yì yǐn ér jìn	drink up all the liquor
19. 告辞	(动)	gàocí	farewell, goodbye
20. 提炼	(动)	tíliàn	refine
21. 美化	(动)	měihuà	beautify
22. 唱腔	(名)	chàngqiāng	opera tune
23. 浑厚	(形)	húnhòu	rich and sonorous
24. 韵白	(名)	yùnbái	parts in Beijing Opera spoken in traditional accent which is slightly different from that in current Beijing dialect
25. 京白	(名)	jīngbái	parts in Beijing Opera spoken in Beijing dialect
26. 幽默	(形)	yōumò	humorous
27. 首领	(名)	shǒulǐng	leader

222

28. 塑造	（动）	sùzào	portray
29. 行当	（名）	hángdang	type of role（in traditional Chinese operas）
30. 角色	（名）	juésè	role
31. 分类	（名）	fēnlèi	type
32. 净	（名）	jìng	the "painted face", a character type in Beijing Opera
33. 武艺	（名）	wǔyì	skill in martial arts
34. 文静	（形）	wénjìng	gentle and quiet
35. 豪放	（形）	háofàng	bold and unrestrained
36. 粗犷	（形）	cūguǎng	straightforward
37. 反面人物		fǎnmiàn rénwù	negative character
38. 滑稽	（形）	huájī	comic
39. 化装	（动、名）	huàzhuāng	make up
40. 额	（名）	é	forehead
41. 变形	（动）	biànxíng	transform
42. 阴险	（形）	yīnxiǎn	sinister
43. 管弦乐	（名）	guǎnxiányuè	orchestral music
44. 唢呐	（名）	suǒnà	*suona* horn, a Chinese woodwind instrument
45. 节奏	（名）	jiézòu	rhythm
46. 激动不已		jīdòng bù yǐ	greatly excited
47. 扮相	（名）	bànxiàng	the appearance of an actor in costume and make up
48. 百看不厌		bǎi kàn bú yàn	never get tired of seeing（an opera）
49. 狂热	（形）	kuángrè	feverish

二、专名　Proper Names

1.《三岔口》	《Sānchàkǒu》	name of a Beijing opera
2. 湖北	Húběi	Hubei Province
3. 包公	Bāogōng	a character in a Beijing opera
4. 梅兰芳	Méi Lánfāng	name of a person
5. 马连良	Mǎ liánliáng	name of a person
6. 马拉多纳	Mǎlāduōnà	name of a person

练习题

一、填空

1. 京剧产生在_____代, 至今已有_____年的历史了。

2. 京剧是一种把_____、_____、_____、_____、_____融为一体的综合性戏剧表演艺术。

3. 模仿生活动作的_____的表演方法,是中国传统戏剧最大的特点,也是京剧的最大特点。

4. 京剧的表现手段是_____、_____、_____、_____四个方面。

5. 行当是_____的分类。京剧行当分_____、_____、_____、_____四类。

二、选择

1. 确认下列行当,并连线

有胡子的中老年　　　　　　　　武生

没有胡子的少年　　　　　　　　老生

会武艺的男子　　　　　　　　　青衣

性格文静的中青年妇女　　　　　花旦

性格活泼的少女少妇　　　　　　老旦

会武艺的女子　　　　　　　　　武旦

老年妇女　　　　　　　　　　　丑

豪放粗犷的男子　　　　　　　　花脸

幽默滑稽的人　　　　　　　　　小生

2. 确认净角脸谱色彩所表示的意义,并连线

红色　　　　　　　　　　　　　刚强公正

黑色　　　　　　　　　　　　　忠诚勇敢

白色　　　　　　　　　　　　　神怪

金银色　　　　　　　　　　　　阴险狡诈

三、回答问题

虚拟的表演方法(包含表演程式)是中国戏剧最主要的特点,也是京剧最主要的特点,请谈谈你的认识。

二十七　中国古代建筑

　　在中国大地上有很多造型优美、色彩绚丽的古代建筑,这些古建筑显示了浓厚的民族风格,在世界建筑史上占有重要地位。

　　从浙江河姆渡遗址的干栏式房屋、西安半坡遗址的方形或圆形浅穴式房屋,到北京明清两代的故宫[①]建筑群,中国建筑已经有 7000 年的历史了。今天,虽然早期的一些优秀的古建筑都不存在了,但是矗立在中国各地的有数百年或上千年历史的古建筑还是很多的。这些古建筑类型丰富,主要可以分为民居、宫殿、坛庙、塔等几种类型。

干栏式房屋　　　　　　　　　　半坡房屋

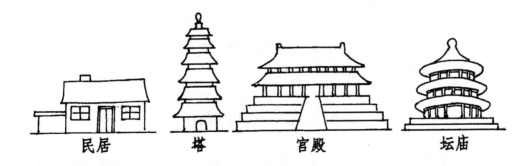

民居　　　　塔　　　　宫殿　　　　坛庙

古建筑的基本类型

为了更好地观赏中国古建筑,下面讲一讲中国古建筑的五个基本特征。

独特的木构架结构

中国古建筑主要以木材为建筑材料,因而木构架结构是古建筑的一个最重要的特征。木构架结构是用木立柱、木横梁构成房屋的骨架,屋子的重量通过横梁集中到立柱上,墙只起隔断作用,它不承担房屋的重量。由于立柱几乎承担了房屋的全部重量,因而墙和门窗的安置就很自由了。"墙倒屋不塌"这句中国的老话,形象地讲出了木构架结构的这个优点。木构架结构的另一个优点,是坚固抗震,例如天津蓟县有一座1000多年前建筑的观音阁②,高23米,由于它是木构架结构,所以经历了多次大地震,至今还安然矗立着。

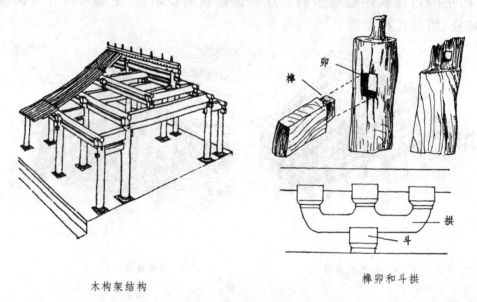

木构架结构　　　　　　　　　　　榫卯和斗拱

我们了解或观赏木构架建筑,还要注意两个地方。一个是连接木构件的榫卯,榫卯能使木建筑坚固耐久,这项技术是7000年前河姆渡人的伟大发明;另一个是立柱与屋顶之间的斗拱,斗拱有支撑横梁、往外伸展屋檐和美观装饰作用。斗拱大约出现在2000年前的战国时期。

庭院式的平面布局

中国古建筑多采用庭院式的平面布局,民居、宫殿、寺庙等建筑,往往由建筑物和围墙组成一个个庭院,这种庭院一般是"四合院"。这些庭院再按一条中轴线③前后串连起来,只有通过前院,才能到达后院。宋代文学家欧阳修《蝶恋花》④词中的词句"庭院深深深几许?",描画出了这种布局。这种平面布局的封闭庭院,居住比较舒适、安宁,适合中国人的生活习惯。

庭院式的平面布局多采用对称和对比的手法。例如故宫建筑群由几十个庭院组成,其中重要的建筑放置在中轴线上,次要的放置在两边,这样,两边低矮的建筑既互相对称,又与中轴线上高大的建筑形成了对比。故宫是庭院式平面布局最杰出的实例。

丰富多彩的屋顶样式

屋顶大、屋顶样式多,是中国古建筑的另一个特征。丰富多彩的大屋顶增

庑殿顶　　　歇山顶　　　硬山顶　　　悬山顶　　　攒尖顶

屋顶的五种基本样式

加了建筑的美观。古代《诗经》里有"作庙翼翼"的诗句,这说明,早在 3000 年前,中国就有了像大鸟展翅一样的屋顶。古建筑的屋顶样式主要有五种:庑殿顶、硬山顶、悬山顶、歇山顶和攒尖顶。庑殿顶是等级最高的屋顶样式,一般用于皇宫和寺庙中的最主要的大殿。如果把这些屋顶组合在一起,还可以构成复杂的屋顶造型,如故宫的角楼、长江边上的黄鹤楼,屋顶样式多彩多姿,异常精美华丽。

多彩多姿的屋顶样式

古建筑屋顶上面要铺琉璃瓦和青瓦,琉璃瓦有黄、蓝、绿等几种颜色,其中黄色琉璃瓦等级最高,只有皇宫和寺庙中的大殿才能使用,普通民居是不能用的,民居一般用青瓦。

观赏古建筑，会发现屋顶上有一些小动物装饰物，这些小动物是吉祥的象征，它们会给整个建筑带来一种神秘的气氛。

绚丽与淡雅的色彩

中国古建筑的色彩很丰富，有的采用对比强烈的色彩，使建筑绚丽多彩；有的采用清淡调和的色彩，使建筑朴素典雅。例如故宫太和殿用的是对比强烈的色彩，在太和殿前，人们会看到，那黄色的玻璃瓦屋顶、红色的屋身、白色的台基栏杆，在蓝天的衬托下十分鲜艳醒目。这种强烈的色彩对比，使太和殿绚丽多彩、辉煌壮观。一般来说，宫殿、坛庙建筑常采用绚丽的色彩，民居、园林建筑多采用淡雅的色彩。由于淡雅的色彩能给人们带来一种清凉的感觉，所以淡雅的建筑色彩在炎热的南方比较多见。

在古建筑的屋顶、斗拱、梁枋、门窗上，我们会看到很多漂亮的彩色图案，这就是彩绘。彩绘多用蓝、绿、黄、金等色彩。彩绘有装饰作用，还有保护木构件的作用。北京天坛的祈年殿，里里外外、上上下下画满了精美的彩绘。北京颐和园⑤里有一条728米长的长廊，除了画着彩绘图案以外，它的每一个梁枋上还画着大幅彩色图画，有山水、花鸟和历史人物、民间故事。有意思的是，有时彩绘的内容也分等级，例如故宫前三殿多用龙图案，后三宫多用凤图案，这种区分是比较严格的。

建筑美与自然美的结合

中国古代建筑的设计和布局，很注意与周围自然风景的结合，使建筑美与自然美巧妙地融为一体。像颐和园、承德避暑山庄⑥等园林建筑、帝王陵园建筑，以及一些坛庙建筑，都是与自然风光结合的典范。

注 释

① 〔故宫〕 明清两代的皇宫，位于北京市中心。（详见234页）

"the Former Imperial Palace"——the imperial palace of the Ming and Qing dynasties, situated in the centre of Beijing.（For details, see p.234）

② 〔观音阁〕 供奉观音的建筑物。观音，也叫观世音，佛教的菩萨（佛）之一。佛教徒认为观音是慈悲的化身、救苦救难之神。

"the Temple of the Goddess of Mercy"——the temple where the Goddess of Mercy is enshrined and worshipped. She is one of the Bodhisattvas(Buddhas). Buddhists believe that she is the incarnation of benevolence delivering mankind from suffering.

③ 〔中轴线〕 建筑术语。把平面或立体分成对称部分的直线。

"the central axis"——a term in architecture, an imaginary straight line that runs trough the centre of a level surface or a building complex dividing it into two equal and symmetrical parts.

④ 〔蝶恋花〕 词牌子。全词60字。

"Butterfly in Love with Flower"——the name of a tune to which *ci* poems(词)are composed. This kind of poem consists of 60 Chinese characters.

⑤ 〔颐和园〕 著名皇家园林。位于北京西郊。全园由昆明湖和万寿山组成,其中3/4是湖泊。

"the Yiheyuan Summer Palace"——a famous park of the former imperial family. It is located in the western suburb of Beijing. The main part of the park is Kunming Lake and Longevity Hill. The lake occupies three quarters of the whole area.

⑥ 〔避暑山庄〕 中国现存最大的皇家园林。位于承德市,也叫承德离宫、热河行宫。(详见248页)

"Chengde Mountain Summer Resort"——the largest existing park of the former imperial family. It is located in Chengde, also known as Chengde or Rehe imperial palace for temporary dwelling. (For details, see p.248)

资 料

古代建筑欣赏

天 安 门

天安门是一座雄伟的城楼式建筑,这座建于570多年前的明代建筑矗立在北京市中心,它后面是明清两代的皇城——故宫。天安门是皇城的正门。

天安门是中国古代建筑中的优秀作品。这座城楼式建筑高33.7米,城楼建在高大的红色墙台上。城楼是重檐歇山顶,屋顶上铺着金黄色琉璃瓦,屋脊和垂脊上装饰的吻兽十分精巧,梁枋上画满了绚丽的彩绘。天安门有5个门洞,中间的最大,是专供皇帝出入的。城楼下有一条金水河,河上架有7座雕刻精美的白石桥,一对漂亮的石狮子和一对秀美的石华表在天安门前相互配合,使天安门更显得雄伟壮观。

明清两代,天安门是皇帝出入故宫和发布诏书的地方。近百年来,有很多重大的事件发生在天安门广场。1949年10月1日,在这里举行了开国大典,毛泽东主席在天安门城楼上向全世界宣告中华人民共和国成立。此后,天安门成了国家举行庆典活动的地方。像长城一样,天安门也是中国的象征,中国国徽中的主要图形,就是天安门城楼。

祈 年 殿

祈年殿是北京天坛建筑群中最重要的大殿,也是古代庙坛建筑的代表作品。

祈年殿是一座三重檐的攒尖顶圆形建筑,它矗立在3层圆形白石台基的正中,高38米,直径30米。这座典型的木构架结构建筑,用28根巨大圆木柱支撑着屋顶的全部重量。

祈年殿艺术性极高。从造型上看,它的 3 层白色台基逐层向上收缩,远远望去就像美丽的花环。而那 3 层圆形屋顶也逐层向上收缩,使整个大殿显得稳重而雄伟。从色彩上看,屋顶蓝色的琉璃瓦、金色的宝顶、红色木柱门窗、白色的台基栏杆,再加上五彩的彩绘图案,给人以非常强烈的视觉感受,真是绚烂夺目,美不胜收。

天坛是明清两代皇帝祭天、祈祷五谷丰收的地方,所以建筑的造型、色彩跟天时都有关系。古代中国人认为天是圆的,祈年殿就建成圆形;天是蓝的,屋顶就铺上蓝色琉璃瓦;祈年殿的 28 根木柱分成内外 3 层,最里层 4 根象征一年四季,中层 12 根象征一年十二个月,外层 12 根象征一天中的十二个时辰。有人说祈年殿是人与天对话的建筑,这种说法是很形象很恰当的。

应县木塔

中国现存最古、最高、最大的木塔在山西省应县佛宫寺内,它也是世界上现存最高的古代木结构建筑。应县木塔属于楼阁式塔,高 67.31 米,八角形。从外面看,高 5 层,走进塔内,会发现它还有 4 个暗层,所以实际上是 9 层。这座木塔结构精巧,它所用的斗拱就有 60 多种。它还是双层结构,就像一个大木筒中又套上一个木筒,这充分说明了古代中国在木结构方面的高度成就。此外,塔的各层都有泥塑佛像,原先底层的释迦牟尼坐像高 11 米。塔内有木梯,可以登上塔的各层,观看外边的景色。

木塔建于辽代,900 多年来,它经受了地震等自然灾害的侵袭,至今仍巍然屹立,这真是建筑史上的奇迹。

布达拉宫

在中国古代宫殿建筑中,有一处特殊的宫殿——布达拉宫。

布达拉宫位于西藏拉萨市西北约 5 里的布达拉山上,是中国古代著名的宫殿式和堡垒式相结合的建筑群。"布达拉"梵语的意思是"佛教圣地"。

相传公元 7 世纪时,吐蕃(古代青藏高原上的少数民族)首领松赞干布为了迎娶唐朝的文成公主,特意修建了这座大城堡。后来由于火灾和战乱,建筑基本毁坏了。17 世纪时,西藏达赖五世受到清朝皇帝册封,西藏人民和汉族工匠用了 50 年时间重建布达拉宫,以后又经过不断扩建,终于形成了今天的样子。

布达拉宫主楼共有 13 层,高 110 米,东西长 360 米,全部是石木结构。内有宫殿、佛堂、习经室、寝宫、灵塔殿、庭院等。布达拉宫是一座非常雄伟的建筑,全部建筑依山势垒砌,群楼重叠、前后错落。从远处看,布达拉宫就像从山上长出来的一样,整个建筑与山连成了一体。建筑的下部是白色的"白宫",上部是红色的"红宫",加上屋顶的闪闪发光的镏金瓦,整个建筑群显得异常壮美。

布达拉宫的建筑风格独特,它不像汉族传统建筑那样平面布局、庭院串联、逐步展现建筑外貌,而是向上层层伸展,一下子就把全部外观展现出来,它那用石块垒砌的墙体面积极大,上面开着一排排的窗口,这在汉建筑中是少见的。作为建筑主体的"白宫"采用的是不对称布局,使整个建筑富于变化。当然,布达拉宫除了具有藏族建筑特点外,也融进了一些汉族建筑的风格,如"红宫"采用了对称布局,屋顶采用了歇山顶,屋檐下有木斗拱、木梁柱等。

布达拉宫有达赖喇嘛的灵塔 8 座,塔身用金子包裹。宫殿还有金碧辉煌的壁画、精美的雕塑、罕见的经文典籍等大量珍贵文物。

布达拉宫是历代达赖喇嘛的宫殿,也是原来西藏封建农奴主政教合一的统治中心,现在这座藏族古代建筑已成为一处充满神秘宗教色彩的旅游胜地了。

提 示

●中国古代建筑主要有木构架体系、砌筑体系、洞窟体系等几种,其中木构架体系是中国建筑的主流,代表了中国建筑的特色,中国绝大多数建筑属于这个体系。木构架体系建筑以它独特的结构、优美的造型、丰富的装饰闻名于世,在世界建筑史上占有重要位置。

●建筑作为一种物质文化,它的实用性是第一位的,耐久、坚固、适用是中国古建筑追求的首要目标,其次才是它的观赏性。

●中国古建筑诸多特征的形成,与中国的地理环境、气候条件及中国的政治、传统观念有密切关系。

木构架结构的广泛采用,是由于中国树木资源丰富,木材料的采集、运输、加工、安装比砖石材料省时、省力、省钱,以及中国是个多地震的国家等原因。大屋顶的采用,一是大屋顶在夏热冬寒的气候条件下,具有冬暖夏凉的优点;二是中国夏季雨水多,大屋顶便于排水。用油彩涂料彩绘木梁门窗以免木材料受潮腐朽,也是出于雨水多空气潮湿这个原因。庭院式的平面组群布局,一方面是追求生活条件的宽敞、舒适、方便、安静的反映,另一方面又与中华民族注重"关联与和谐"的意识以及内向性格有关。此外,对称对比的手法、中轴线的采用、屋顶的样式、彩绘形象的区分等等,又是中国人审美观念和封建宗法等级观念的反映。

词 汇

一、生词　New Words and Expressions

1. 浅穴	(名)	qiǎnxué	shallow cave dwelling
2. 类型	(名)	lèixíng	type
3. 坛	(名)	tán	temple, altar
4. 庙	(名)	miào	monastery
5. 骨架	(名)	gǔjià	framework
6. 隔断	(动)	géduàn	partition, demarcate
7. 承担	(动)	chéngdān	bear (the load)
8. 安置	(动)	ānzhì	place
9. 塌	(动)	tā	collapse
10. 抗震	(动)	kàngzhèn	anti-seismic
11. 阁	(名)	gé	pavilion
12. 安然	(形)	ānrán	safe and sound
13. 榫	(名)	sǔn	tenon
14. 卯	(名)	mǎo	mortise
15. 斗拱	(名)	dǒugǒng	a system of brackets in traditional Chi-

16. 屋檐	（名）	wūyán	eaves
17. 耐久	（形）	nàijiǔ	durable
18. 布局	（名、动）	bùjú	layout
19. 中轴线	（名）	zhōngzhóuxiàn	central axis
20. 串连	（动）	chuànlián	join one after another
21. 封闭	（形、动）	fēngbì	secluded
22. 舒适	（形）	shūshì	comfortable
23. 安宁	（形）	ānníng	tranquil
24. 实例	（名）	shílì	example
25. 庑殿顶	（名）	wǔdiàndǐng	name of a roof in Chinese architecture
26. 悬山顶	（名）	xuánshāndǐng	name of a roof in Chinese architecture
27. 攒尖顶	（名）	cuánjiāndǐng	name of a roof in Chinese architecture
28. 琉璃瓦	（名）	liúliwǎ	glazed tile
29. 清淡	（形）	qīngdàn	light and delicate
30. 调和	（形）	tiáohé	agreeable, harmonious
31. 衬托	（动）	chèntuō	set off
32. 醒目	（形）	xǐngmù	eye-catching, striking
33. 清凉	（形）	qīngliáng	cool
34. 梁枋	（名）	liángfāng	beam supporting the roof and beam joining two pillars
35. 设计	（名、动）	shèjì	design
36. 典范	（名）	diǎnfàn	model, example

二、专名　Proper Names

1. 故宫	Gùgōng	the Former Imperial Palace
2. 蓟县	Jìxiàn	name of a place
3. 黄鹤楼	Huánghèlóu	the Yellow Crane Tower
4. 天坛	Tiāntán	the Temple of Heaven
5. 祈年殿	Qǐniándiàn	the Hall of Prayer for Good Harvests
6. 颐和园	Yíhéyuán	the (Yiheyuan) Summer Palace
7. 承德	Chéngdé	name of a place
8. 避暑山庄	Bìshǔ Shānzhuāng	Chengde Mountain Summer Resort

练习题

一、填空

1. 中国古代建筑类型丰富,主要分为_____、_____、_____和_____四种。

2．中国古建筑最重要的特征是_____。

3．大屋顶以及屋顶样式多,是中国古建筑的又一个明显特征,最主要的屋顶样式有五种:_____顶、_____顶、_____顶、_____顶和_____顶。

4．观赏木构架结构建筑,要注意两个地方,一个是连接木构件的_____,另一个是立柱与屋顶之间的_____,这是中国古代两项伟大发明。

二、回答问题

1．为什么说"墙倒屋不塌"这句俗话,形象地讲出了木构架结构建筑的优点?

2．试用中国古建筑的五个基本特征,简单分析一座中国古建筑。

二十八 故 宫

在中国首都北京，有一座明代和清代的皇宫，这就是举世闻名的紫禁城，现在人们叫它故宫。故宫是世界上现存最大的皇宫。

故宫太和殿

故宫是明朝永乐十八年（公元 1420 年）建成的，到现在已有 500 多年的历史了。明清两代，先后有 24 个皇帝住在这里，故宫是当时皇帝统治全国人民的政治中心。今天，这座封建帝王的宫城，已经成为中国最大的博物馆——故宫博物院。

宏伟的古代建筑群

说起中国古代建筑，首先要说到故宫，因为故宫是现存最大最完整的古代木结构的宫殿建筑群，集中体现了中国古建筑的优良传统和独特风格。

故宫建筑群是长方形的，面积有 72 万平方米。它的周围环绕着 10 米高的城墙

角 楼

和 52 米宽的护城河，城墙四面各有 1 个门楼，四角矗立着精巧秀丽的角楼。故宫由几十个大大小小的庭院组成，有宫殿 70 多座，房屋 9000 多间。这些建筑沿着一条南北方向的中轴线分布排列，重要的宫殿安排在中轴线上，次要的宫殿、

房屋安排在两边,相互形成对比和对称。中轴线的使用,显示了皇帝的地位和威严。

按照封建社会"前朝后寝"①的观念,这个长方形的建筑群,前后分成外朝和内廷两大部分。

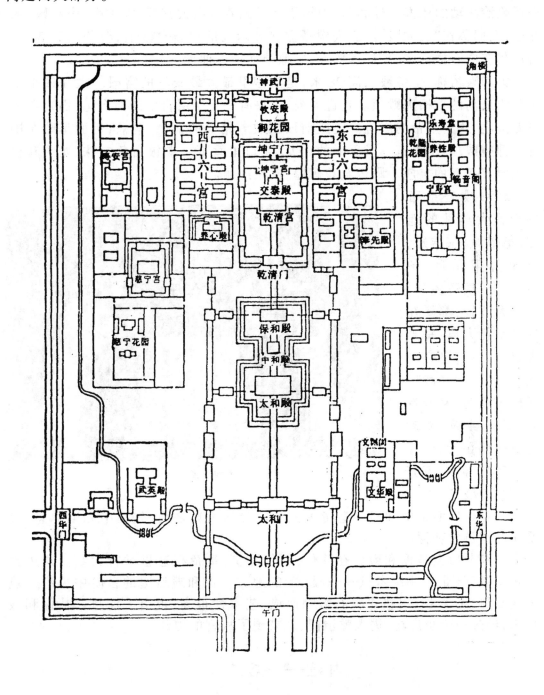

故宫平面图

外朝——三大殿

从天安门往里走,穿过午门,就来到了外朝。外朝是皇帝举行各种典礼和进行政治活动的地方。外朝,在中轴线上排列着3座大宫殿:太和殿、中和殿、保和殿,人们称作"三大殿"。三大殿矗立在8米高的白石台基上,台基共有3层,每层都有白石栏杆围绕,远远望去,好像神话中的仙境。

太和殿俗称"金銮殿",高28米,是故宫里最大最豪华的宫殿。太和殿采用了等级最高的重檐庑殿顶。走进大殿,中央有一个7层台阶的高台,上面是金漆雕龙宝座,这是皇帝的座位。宝座前面摆放着精美的铜鹤、铜鼎,后面是雕龙围屏。仰望殿顶,中央有一条巨大的金龙,龙口里垂下一颗银白色宝珠,龙头和宝珠正对着下面的宝座。殿内金碧辉煌,庄严绚丽。

太和殿是皇帝举行盛大典礼的地方,皇帝即位、结婚,以及每年元旦、冬至、万寿(皇帝生日)这三大节日,都要在这里举行大典。每当大典的时候,皇帝坐在宝座上,太和殿广场旗帜飘动,又奏音乐,又敲钟鼓,文武官员跪倒一大片,呼喊"万岁,万岁,万万岁!"热闹极了。

太和殿宝座

太和殿后面是中和殿。皇帝去太和殿参加大典之前,先在中和殿休息,接受司礼官员的朝拜。

中和殿后面是保和殿。在清代,每年除夕,皇帝在这里举行大宴。这里也是科举制度②最高一级考试——殿试③的地方。保和殿后边的台阶中央有一块云龙石雕,16米长,用整块青石雕刻而成,艺术性很高,很引人注目。从保和殿出来,经过一个小广场,进入乾清门,就来到了故宫的内廷。

内廷——后三宫

内廷是皇帝和后妃④们居住生活的地方。在中轴线上的主要建筑也是3

座:乾清宫、交泰殿、坤宁宫,人们称作"后三宫"。后三宫两侧是东六宫和西六宫。

乾清宫是皇帝居住的地方,后来皇帝也在这里办理日常政务。

交泰殿是册封皇后⑤和给皇后过生日的地方。

坤宁宫原先是皇后居住的地方,后来,皇后就不住在这里了,这里成了祭神和皇帝结婚的地方了。

西六宫南面有一个养心殿,清代很多皇帝不在乾清宫住,而住在这里,认为这儿比乾清宫安全。养心殿东屋一

垂帘听政

西六宫的室内布置

前一后摆着两个宝座,当中挂着一个黄色帘子。当年,西太后慈禧⑥就坐在帘子后面的宝座上,行使着皇帝的权力,前面的宝座上坐着不懂事的小皇帝⑦,这就是有名的"垂帘听政"⑧。

西六宫和东六宫由很多小小的庭院组成,后妃和女官们住在这里。现在西六宫的室内布置还是原来的样子,其中长春宫和储秀宫是慈禧住过的地方。

从坤宁宫往北走,就到了皇帝、后妃们游玩的御花园了。御花园虽然不大,但是精巧优美,这里有古柏竹林、假山怪石、亭台楼阁、池水小桥,来到这里好像进入了江南园林。

出御花园继续往北走,穿过神武门,就走出了故宫。

故宫收藏了 100 多万件珍贵文物,其中很多是中国的"国宝"。

明清封建统治者为了修建这座皇宫,耗费了大量人力物力,据《明史》记载,修建时曾调用了"十万工匠和百万夫役"。故宫是中国古代劳动人民用血汗和智慧筑造的。

今天,故宫以它宏伟的古建筑和丰富的文物珍品,吸引着越来越多的国内外游人前去参观游览。

注 释

① 〔前朝后寝〕 古代建筑布局。意思是前面是办理政务的地方,后面是生活居住的地方。

"imperial court in the front and imperial residential quarters in the rear"——an ancient architectural layout in which the imperial court, where the emperor attended to state affairs, was built in front of the imperial residential quarters.

② 〔科举制度〕 从隋代开始实行的一种考试制度。从地方到中央,分级考试选拔人才,考中的给予功名,有的给予官职。

"imperial examinations"——examinations originating in the Sui Dynasty, conducted for official posts or academic titles, instituted at different levels, from local to national.

③ 〔殿试〕 封建社会科举制度最高一级考试,在宫廷举行,皇帝亲自主持。

"final imperial examination"——the highest grade of examination under the feudal imperial examination system. Such an examination was held in the imperial court and presided over by the emperor.

④ 〔后妃〕 泛指太后、皇后和妃子之类的人。

"后妃(*houfei*)"——a general term for empresses dowager, empresses and imperial concubines.

⑤ 〔册封皇后〕 清朝皇帝封皇后,要发给皇后"册"(证书)和"宝"(印章)。

"certificated empresses"——In the Qing Dynasty, an empress, as soon as she was granted the title by the emperor, was presented with a"certificate(册)"and an "official seal(宝)".

⑥ 〔慈禧〕 (公元 1835～1908 年)又称西太后、那拉太后,那拉是姓。清代咸丰帝妃。慈禧是清末同治、光绪时的实际统治者。

"Cixi"(A.D. 1835—1908)——an imperial concubine of Emperor Xianfeng. Cixi became the actual ruler during the reigns of Tongzhi and Guangxu towards the end of the Qing Dynasty. She was also known as Empress Dowager West and Empress Dowager Nala. (Nala was her family name.)

⑦ 指 6 岁的同治和 4 岁的光绪两个小皇帝。

Referring to the two boy emperors——Tongzhi, aged 6 and Guangxu, aged 4.

⑧ 〔垂帘听政〕 封建社会在特殊的情况下,太后或皇后临朝听政,殿上用帘子隔着。

"垂帘听政"——垂帘(*chuilian*)means to be behind a screen, 听政 (*tingzheng*)means to listen to reports or discussions on state affairs. Under special circumstandces in feudal China, an empress or empress dowager held court from behind a screen, known as "垂帘听政".

太和殿大典

太和殿是故宫最大的宫殿,是明代和清代皇帝举行盛大典礼的地方。

明清两代在太和殿举行的盛大典礼,主要包括皇帝即位、皇帝大婚、任命将帅出征,以及每年元旦、冬至、万寿(皇帝生日)三大节日接受文武官员、各国使节的祝贺、赐宴等,平时是不使用太和殿的。

太和殿大典场面很大,也十分热闹。大典前都要经过演习,需用的东西都要准备好安放好。

大典那天天还没亮,在典礼中执行任务的各种官员都要进入自己的岗位。日出前三刻捶一鼓,文武官员在午门外排好队等候。捶二鼓,文武官员在礼部官引导下,从午门两边的小门进入太和门,并在太和殿广场的东西部面向北站好。这时,午门响起悦耳的钟鼓声,皇帝从后宫出来走进中和殿。

捶三鼓,执行任务的官员到中和殿向皇帝行礼。在庄严的乐曲声中,皇帝离开中和殿,进入太和殿。当皇帝坐在大殿中央的宝座上时,乐曲就停止了。

这时,太和殿台阶下,一些礼仪官挥动几丈长的大鞭子,"啪啪啪"打三响鞭。接着,台基上奏起"万岁乐"的乐曲,文武官员列队行拜礼。乐曲停止后,就是一些进表、宣表、致词等仪式。这些仪式一完,文武官员及在场的所有人员就跪在地上,高声喊"万岁,万岁,万万岁!"最后,在乐曲声中,皇帝走下宝座回到中和殿,典礼就结束了。

上面介绍的是明代的大典,清代的大典跟明代的差不多,只是有一些变化。几百年来,在太和殿举行过多次这样的大典。在明清众多大典中,最有意思的是清代最后一个皇帝溥仪的即位大典。当时溥仪只有两岁,他父亲把他抱上又高又大的宝座,又怕他摔下来,只好双手扶着他。大典开始了,太和殿台基上又是奏乐又是捶鼓,小皇帝看见台基下有这么多人,一会儿跪下,一会儿起来,吓坏了,竟"哇哇"地哭了起来。他父亲只好哄着说:"别哭,别哭,快完了,快完了!"果然,没过几年,清朝封建君主制度就完结了。

故宫收藏的珍贵文物

北京故宫博物院收藏了100多万件珍贵文物,其中有很多是绝无仅有的国宝,具有很高的艺术价值和历史价值。下面介绍一些最珍贵的文物。

陶瓷

钧窑玫瑰紫釉瓷花盆(宋)

蓝釉白龙纹梅瓶(元)

定窑白瓷孩儿枕(宋)

青花釉里红盖罐(元)

书法

《石鼓文》(战国)

《平复帖》(西晋·陆机)

《伯远帖》(东晋·王珣)

《兰亭序》摹本(唐)

绘画

《洛神赋图卷》(东晋·顾恺之)

《游春图》(隋·展子虔)

《步辇图》(唐·阎立本)

《五牛图》(唐·韩滉)

《韩熙载夜宴图》(五代·顾宏中)

《清明上河图》(宋·张择端)

宫廷文物

黄金宝石凤冠(明孝端皇后)

金漆雕龙宝座

孔雀羽彩绣袍(清乾隆皇帝)

黄金编钟(清乾隆年间)

大禹治水玉山(清乾隆年间)

象牙席(清雍正皇帝)

黄金发塔(清乾隆皇帝为收存母亲生前头发而制作)

提 示

●故宫是中国古代宫殿建筑的典范,集中体现了中国古代建筑的优良传统和独特风格。像古建筑那独特的木构架结构、庭院式的平面组群布局、等级分明的屋顶样式和绚丽而淡雅的色彩等特征,在故宫建筑中都得到了充分的展现。

●故宫建筑体现了"君权天授"和"天人合一"的封建社会的正统观念。自西汉起,"天子受命于天,天下受命于天子"一直是历代帝王施政的理论支柱。也就是说,帝王所做的一切,都是天帝授予的,是符合天道的,普天下的百姓必须绝对服从帝王,因为这都是天意。"紫禁城"的名称已经说明了这一点,"紫"是指天上星区中的紫微垣,紫微垣也叫紫宫,传说是天帝住的地方。"禁"是禁区,平民百姓不得入内。天帝——帝王——平民,这三者的关系是非常清楚的。

明清两代的皇帝都自以为是"天子",因而"唯我独尊",天下一切以我为中心,故宫中轴线的使用、太和殿采用最高等级的建筑样式,都体现了帝王的这种思想。显然,建筑也被用来为他们的强权政治服务了。

词 汇

一、生词 **New Words and Expressions**

1. 博物院　　　　(名)　　　　bówùyuàn　　　　museum

2. 观念	（名）	guānniàn	idea
3. 外朝	（名）	wàicháo	imperial court
4. 内廷	（名）	nèitíng	imperial residential quarters
5. 重檐	（名）	chóngyán	double-eaved roof
6. 摆放	（动）	bǎifàng	put, place
7. 鹤	（名）	hè	crane
8. 围屏	（名）	wéipíng	screen
9. 仰望	（动）	yǎngwàng	look up at
10. 即位	（动）	jíwèi	ascend the throne
11. 司礼	（名）	sīlǐ	ceremonial
12. 朝拜	（动）	cháobài	pay respects to（an emperor）
13. 妃	（名）	fēi	imperial concubine
14. 政务	（名）	zhèngwù	state affairs
15. 行使	（动）	xíngshǐ	exercise
16. 耗费	（动）	hàofèi	consume, cost
17. 夫役	（名）	fūyì	manual labourer
18. 筑造	（动）	zhùzào	build, construct

二、专名 Proper Names

1. 紫禁城	Zǐjìnchéng	the Forbidden City
2. 天安门	Tiān'ānmén	Tian'anmen（Gate of Heavenly Peace）
3. 午门	Wǔmén	Meridian Gate
4. 太和殿	Tàihédiàn	Hall of Supreme Harmony
5. 中和殿	Zhōnghédiàn	Hall of Middle Harmony
6. 保和殿	Bǎohédiàn	Hall of Preserving Harmony
7. 乾清宫	Qiánqīnggōng	Palace of Heavenly Purity
8. 交泰殿	Jiāotàidiàn	Hall of Union
9. 坤宁宫	Kūnnínggōng	Palace of Earthly Tranquility
10. 西太后慈禧	Xītàihòu Cíxǐ	Empress Dowager Cixi
11. 长春宫	Chángchūngōng	Palace of Eternal Spring
12. 储秀宫	Chǔxiùgōng	Palace of Gathering Excellence
13. 养心殿	Yǎngxīndiàn	Hall of Mental Cultivation
14. 御花园	Yùhuāyuán	Imperial Garden
15. 神武门	Shénwǔmén	Gate of Godly Prowess
16.《明史》	《Míngshǐ》	name of a book

练习题

一、填空

    1.故宫在中国的_____市，它是明代和清代的_____，在 500 年中，先后有_____个皇帝住在里面。

    2.故宫建筑分外朝和内廷两大部分。外朝是_____的地方；内廷是_____的地方。

    3.养心殿东屋里前后摆着两个宝座，这是_____实行_____的地方。

    4.故宫现在是中国最大的博物院，里面收藏的珍贵文物有_____件。

二、选择正确答案

    1.从午门到神武门行走路线是哪条？

    A.午门→乾清宫→交泰殿→坤宁宫→太和殿→中和殿→保和殿→御花园→神武门

    B.午门→太和殿→中和殿→保和殿→乾清宫→交泰殿→坤宁宫→御花园→神武门

答（   ）

    2.太和殿是做什么的地方？

    A.科举考试   B.大典和进行政治活动

    C.皇帝居住   D.垂帘听政

答（   ）

三、回答问题

    故宫建筑在哪些地方显示了皇帝的威权？

二十九　中国古典园林

古典园林是中国古代建筑艺术宝库中的一颗明珠。中国现存的古典园林很多,其中多数是明清园林,这些园林是为满足封建统治者、官僚贵族住在城市而又要享受山林之乐的要求而建造的。

古典园林的两种类型

一般来说,古典园林可以分为江南私家园林和北方皇家园林两种类型。①

江南私家园林充分利用南方四季常青、花木繁茂的特点,园林布局自由灵活,景物小巧丰富,充满情趣。著名园林有苏州的四大名园:留园②、拙政园③、狮子林④、沧浪亭⑤,以及无锡的寄畅园⑥,扬州的个园⑦等。

拙政园

北方皇家园林规模宏大,气势雄伟,豪华富贵。代表园林有承德的避暑山庄,北京的颐和园、北海公园⑧,以及已被烧毁的圆明园⑨等。

这两种类型的园林在规模和风格上虽然差异很大,但从造园艺术上讲是有共同特点的。首先园林都是由山、水、花木、建筑组合而成;其次都是利用人工的力量再现自然山水之美,建造出充满诗情画意,比自然山水更美的景色,使园林达到“虽由人作,宛如天开”⑩的艺术境界。

中国古典园林跟西方古典园林不一样。西方园林呈现的是整齐的绿茵草地、图案式花坛、漂亮的水池喷泉、高雅的雕塑艺术,这是一种西方园林美。中国园林崇尚自然,要在园林中再现自然美。再现自然美是中国园林建造的主导思想,诗情画意是中国园林艺术的主要追求。

避暑山庄

造园艺术方法

为了再现自然美,使园林充满诗情画意,中国古代造园大师创造了丰富的造园方法。

划分景区　重点雕琢

不论是大的皇家园林,还是小的江南园林,都巧妙地应用山水、草木、建筑,把全园划分成各具特色的若干景区,其中着重突出能体现这一园林主要特色的重点景区。

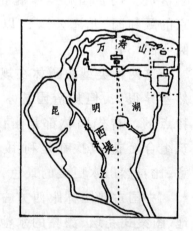

颐和园布局示意图

如北京的颐和园面积很大,于是就把它分成行宫区和风景区两大部分。因为风景区的万寿山和昆明湖最有特色,是全园最美丽的地方,所以风景区就成为雕琢的重点。造园大师们在万寿山中心线上建造了排云殿、佛香阁等一组建筑,用来美化山景;在山下面,又用一条彩色长廊衬托山景;此外,还在昆明湖上建岛、架桥,让湖中的小岛和万寿山遥遥相对。这样的重点雕琢,使整个颐和园成了一幅秀丽的山水画。

模仿自然　造山造水

山水诗和山水画对中国园林影响很大,古代人称园林为"山水园"。造园大师善于用山、造山,用水、造水。真山要用好,如避暑山庄是用真山建筑的园林。但中国大多数园林中的山是假山,如北京景山公园的景山是用土造的假山,扬州个园中的四座山都是用石头堆起来的。用土和石造假山是中国造园的传统。造假山要做到"以假乱真",让人觉得是真山。

"山是园林的骨架,水是园林的血液"。园林中只有山没有水也不行,没有水,园林会缺乏自然的活力。挖湖建岛、挖河架桥是造园大师常用的造园方法。

巧用障隔　隐藏景物

障隔是小园林常用的手法。例如在苏州园林的入口处,常用假山、树木、院墙把后面的景物藏起来,然后再让游人一步一步地看到里面的美丽景色。障隔手法可以使小园林变得曲折幽深,也能增加游人的兴趣和新奇感。请看苏州园林中的这个梅花形状的门多有意思,里面到底有多大?会不会有更美的景色?那只有走进去亲自观看了。

梅花门

巧妙借景　丰富园景

借景就是把园外的景色巧妙地"借"到园中来,使它成为本园的一部分。例如颐和园用树林遮挡了园西的围墙,使园外的西山和玉泉山的宝塔好像是园内的景物。承德避暑山庄也是用这种方法把外八庙①建筑群"借"到了园内。苏州沧浪亭的借景用得更加巧妙,沧浪亭外有一条美丽的小河,这样,靠河的这一边就没建围墙,而是建起了一道有漏窗的长廊,游人在园内通过漏窗就能观赏小河的景色,小河的美景就被巧妙地"借"到园里来了。

颐和园借景实例

利用建筑　装点自然

中国古代园林特别善于利用具有浓厚民族风格的建筑物。造园大师通常把楼、台、亭、阁、廊、桥、塔等建筑物,装点在自然的山、水、石、花、木之中,组成体现各种情趣的园景。建筑是人工创造的艺术美,建筑的装点,就使自然美与艺术美很好地结合在一起,使园林更富有诗情画意。

用诗书画　点景抒情

游览中国园林会看到很多匾牌、对联、诗词、绘画,这些字画为园林增添了诗情画意,并为园林创造了意境。想一想,游人在欣赏秀丽景色的同时,又能欣赏到优秀的书法绘画作品,这该是多么愉快的事呀!尤其是一些建筑物和风景区的题名,本身就很绝妙,如"烟雨楼"、"飞泉亭"、"曲院风荷"、"三潭印月"等题名,很容易把游人带入某种意境中去。

西湖一景——曲院风荷

注　释

① 中国古典园林中还有一种寺庙园林。

Temple park is also a kind of classical Chinese parks.

② 〔留园〕 苏州四大名园之一。明代始建,清代续建。园主姓刘,"刘"与"留"同音,所以叫留园。

"留园(the Park to Linger In)"——one of the four scenic parks in Suzhou. Its construction was inaugurated in the Ming Dynasty and completed in the Qing Dynasty. The family name of the owner was 刘(Liu). In Chinese the two characters "刘"and"留(liu)"are homonymous, hence the name "留园".

③ 〔拙政园〕 苏州四大名园之一,也是苏州最大的园林。明代建园。

"Zhuozhengyuan (the Humble Administrator's Park)"——the largest of the four scenic parks in Suzhou, built in the Ming Dynasty.

④ 〔狮子林〕 苏州四大名园之一。始建于元代。园内假山怪石很多,因有些怪石很像狮子,所以有了狮子林这一名称。

"Shizilin (Lion Grove)"——one of the four scenic parks in Suzhou, built during the Yuan Dynasty. The stones in the park are in various strange shapes, some looking like lions, hence the name "Lion Grove".

⑤ 〔沧浪亭〕 苏州四大名园之一,也是苏州最早的园林,建于宋代。

"Canglangting (Pavilion of the Surging Waves)"——the oldest of the four scenic parks in Suzhou, built in the Song Dynasty.

⑥ 〔寄畅园〕 无锡著名私家园林,建于明代。此园是一处以山水为主、自然风光秀丽的山

246

水园。

"Jichangyuan"——a famous private park in Wuxi, built in the Ming Dynasty. It is known for its unique landscape and beautiful natural scenery.

⑦〔个园〕 扬州著名私家园林,建于清代。全园采用不同的假山石,构成春、夏、秋、冬四季景色,充满诗情画意。

"Geyuan"——a famous private park in Yangzhou, built in the Qing Dynasty. It is decorated with artificial hills symbolizing the beautiful and picturesque scenes of the four seasons.

⑧〔北海公园〕 位于北京市。中国现存最早的皇家园林,已有800年历史。

"the Beihai Park"——Located in Beijing, it is the earliest imperial park extant in China today, with a history going back to 800 years ago.

⑨〔圆明园〕 著名清代皇家园林。原址在北京西郊。圆明园面积很大,既有中国园林特色,又有西洋园林风格。可惜,圆明园在1860年和1900年两次遭到外国侵略者焚毁,现只留下一片废墟。

"the Yuanmingyuan Summer Palace"——a famous imperial park located in the western suburb of Beijing, covering a vast area, built in semi-Chinese and semi-Western style, destroyed by fire set by foreign invaders in 1860 and in 1900. It now lies in ruins.

⑩〔"虽由人作,宛如天开"〕 明代造园艺术家计成所著《园冶》中的话,意思是虽然由人建造,却好像是天然形成的。

"虽由人作,宛如天开"——a sentence from"园冶", a book written by Ji Cheng, a park architect of the Ming Dynasty. The sentence means although it is man-made, it looks as if it were the product of nature.

⑪〔外八庙〕 清代在避暑山庄外部山区修建的八座庙。

"the Eight Outer Temples"——referring to the eight temples built outside the enclosure of the Chengde Mountain Summer Resort in the Qing Dynasty.

资 料

苏 州 园 林

一向有天堂之称的苏州,是一座古老而美丽的园林城市。苏州山青水秀,气候湿润,经济富足,文化发达,所以自古这里就修建了很多私家园林。苏州一共有多少园林呢?据《苏州府志》记载,苏州明代有园271个,清代有园130个。现在苏州保存得比较完整的古代园林有70多个,除了著名的四大园林留园、拙政园、狮子林、沧浪亭外,还有网师园、怡园、环秀山庄、耦园、鹤园等多处著名园林。

苏州园林大多数是与住宅结合的人工山水园,这些园林一般比较小,有的面积只有几千平方米。苏州园林虽然小,但造园手法却非常丰富,使得园林小中见大,少中见多,形成了很多充满自然美和浓厚情趣的园景。总的来说,苏州园林的布局是以山、水、泉、石为骨架,以花、草、树、木为衬托,以楼、台、亭、廊为点缀,形成了一个个可以居住、可以游玩的整体。

根据不同的自然条件,苏州园林往往运用不同的造园手法,因而形成了不同的园林特色。例如以精巧闻名天下的网师园,面积只有8亩那么大,是苏州最小的园林。园林虽小,但水很多,占了全园总面积的3/5。于是,建园设计师就沿池水布置山石树木和建筑,构成了以水面为主的水景园。又如狮子林和环秀山庄的山和水都很多,就以山水为主建园,构成了山水园。再如沧浪亭前院的山石很多,就以山石为主,构成了一个山景园。

苏州园林充满着诗情画意,走进园林,无论游人站在哪个地方,眼前总是一幅完美的图画,哪怕是一块山石、一棵古树、一扇门窗,都是画中不可少的一部分,因为它们都经过了造园大师的精心设计和安排。去过苏州园林的人都有这样的感受:游人在园中,如在画中游。

苏州园林是美的,历代的园林设计除了有园主人对园林美的要求外,还要请当时著名的诗人画家帮助设计,难怪苏州园林充满着浓郁的诗情画意。因而,一些园林专家又称苏州园林为"文人写意派山水园"。"江南园林甲天下,苏州园林甲江南",谁要想了解中国园林艺术,苏州园林是不能不去的。

承德避暑山庄

承德避暑山庄是中国现存最大的皇家园林,它离北京很近,只有250公里。避暑山庄的面积是564万平方米,有两个颐和园或8个故宫那么大。

在清代,避暑山庄是皇帝夏天避暑和处理政务的地方,现在,它是中国十大风景名胜之一,它以独特的魅力吸引着众多中外游客。

避暑山庄的自然环境十分优美,在这儿有高山、峡谷、平原、草地、湖泊、小岛、河流和温泉,而且这里夏天不太热,真可以说是一块"宝地"。当年,清康熙皇帝打猎时看中了这块地方,决定在这儿建立他的"行宫"。经过园林艺术家和无数工匠90年的精心建造,这块土地成为一处具有古代园林"南秀北雄"之美的规模宏大的皇家园林。

避暑山庄分为宫殿区、湖泊区、平原区、山区等景区。

宫殿区是皇帝居住和处理政务的地方。在这个景区里,有许多宫殿建筑,这些宫殿建筑很少用彩绘,采用的是与环境协调的淡雅色彩。这里还挺立着很多高大的古松林,每当山风吹过,松树就发出海涛一样的声响。

湖泊区、平原区和山区,山清水秀、草木繁茂,呈现出一派秀丽的风光,这里是皇帝打猎游玩的地方。

最有意思的是,避暑山庄的整个园林布局很像中国自然地理的一个缩影:西部多山,好像中国西部的山脉和高原;北部是开阔的草地和茂密的树林,很像中国北部的内蒙古大草原和东北大森林;东南部秀美的湖水风光,让人联想到中国江南的水乡景象;作为借景的园外具有少数民族特色的寺庙建筑,会让人想起新疆、西藏的建筑;那长达10公里,随山起伏的园墙,更容易让人联想到那气势雄伟的万里长城。避暑山庄利用各地风景,巧妙地概括了中国地理的形象,体现了皇权统一的思想。

避暑山庄古朴自然,雄壮秀美,处处充满着一种"野"味,这是与江南园林和北京市内的园林很不同的特点。现在,承德避暑山庄正张开双臂,欢迎人们去参观游览。请注意,去的时候最好是夏天。

●中国园林艺术具有悠久的历史。

中国园林艺术是以山、水、花木、建筑四种基本要素组合而成的综合艺术。再现山林景色的自然美是中国园林艺术的传统美学思想,诗情画意是其美学追求。

●中国园林与西方园林的风格差异源于不同民族在人与自然关系上的不同认识、不同追求和不同的美学观念。

中国人自古有热爱自然、追求自然的传统。中国人乐于从自然中寻求美感,并求得人与自然的统一与融合。老子认为"自然为万物之本",荀子盛赞"天地之大美",孔子则进一步把人与自然加以统一和融合,他说"仁者乐山,智者乐水"。这些传统思想对中国的造园艺术风格影响很大,表现在:中国传统园林取法天然,艺术地再现自然,并从中表现人的感情和趣味。其创造的那种随景所感的诗情画意,那种"虽由人作,宛如天开"的美妙意境,实际上就是"天人合一"的哲学观念在园林艺术中的体现。

西方园林是很高雅的,但是西方园林更注重表现人的意志和理性,园林追求整齐划一,人工痕迹较多。在一些西方园林中,人与自然好像是分割的,自然完全由人掌握,或者说给自然留下的位置是不多的。

●中国园林在世界园林史上占有重要地位。它不仅影响了亚洲如日本等国的造园艺术,而且在18世纪后半期对欧洲如英国等国的造园艺术也有一定的影响。中国园林在世界上被誉为"世界园林之母"。

词 汇

一、生词　New Words and Expressions

1. 古典	(名)	gǔdiǎn	classical
2. 官僚	(名)	guānliáo	bureaucrat
3. 繁茂	(形)	fánmào	lush
4. 小巧	(形)	xiǎoqiǎo	small and exquisite
5. 豪华	(形)	háohuá	luxurious
6. 富贵	(形)	fùguì	rich
7. 烧毁	(动)	shāohuǐ	burn down
8. 差异	(名)	chāyì	difference
9. 再现	(动)	zàixiàn	re-create, reproduce
10. 绿茵	(名)	lǜyīn	lawn
11. 崇尚	(动)	chóngshàng	regard highly, attach great importance to
12. 主导	(名)	zhǔdǎo	guiding, dominant
13. 行宫	(名)	xínggōng	temporary dwelling place of an emperor when away from the imperial palace
14. 雕琢	(动)	diāozhuó	perfect
15. 遥遥相对		yáoyáo xiāngduì	face each other at a distance

16. 巧用		qiǎo yòng	make good use of
17. 障隔	（名）	zhànggé	obstruction
18. 隐藏	（动）	yǐncáng	hide
19. 幽深	（形）	yōushēn	deep and serene
20. 新奇感	（名）	xīnqígǎn	feeling of novelty
21. 借景		jiè jǐng	make use of the scenery outside a park
22. 园景	（名）	yuánjǐng	scenery in a park
23. 遮挡	（动）	zhēdǎng	hide from view
24. 漏窗	（名）	lòuchuāng	windows of various shapes built in a wall or the sides of a long corridor
25. 匾牌	（名）	biǎnpái	horizontal inscribed board
26. 题名	（名）	tímíng	fine name invented for（a building or a scenic spot）
27. 绝妙	（形）	juémiào	excellent

二、专名 Proper Names

1. 留园	Liúyuán	name of a park
2. 拙政园	Zhuōzhèngyuán	name of a park
3. 狮子林	Shīzilín	name of a park
4. 沧浪亭	Cānglàngtíng	name of a park
5. 无锡	Wúxī	name of a place
6. 寄畅园	Jìchàngyuán	name of a park
7. 扬州	Yángzhōu	name of a place
8. 个园	Gèyuán	name of a park
9. 北海公园	Běihǎi Gōngyuán	name of a park
10. 圆明园	Yuánmíngyuán	the Yuanmingyuan Summer Palace
11. 万寿山	Wànshòu Shān	Longevity Hill
12. 昆明湖	Kūnmíng Hú	Kunming Lake
13. 排云殿	Páiyúndiàn	Cloud-Dispelling Hall
14. 佛香阁	Fóxiānggé	Pavilion of the Fragrance of Buddha
15. 景山	Jǐng Shān	Coal Hill
16. 西山	Xī Shān	Western Hill
17. 玉泉山	Yùquán Shān	Jade Fountain Hill
18. 外八庙	Wàibāmiào	the Outer Eight Temples

练习题

一、填空

1. 中国古典园林的类型主要分成两种：_____ 和 _____。

2.苏州是一座古老而美丽的园林城市。苏州著名的四大名园是_____、_____、_____和_____。

3.著名的北方皇家园林有_____、_____、_____、_____等。

4.中国园林建造的主导思想是_____,中国园林的艺术追求是_____。

二、名词解释

1.障隔

2.借景

三、回答问题

1.请说明南方私家园林和北方皇家园林在造园规模和风格上的差异,以及在造园艺术上的共同特点。

2.简述中国古典园林跟西方古典园林的不同之处。

三十　中国医药学

　　中国医药学是中国文化中的一个宝库,它对中华民族的繁荣昌盛起了重大作用,对世界医药学的发展做出了贡献。中国医药学有自己独特的理论和体系,它的各种治疗方法,如中药、针灸、按摩、气功①等,也都是十分独特的。

中 医 概 说

　　在漫长的古代,中华民族的祖先在劳动和生活中,发现某些植物、动物和矿物对疾病有治疗作用,还发现人的身体某一部位受到损伤,可以解除另一部位的病痛,经过反复实践,创造了中药和针灸的治疗方法。

张仲景

华佗治病

　　战国时期,中国出现了一部中医著作《黄帝内经》②。这部最早的中医著作运用阴阳五行学说,解释了人与自然界之间的密切关系,以及人体内部脏腑③之间的相互关系,提出了对疾病诊断和治疗的方法,为中医打下理论基础。

　　400 年后,东汉大医学家张仲景写出了一部《伤寒杂病论》④,初步确立了中医"辨证论治"的思想。

　　中国古代还有一些著名的医学家,比如战国时期的扁鹊⑤以及东汉时期的华佗⑥,他们的医术都是相当高明的,他们治好了很多人的重病,被人们称为"神医"。

在后来的 1000 多年中，中医理论和实践得到进一步发展，医学家和中医著作不断涌现，就拿现存的历代中医药著作来说吧，就有 13000 多种。

辨 证 论 治

中医诊断病情的基本方法是"望、闻、问、切"四诊法。中医看病，要看病人的气色，听病人发出的声音，询问病情，按病人的脉搏，得到的症状综合起来，称为"证"。通过对"证"的仔细辨别（还要结合天时等自然情况），就可以讨论治疗了，最后给病人开出药方，这就是"辨证论治"，也是中医看病的过程。

辨证论治思想是中医的基本理论，内容相当丰富。辨证论治不是头痛医头，脚痛医脚，它注重的是人的整体和人体的阴阳平衡。中医认为局部疾病可以影响全身，是整体出了问题；中医还认为，人体内部的疾病会影响到人体外部，外部的疾病也会传入内部。中医的这种整体思想，在阴阳五行学说上表现得很充分。

中医诊断病情

阴阳学说

阴阳学说是一种古老的哲学思想，它认为世界上任何事物都有阴与阳两个方面，如地是阴，天是阳；女是阴，男是阳；人的腹部是阴，背部是阳；体内是阴，体表是阳；体内的五脏是阴，六腑是阳，等等。

中医提出，人体的阴阳两方相对平衡时，人是健康的，如果阴阳的相对平衡被破坏了，就会生病。中医看病，要先诊断病人是阳盛阴虚，还是阴盛阳虚，然后再采取治疗方法。阳盛属于热症，医生要给病人凉寒药；阴盛属于寒症，要给病人温热药。目的是改变病人身体阴阳偏盛或偏虚的现象，使阴阳平衡，消除疾病。

例如病人得了感冒，根据阴阳学说，医生要诊断这种感冒是热症还是寒症。如果病人发热、怕冷、头痛、流鼻涕、口不渴，中医认为这种症状是阴盛阳虚，感冒属于寒症。这时医生就要给病人补阳，使阳强盛起来，医生会让病人服用荆芥、防风等一系列温热药。如果病人发高烧、出汗多、头痛、不流鼻涕、口渴，这是阳盛阴

阴阳关系图

虚的症状,感冒属于热症。这时医生要给病人开银翘、板蓝根等一些寒凉药,使阴强盛起来。诊断和给药,有经验的医生是不会搞错的。

五行学说

中国哲学把木、火、土、金、水称作"五行","行"是运动变化的意思。古代哲学家认为,五行之间相生相克,五行相生是:木生火,火生土,土生金,金生水,水生木。五行相克是:木克土,土克水,水克火,火克金,金克木。五行之间相生相克,保持着世界万物的动态平衡。

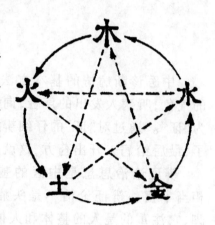

五行生克图

中医把五行结合到人体中,是以五脏为中心。中医认为肝属木,心属火,脾属土,肺属金,肾属水。按照五行相生相克的理论,这五脏之间也有相生相克的关系,例如:脾(土)气可以充实肺(金)气,这就是"土生金"。医生治疗肺部病症,常常先从补脾开始,运用的就是"补土生金"的方法。

中　药

中药是中医使用的药物,用中药治病是中医主要的治疗方法。

中国最早的一部药物学著作是东汉时期的《神农本草经》,书中记载着 365 种中药。明代著名医药学家李时珍的《本草纲目》,记载的中药达到了 1892 种,成为中国古代药物学和植物学的巨著。

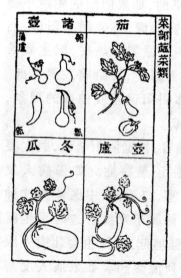

《本草纲目》插图

中药有植物药、矿物药、动物药三种。植物药又称中草药,用得最广泛,主要是植物的根、茎、叶、花、果、皮等。

中药能治病,是利用中药的不同特性和作用。按药性和作用,中药可以分成凉寒、温热、升浮、沉降等多种。从味觉上分,有辛、酸、甘、苦、咸五种。

服用中药,也是以体内阴阳平衡为目的。如阳盛(热症)用凉寒药,阴盛(寒症)用温热药;病的症候向上(如呕吐、咳喘)用沉降药,向下(如便泻)用升浮药,等等。

吃中药,要把一些药物配合在一起,在砂锅中加水煮,取汁服用。中药还有丸、散、膏、丹等中成药,中成药服用方便,很受人们欢迎。目前,中成药已达到 8000 多种了。

在中国,服用中药的人很多,这是因为中药一般没有或很少有副作用;一些用西药治不好的病,用中药能治好;有些病人不适合吃西药,可以用中药代替。现在,很多外国朋友也喜欢服用中药了。

注 释

① 〔气功〕 中国特有的一种古老健身术。练功者通过意念和呼吸相结合的锻炼,达到健身、防治疾病和延长寿命的目的。

"*qigong*"——a system of exercises, originating in ancient China, for physical fitness, the prevention and treatment of diseases and longevity through deep-breathing and conscious control of mind.

② 〔《黄帝内经》〕 战国晚期医学著作,全书包括《素问》和《灵枢》两部分,共 18 卷,162 篇。

"黄帝内经"——a medical work of 162 chapters in 18 volumes, written in the late Warring States Period. It consists of two parts——"素问"and"灵枢".

③ 〔脏腑〕 脏指五脏,即心、肝、脾、肺、肾;腑指六腑,即胆、胃、大肠、小肠、膀胱、三焦。

"脏腑(*zang* and *fu*)"——*Zang* (or five *zang*) is a collective term for the heart, liver, spleen, lungs and kidneys; *fu* (or six *fu*) is a collective term for the gallbladder, stomach, large intestine, small intestine, urinary bladder and *sanjiao* (the triple heater) (a collective term for the three visceral cavities housing the internal organs for circulaton, absorption and excretion).

④ 〔《伤寒杂病论》〕 东汉医学著作,张仲景著。全书 16 卷,分伤寒和杂病两部分。记载药方 300 多个,药物 200 多种。

"伤寒杂病论"——a medical work in 16 volumes with a record of over 300 prescriptions and 200 medicines, written by Zhang Zhongjing of the Eastern Han Dynasty. The work consists of two parts—on febrile diseases caused by harmful cold factors and on other diseases in the internal organs.

⑤ 〔扁鹊〕 战国初期医学家,原名秦越人。曾周游列国,深入民间为人民治病。他创造了"望、闻、问、切"四诊法,精通妇、儿、五官科疾病。

"Bian Que"——originally called Qin Yueren, a medical expert of the early Warring States Period, specializing in treating diseases of women and children and of the five sense organs. He travelled to all the states providing medical service to people, and invented the four diagnostic methods—observation, auscultation and olfaction, interrogation, and palpation and pulse feeling.

⑥ 〔华佗〕 东汉末期医学家。以四处行医为生,擅长内、外、妇、儿等科的治疗。发明全身麻醉剂"麻沸散"和医疗体育方法"五禽戏"。

"Hua Tuo"——a medical expert towards the end of the Eastern Han Dynasty, specializing in medicine, surgery, gynaecology and paediatrics. He lived by practising medicine, and invented a general anaesthetic "*mafeisan*" and a system of therapeutical exercises "the five-animal exercises".

独特的针灸疗法

针灸是中国古老的治疗方法,它的应用范围很广,可用于内、外、妇、儿、五官科等 300 多种疾病的治疗和预防,治疗效果迅速,方法简便,没有或很少有副作用。

远古时期,中国人的祖先在劳动生活中发现,人的体表某一部位受到损伤后,身体的另一部位的疼痛就减轻或消失了,于是就用砭石和灸刺激体表某一部位,达到止痛治病的目的。砭石后来又演变为骨针、竹针、金属针。

针和灸是两种不同的治疗方法,针法是用针在人体皮肤表面的穴位上进行针刺、叩击、放血的操作;灸法是把艾条点燃后熏烤皮肤表面的穴位。

针灸理论是深奥的,中医认为人体的各个器官能够保持平衡,主要是靠经络的作用。经络是什么样子呢?人们看不见它,也摸不着它,但它是存在着的。经络主要有 14 条路线,这与现代测试技术得出的结果完全一致。中医认为经络是气血运行的通道,它内通脏腑,外联肢节,通行上下、前后、左右。气血聚集的地方就是穴位。经络很像城市中那纵横交错的公共汽车路线,穴位就像那一个个的汽车站,脏腑——经络——穴位就是这样紧密相联的。当脏腑等体内部位发生病变时,通过经络,与病变部位相联的穴位就会发生异常现象。如果刺激这些穴位,这种刺激就会传导到病变部位,使气血阴阳平衡,达到治病的目的。

战国时期,名医扁鹊有一次路过虢国,恰逢虢国太子得病刚死,国王问扁鹊能不能把太子救活,扁鹊经过诊断,对国王说,太子并没有死,他马上让弟子用针对太子的百会穴进行针刺。一会儿,太子醒了过来,又经过治疗,二十天后太子就恢复了健康。像这样的故事,古今有许多,说明了针灸的神奇疗效。

中国针灸著作也是很多的。西晋时皇甫谧根据《黄帝内经》等书,写了一本《针灸甲乙经》,这是一本非常重要的针灸学著作,书中详细记载了全身 349 个穴位和主治的疾病。明代杨继洲写的《针灸大成》,全面总结了明代以前针灸学的成就,对今天的针灸治疗还有指导意义。

针灸以它神奇的疗效赢得了人们的信赖,特别是中国针灸医生近年来创造的针刺麻醉,成功地应用在外科手术上,进一步引起人们对针灸的重视。如今,世界上的 120 多个国家和地区有了针灸医生。针灸疗法将为人类的健康做出更大贡献。

常用穴位简介

这里介绍三个常用穴位,这三个常用穴位治疗效果非常明显。治疗时除用针灸外,还可以用手指按压,方法是很简便的。

合谷穴——位于手背虎口处,第一掌骨与第二掌骨之间。这是治疗头面部疾病的常用穴位。主治头痛、牙痛、咽喉肿痛、口眼歪斜、感冒发烧等症(孕妇慎用)。

人中穴——位于鼻下、上嘴唇沟中的上三分之一处。这是急救昏迷的重要穴位,对于面肿、腰背痛也有治疗作用。

足三里穴——位于膝下三寸(四横指),胫骨外侧一横指处。是人体主要补穴之一。主治消化不良、腹痛下泄等多种胃肠疾病,并可治疗瘫痪、高血压疾病。

李时珍和《本草纲目》

李时珍(公元 1518～1593 年)是明代著名医药学家,湖北人,出生在一个医学世家。他从小就对医学产生了浓厚兴趣,24 岁那年,他开始给人看病。他诊断认真,待病人热情,深受人民爱戴。

在行医过程中,李时珍发现当时的医药书籍错误太多,有些分类不清,有些记载的药性不准,还有些加进了迷信的东西。医药书的好坏关系着人们的身体健康和生命,李时珍决心写一部比较科学完善的医药书。于是,从 35 岁开始,他集中全部精力编写《本草纲目》。

为了写好这部书,他读了 800 多种书籍,走访了长江、黄河流域的许多地方,虚心向当地人民请教,广泛收集药物标本和民间药方,还在家里试种药材。经过 27 年的艰苦努力,终于在 1578 年完成了《本草纲目》这部世界闻名的医药巨著。

《本草纲目》共 190 多万字,分 16 部,52 卷,60 类。收集的药物共 1892 种,每种药物的产地、形状、颜色、气味和主治病症都写得明白,有条理;收入的药方有 11096 个;为了帮助人们辨认药物,绘制了插图 1110 幅,形象地表明了各种药物形状。

《本草纲目》不但是一部总结中国 2000 年来药物知识的巨著,而且还是一部植物学巨著。1647 年一位波兰人把《本草纲目》译成《中国植物志》,于 1659 年出版,对欧洲植物学有很大影响。此后,《本草纲目》先后被译成多种文字,流传到各国。

今天,在湖北蕲春有李时珍墓和药圃,供人们参观游览。

提　示

●中国古代的自然科学现在基本上已被西方现代科学体系所代替,惟有中医仍显示着强大的生命力,与现代西医同时并存。

中国医药学具有独特的理论体系和治疗方法,它以中国哲学为基础,从人的整体以及人体与自然界的统一出发,通过"四诊"取"证",进行阴、阳、表、里、寒、热、虚、实的综合,辨证论治。中国医药学内容广博,本专题因篇幅所限,只介绍了一些主要部分,对中医药有兴趣者可阅读其他一些中医药书籍。

●目前世界上"回归大自然"的呼声越来越高,以传统的中草药逐步代替某些有副作用的化学合成药是总的趋势。中西医结合也显示出了优势。将来,中医对人类的卫生保健作用会越来越大。

●中国医药学广博深奥,但是还是能学到手的,很多中国青年,还有一些外国朋友,通过刻苦地钻研和实践,已经成为了优秀的中医医生。这应证了中国的一句老话,即"有志者,事竟成"。

词 汇

一、生词　New Words and Expressions

1.	医药学	（名）	yīyàoxué	medicine and pharmacy
2.	繁荣昌盛		fánróng chāngshèng	prosperity
3.	治疗	（动）	zhìliáo	treat，cure
4.	针灸	（名）	zhēnjiǔ	acupuncture and moxibustion
5.	按摩	（名）	ànmó	massage
6.	概说	（动）	gàishuō	brief introduction
7.	部位	（名）	bùwèi	area
8.	损伤	（动）	sǔnshāng	injure
9.	解除	（动）	jiěchú	remove
10.	诊断	（动、名）	zhěnduàn	diagnose，diagnosis
11.	辨证论治		biàn zhèng lùn zhì	diagnosis and treatment based on an overal analysis of the illness and the patient's condition
12.	医术	（名）	yīshù	medical skill，art of the healing
13.	切	（动）	qiè	feel the pulse
14.	气色	（名）	qìsè	complexion
15.	询问	（动）	xúnwèn	interrogate
16.	脉搏	（名）	màibó	pulse
17.	症状	（名）	zhèngzhuàng	symptom
18.	辨别	（动）	biànbié	analyse and differentiate
19.	腹	（名）	fù	abdomen
20.	体表	（名）	tǐbiǎo	surface of the body
21.	盛	（形）	shèng	strong
22.	虚	（形）	xū	week
23.	荆芥	（名）	jīngjiè	name of a Chinese herbal medicine
24.	防风	（名）	fángfēng	name of a Chinese herbal medicine
25.	银翘	（名）	yínqiào	name of a Chinese herbal medicine
26.	板蓝根	（名）	bǎnlángēn	name of a Chinese herbal medicine
27.	相生相克		xiāng shēng xiāng kè	mutual promotion and restraint
28.	脾	（名）	pí	spleen
29.	肾	（名）	shèn	kidney
30.	充实	（动）	chōngshí	nourish
31.	茎	（名）	jīng	stem
32.	味觉	（名）	wèijué	sense of taste
33.	辛	（形）	xīn	hot in taste
34.	症候	（名）	zhènghòu	symptom

35. 呕吐	（动）	ǒutù	vomit
36. 便泻	（动）	biànxiè	diarrhea
37. 服用	（动）	fúyòng	take（medicine）
38. 丸	（名）	wán	pill，bolus
39. 散	（名）	sǎn	powder
40. 膏	（名）	gāo	extract
41. 丹	（名）	dān	pellet or powder
42. 副作用	（名）	fùzuòyòng	side effect

二、专名　Proper Names

1.《黄帝内经》	《Huángdì Nèijīng》	name of a medical work
2. 张仲景	Zhāng Zhòngjǐng	name of a person
3.《伤寒杂病论》	《Shānghán Zábìng Lùn》	name of a medical work
4. 扁鹊	Biǎn Què	name of a person
5. 华佗	Huà Tuó	name of a person
6.《神农本草经》	《Shénnóng Běn Cǎo Jīng》	name of a medical work
7. 李时珍	Lǐ Shízhēn	name of a person
8.《本草纲目》	《Běn Cǎo Gāng Mù》	name of a medical work

练习题

一、填空

1. 战国时期，中国出现了一部最早的中医著作_____，这部著作为中医打下了理论基础。

2. 东汉医学家张仲景写了一部著名医学书，初步确立了"辨证论治"的思想，这部书的名字是_____。

3. 中医著名的"四诊法"是_____、_____、_____、_____。

4. 明代医药学家_____写了一部医药学巨著_____，书中记载了1892种中药。

二、名词解释

辨证论治

三、选择正确答案

下面哪种说法是错误的？

A. 中医治病注重人的整体，而不是局部。

B. 中医认为人们生病，是由于人体的阴阳平衡破坏了。

C. 服用中药是以人体阴阳平衡为目的。

D. 温热药能使病人体内的"阴"强盛起来。

答(　　)

四、回答问题

1. 简述中医的基本理论——辨证论治思想。

2. 为什么很多人生了病愿意服用中药?

三十一 武 术

武术，又称"功夫"，是打拳和使用兵器的技术。武术是中国传统体育项目之一。

武术既可以健身防身，又可以表演和比赛，因而，它不仅受到中国人民的喜爱，也受到世界人民的喜爱。1991 年 10 月，在北京举行了第一届世界武术锦标赛，来自 41 个国家和地区的 400 名优秀武术运动员参加了比赛。这次体育盛会，标志着武术已经从中国走向世界。当时，一家中国杂志说得好："武术源于中国，但属于世界"。

武术的起源与发展

武术起源于中国。

原始社会时期，中国人的祖先在猎取野兽时，常常要做出一些防卫和攻击的动作，这些动作可以看作"原始武术"。进入奴隶社会以后，连年的战争促进了武术的发展。为了战争的胜利，各诸侯国的军队在冬天要练武，古书上就有"三时务农，而一时讲武"（三时指春、夏、秋三季，一时指冬季）的记载。那时候，在祭祀仪式中还有一种动作很大的舞蹈——武舞，这武舞就是武术。

相 搏

最早的武术比赛出现在春秋战国时期。每年的春季和秋季，武艺高强的人要在一起比武，看看谁的本领大。比赛场上，两个武士凶猛地对打搏斗，这就是有名的相搏。

秦汉时期，武术已经有了单练套路①和对练套路，还出现了模仿动物动作的象形拳术。东汉时的"五禽戏"②也可以说是一种象形拳术。

唐宋时期练武的人更多了。唐代还实行了"武举制"，用考试的方法选拔武艺高强的人。中外闻名的少林武功在唐代已经很有名气

261

了。少林寺十三个和尚用武功营救李世民(唐太宗皇帝)的故事是人人皆知的③。宋代,官方建立了"武学"④,民间有了练武的社团。

元明清三代,练武的风气更加浓厚,武术社团和武术流派就更多了。

现在,武术作为一种体育运动开展得更为广泛,在一些大城市里,经常进行武术锻炼的人都在 10 万人以上;在农村,出现了许多"武术之乡",并涌现出很多优秀的武术运动员。

武术的种类

武术是靠动作组成多种套路来进行的,武术的动作主要有踢、打、摔、拿、击、刺。强烈的技击性是武术的最大特点,也是武术的魅力所在。

武术的种类主要分成拳术和器械术两大类。

拳术

拳术是徒手进行的武术,是练武的基础。主要的拳术有长拳、南拳、太极拳、少林拳、象形拳等。

长拳属于北方的拳术,所以又称"北拳"。长拳出拳踢腿,尽力伸展,打起拳来,窜蹦跳跃,快速勇猛,很适合青少年练习。

南拳流行于南方各省,着重手臂挥舞,很少跳动,打拳人常常发声,用来帮助发力。中国武术界有句话叫"南拳北腿",说的就是南拳和长拳的不同特点。

清代武术社团

太极拳速度较慢,柔软轻松,深受老年人和体弱多病的人欢迎。

少林拳套路短小,但动作快速勇猛,有威力逼人的气势。

模仿飞禽走兽动作的各种象形拳术和模仿人醉酒后动作神态的醉拳,动作非常有趣,很叫人喜爱。

器械术

器械术是手拿器械进行的武术。这些器械大部分是古代的兵器,分长兵器、短兵器、软兵器三类。长兵器有枪、棍、大刀等,短兵器有刀、剑、钩等,软兵器有九节鞭、三节棍、流星锤等。中国自古有"十八般武艺"的说法,实际上就是 18 种器械术。

武术可以一个人单练,两人对练,也可以多人合练,按套路或散打运动形式攻守技击。其中对练和多人合练最为精彩,快速、准确、勇猛、惊险的武打动作,常常使观众看得眼花缭乱。

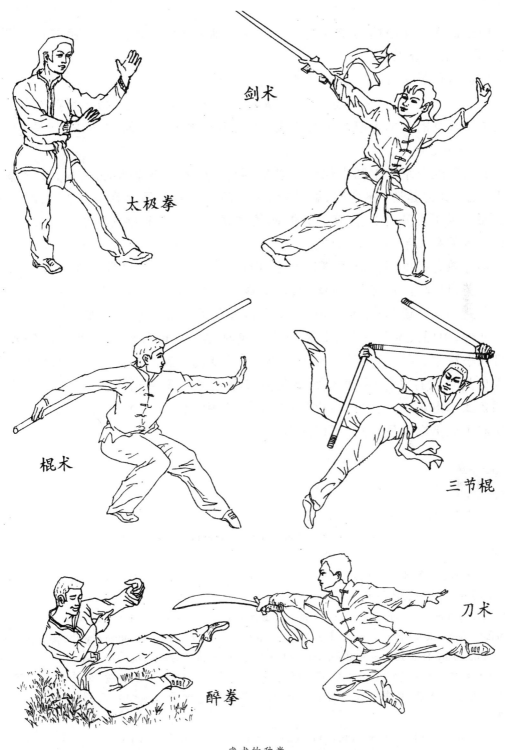

剑术

太极拳

棍术

三节棍

刀术

醉拳

武术的种类

中国武术的奥秘

中国武术是在中国传统文化哺育下发展而来的,体现了中华民族的哲学、美学、艺术的传统思想。

中国古代哲学有"天人合一"的学说,意思是说,天、地与人是紧密联系在一起的。武术家也认为,人体运动只有顺应天体的变化,才能达到锻炼效果。古代人常到寂静的山林古庙之中去练武,或在不同季节练不同的功法,都是"天人合一"的体现。

我们曾经介绍过中国古代哲学思想"阴阳学说"。这种学说认为,万物都有阴阳关系,如内是阴、外是阳;虚是阴、实是阳;神是阴、形是阳;柔是阴、刚是阳等。而武术正要讲内外、虚实、形神、刚柔关系。大家都很熟悉太极拳,"太极"⑤就是表示阴阳关系的一个名词。

形神兼备是中国传统的美学思想,中国武术也有这种追求。武术仅有形体美动作美,也就是"形美"是不够的,还应该有一种"内美",这"内美"就是精、气、神。练武的人常说"外练筋骨肉,内练一口气",讲的就是这个道理。

此外,中国武术与文学、书法、舞蹈、戏曲的关系也很密切。如书法家把剑术带入书法中,写出了飞舞飘动的草书;戏曲吸收了武术的武打功夫,创造出艺术性的舞台武打动作;有些舞蹈更是直接采用了武术的动作。近年来,还出现了很多武术电影和电视片,人称"功夫片"。其中,电影《少林寺》最好看,许多青少年看了这部电影后,爱上了武术运动。

注 释

① 〔套路〕 武术术语,指一套动作。

"set pattern"——a jargon in *wushu* (traditional Chinese martial arts), meaning a series of movements.

② 〔五禽戏〕 东汉名医华佗创造。模仿虎、鹿、熊、猿、鸟五种动物的动作进行身体锻炼,是一种结合气功的肢体运动。

"Five-Animal Exercises"——a set of health-building exercises imitating the movements of five animals—tiger, deer, bear, ape and bird. They are physical exercises combined with *qigong*. They were initiated by Hua Tuo, a well-known medical expert of the Eastern Han Dynasty.

③ 7世纪初,李世民在洛阳被敌军围困,少林寺的十三个和尚下山营救,使李世民脱险,后来李世民做了皇帝,奖赏了这十三个和尚,还赐给少林寺大量土地和银两,此后少林寺兴盛起来。

Early in the 7th century, when Li Shimin was besieged by his enemy near Luoyang, thirteen monks from the Shaolin Temple came to his rescue. After Li mounted the throne as the emperor of the

Tang Dynasty, he rewarded the thirteen monks and granted land and silver to the Shaolin Temple, which therefore became prosperous.

④〔武学〕 中国古代培养军事人才的学校。

"武学"——武(*wu*)means "military" and 学(*xue*) "a school" or "academy". *Wuxue* refers to a kind of school that trained military officers in ancient China.

⑤〔太极〕 中国古代哲学家认为太极是天地万物的根源,分阴阳二气。常见的"太极图"是说明宇宙现象的,道教常用它作标志。

"*taiji*"——Ancient Chinese philosophers believed that *taiji* was the origin of everything on earth. It consists of *yin* and *yang*. The common "*taiji* chart", taken as a sign by Taoists, serves to explain cosmic phenomena.

资　料

太　极　拳

太极拳是深受人们喜爱的一种拳术。太极拳动作柔和缓慢,形神兼备,既可以用于技击,又有增强体质、防治疾病的作用,所以老年人和体弱多病的人都喜欢打太极拳。目前,这项运动已经成为国际武术比赛的项目了。

在中国武术中,最富有哲学色彩的便是太极拳了,它的名字本身也显示了这一点,因而太极拳又有"哲拳"之称。宋代有人画了一幅太极图,用来解释宇宙、自然的发展规律及其变化。太极图是圆的,太极拳的每一个动作也是圆的。动作有大圆、小圆、椭圆、半圆、弧形、螺旋形,从开始打拳到动作结束,动态相连,环环相绕,一种圆接一种圆,动作舒展而优美。

中国古代哲学认为宇宙变化的原动力在于太极,打太极拳的人认为人身运动的原动力也在于太极(人的腹部),所以太极拳的动作是由腹部发动,向外导致全身运动,腹部(太极)一动,全身都动。

那么怎么练习打太极拳呢? 练打太极拳首先要做到身体姿势端正,还要做到静、松、灵、活、守几个字。

"静",就是心静,无忧无虑,精神贯注;"松",就是要全身充分放松,动作自然舒展;"灵",是指感觉要灵敏,如果姿势、动作不正确,能很快领悟改正;"活",是指动作要连贯圆活,富于变化,如一招一式无断续之处,上下肢始终处于似展非展、自然弯曲的状态;"守",就是意守丹田(腹部),稳定重心,练拳时,四肢动作无论怎么伸缩、转换,身体都要保持垂直,同时,气要下沉,空胸实腹。

总之,静、松、灵、活、守是练好太极拳的基本要求,而意守丹田、稳定重心更是练好太极拳的关键。

学打太极拳并不是很难的事。初学时,可以按照书中的图解与说明,一个动作一个动作地学做,然后再一段一段地连起来做,最后形成一个连贯完整的套路,能够熟练地掌握套路动作后,就要注意动作的节奏了。只要牢记太极拳的动作要点,虚心向老师学习,坚持不断地练下去,一定会打一手好太极拳的。

提 示

●武术源于中国,是中国优秀的传统体育文化之一,具有鲜明的民族特色和广泛的群众基础。武术既可以健身防身,又可以表演和比赛,它在中国人民的业余生活中具有一定的地位。优秀的民族文化应当属于全人类,今天在许多国家出现的武术热,表明中国武术正在走向世界。

●中国武术的文化内涵丰富而精深。几千年来,武术吸收和渗透了中华民族的某些知识、艺术、道德和风俗,形成了程式化的套路和物态化的器械术以及制度化的武举制、比赛制,体现了中国古代的哲学观念、美学观念、伦理道德和兵法思想。因而要想学习和练好武术,仅仅学习、了解武术技术是不够的,而应该更多地知道一些中国传统的文化知识,这已是当今众多武术界人士的共识。

词 汇

一、生词 **New Words and Expressions**

1. 功夫	(名)	gōngfu	*gongfu* (martial arts)
2. 打拳		dǎ quán	Chinese boxing
3. 健身	(动)	jiànshēn	build up one's health
4. 防身	(动)	fángshēn	defend oneself
5. 锦标赛	(名)	jǐnbiāosài	championships
6. 盛会	(名)	shènghuì	grand gathering
7. 猎取	(动)	lièqǔ	hunt
8. 防卫	(动)	fángwèi	defend
9. 攻击	(动)	gōngjī	attack
10. 练武	(动)	liànwǔ	practise martial arts
11. 务农	(动)	wùnóng	do farm work
12. 武舞	(名)	wǔwǔ	dance of martial arts
13. 武艺高强		wǔyì gāoqiáng	be expert in practising martial arts
14. 比武	(动)	bǐwǔ	contest of martial arts
15. 对打	(动)	duìdǎ	two persons fighting each other in a contest of martial arts
16. 相搏	(名)	xiāngbó	a kind of contest of martial arts in ancient China
17. 套路	(名)	tàolù	set pattern
18. 选拔	(动)	xuǎnbá	select
19. 人人皆知		rénrén jiē zhī	known to all
20. 刺	(动)	cì	stab
21. 技击性	(名)	jījīxìng	art of attack and defence

266

22. 拳术	（名）	quánshù	boxing arts
23. 器械术	（名）	qìxièshù	weapon arts
24. 窜蹦跳跃		cuàn bèng tiào yuè	spring，jump
25. 着重	（动）	zhuózhòng	lay emphasis on
26. 威力逼人		wēilì bīrén	overwhelming martial prowes
27. 飞禽走兽		fēiqín zǒushòu	birds and beasts
28. 流星锤	（名）	liúxīngchuí	meteor hammer（an ancient wea- pon）
29. 眼花缭乱		yǎnhuā liáoluàn	be dazzled
30. 哺育	（动）	bǔyù	nurture，foster
31. 顺应	（动）	shùnyìng	conform to
32. 天体	（名）	tiāntǐ	nature，heaven and earth

二、专名　Proper Names

1. 少林寺	Shàolín Sì	the Shaolin Temple
2. 李世民	Lǐ Shìmín	name of a person

练习题

一、填空

1. 武术又称"功夫"，是_____和_____的技术。

2. 武术动作主要有_____、_____、_____、_____、_____、_____，它的最大特点是_____。

3. 武术的种类主要分成_____和_____两大类。

二、名词解释

1. 拳术

2. 器械术

三、回答问题

1. 武术十分讲究"形神兼备"，请说明它的含义。

2. 简述武术与中国传统文化的关系。

附录

中国历史年代简表

原始社会	**约 170 万年前 ~ 4000 年前**
旧石器时代	约 170 万年前 ~ 约 1 万年前
新石器时代	约 1 万年前 ~ 4000 年前
奴隶社会	**约公元前 21 世纪 ~ 前 476 年**
夏	约公元前 21 世纪 ~ 前 16 世纪
商	约公元前 16 世纪 ~ 前 11 世纪
西周	约公元前 11 世纪 ~ 前 771 年
春秋	公元前 770 ~ 前 476 年
封建社会	**公元前 475 ~ 公元 1840 年**
战国	公元前 475 ~ 前 221 年
秦	公元前 221 ~ 前 206 年
汉（西汉、东汉）	公元前 206 ~ 公元 220 年
三国（魏、蜀、吴）	公元 220 ~ 265 年
晋（西晋、东晋）	公元 265 ~ 420 年
南北朝	公元 420 ~ 589 年
隋	公元 581 ~ 618 年
唐	公元 618 ~ 907 年
五代	公元 907 ~ 960 年
辽	公元 916 ~ 1125 年
宋（北宋、南宋）	公元 960 ~ 1279 年
西夏	公元 1038 ~ 1227 年
金	公元 1115 ~ 1234 年
元	公元 1271 ~ 1368 年
明	公元 1368 ~ 1644 年
清	公元 1644 ~ 1911 年
半封建半殖民地社会	**公元 1840 ~ 1949 年**
中华民国	公元 1912 ~ 1949 年
社会主义社会	**公元 1949 ~**
中华人民共和国	公元 1949 ~